Para Claudia y Jacek

Juan

SITIO DE SAGUNTO

SITIO DE NUMANCIA

LA HISTORIA DE ESPAÑA COMO NUNCA ANTES TE LA HABÍAN CONTADO

UN LIBRO DE ACADEMIA PLAY

JAVIER RUBIO DONZÉ
(COFUNDADOR ACADEMIA PLAY)

ANDRÉS CONESA GARCÍA

la esfera de los libros
www.esferalibros.com

Primera edición: octubre de 2019

Avenida de San Luis, 25. 28033 Madrid
Tel.: 91 296 02 00
www.esferalibros.com

ISBN: 978-84-9164-682-2
Depósito Legal: M.29057-2019
Impresión: Anzos
Encuadernación: Huertas
Impresión en España - *Printed in Spain*

Autores:
Andrés Conesa García
Javier Rubio Donzé

Ilustradores:
Johann Andreu
Sebastián García
Manuel Díaz López
Solimán Sifontes Álvarez
Javier Rubio Donzé

Agradecimientos:
Paloma Gómez Herrero
Carlos Rubio Carvajal
Jaime Rubio Donzé
Cristina Donzé Zayas
José Manuel Pastor
Andrés Conesa Padilla
Juan Carlos Flores Montesinos
Francisco Pérez Cánovas
Bárbara Cuevas
Faustino Hernández
Lucía Moreno
Félix Gil

www.academiaplay.es

ÍNDICE

EDAD MODERNA

EDAD CONTEMPORÁNEA

PRÓLOGO

El libro que tiene entre manos, dispuesto en 100 capítulos, ni uno más, ni uno menos, es un canto de amor a la historia de España. Este libro no se entiende sin *La Historia como nunca antes te la habían contado,* primer libro de Academia Play que vio la luz en 2018 y que abrió el camino convirtiéndose en un gran éxito editorial. El primer libro era un divertimento más generalista que saltaba de tema a tema caprichosamente y además contaba con algunos anexos que este tomo omite.

Esta vez nos hemos centrado en nuestra historia, la de nuestro país, la historia de España. No cabe duda que nuestra historia es fascinante. No fuimos mejores que otros. Pero sobre todo no fuimos peores; y este libro hace hincapié en ese aspecto. La nuestra no es una historia cargada de insidias y fanatismo como algunos quieren hacernos ver. No somos una anomalía histórica. De hecho, los personajes que cabalgan por este libro son los que podemos encontrar en cualquier historia. Los hay aguerridos y de corazón noble, y los hay malvados; hay rufianes, estafadores, envidiosos y pícaros; también refinados humanistas, tipos valientes con mucho talento o mujeres de armas tomar que tomaron las armas cuando fue necesario; además hay reyes sabios, pero de igual modo desfilan por estas páginas monarcas zafios, torpes e irresponsables. Son los que son, son los nuestros.

España, aunque no lo crea, fue pionera en muchas cosas y su historia está llena de bravuconadas y de gestas heroicas. Sagunto y Numancia son buena prueba del carácter hispano que se va perfilando capítulo a capítulo. El *homo hispanicus* es voluntarioso y pertinaz cuando se lo propone. Con estos atributos y con algo de entendimiento es como poco a poco, en 700 años, ahí es nada, logramos expulsar a los muslimes a los que habíamos abierto la puerta de atrás. Pero la mayor gesta de todas se produjo en 1492 cuando, finalizada la Reconquista, el proyecto imperialista terminaría configurándose en toda su plenitud. Los españoles desbordaban las columnas de Hércules para derramarse en sucesivas oleadas sobre el indómito vergel americano. El Descubrimiento de América fue un hito sin igual en la historia de la humanidad y también su conquista, y si en algo esta conquista fue diferente a otras fue por su carácter humanitario gracias a la voluntad de Isabel la Católica, a la Escuela de Salamanca y a la novedosa legislación indiana. Se puede y se debe decir: los españoles inventaron los Derechos Humanos.

Quiero terminar agradeciendo a Andrés Conesa, mi compañero en esta batalla y espero que en sucesivas, la extraordinaria labor que ha hecho. Andrés es un joven talento. Hace un par de años llamó a mi puerta para escribir en la web de Academia Play algunos pasajes sobre la historia de España. Quedé deslumbrado con su capacidad divulgativa narrando nuestra historia como si de un cuento se tratase y también quedé hechizado con su destreza a la hora de manejar la pluma. Por ello le invité a participar conmigo en este proyecto que espero sea de su agrado.

JAVIER RUBIO DONZÉ
(COFUNDADOR DE ACADEMIA PLAY)

Capítulo I

En el principio...

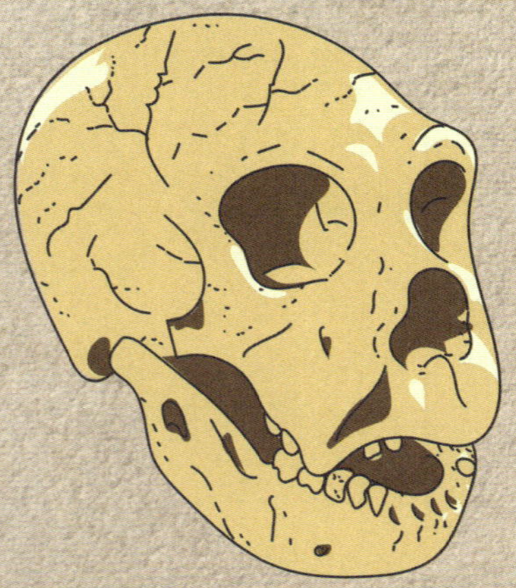

CRÁNEO DE HEIDELBERGENSIS (CONOCIDO COMO "MIGUELÓN")

Hace mucho tiempo, cuando Dios se dispuso a descansar después del esfuerzo de la creación, sus últimas creaciones, aquellas más semejantes a Él, se aprestaban a descubrir el mundo que les había sido dado, dejando su tierra natal en un viaje cargado de peligros, ¿quién sabe cómo llegaron nuestros primeros antepasados a la Península Ibérica desde el corazón de África?

Antes de nada, el lector debería saber que la prehistoria es todavía un terreno algo controvertido cuyos expertos cargan con el encomiable intento de contarnos la evolución de la humanidad a partir de algunos fósiles, muy pocos y algunos restos de industria lítica y ósea. Estudiando estos viejos vestigios tratan de describir, mediante hipótesis y conjeturas, cómo vivió nuestra humanidad hace miles y miles de años, por lo que esta "prehistoria oficial" siempre está sujeta a posibles cambios tras el hallazgo de un nuevo trocito de hueso o el descubrimiento de un nuevo utensilio.

Sabiendo esto, a día de hoy, el rastro más antiguo de nuestros primeros ascendientes se remonta 900.000 años. Está en Atapuerca (Burgos), donde se asentó una comunidad de exploradores denominados *Homo Antecessor*. Es además la especie humana (por especie humana incluimos a las del género *Homo*) más antigua de Europa. Brutos y no tan listos como nosotros, estos individuos aún no habían aprendido a dominar del todo el fuego. Practicaban el canibalismo, pero también vivían de la recolección de plantas y frutos comestibles y de las sobras que otros carroñeros dejaban atrás.

Pero el *Homo Antecessor* no apareció en Europa por primera vez, sino en África y en algún momento algunos de estos tipos llegaron a Europa, y por supuesto a España. La propuesta del equipo de Atapuerca es que las poblaciones de *Homo Antecessor*, la africana y la europea evolucionaron por separado dando lugar a los Neandertales en Europa y al *Homo Sapiens* en África.

NEANDERTAL

Los primeros humanos anatómicamente modernos evolucionan a partir de una Eva (Eva mitocondrial se la llama) que vivió en África hace unos 200.000 años. En algún momento también llegan a Asia y Europa como lo habían hecho otros tipo humanos antes. Aunque llevasen taparrabos, aunque no se duchasen todos los días y aunque durmiesen en cualquier caverna estamos hablando de nuestra especie. Sí, de ti querido lector. Hablamos del *Homo Sapiens*. Mientras tanto el hombre de *Neandertal* también aparece al mismo tiempo en el escenario europeo, habiendo evolucionado del *Homo Heidelbergensis* y este a su vez de los *Homo Antecessor* que dieron el salto a nuestro continente. Los Neandertales eran fornidos, de cadera ancha y extremidades cortas. Su capacidad craneal era igual que la nuestra, incluso mayor. Además se sabe con certeza que coincidió en el tiempo con nosotros, al menos durante 10.000 años, hasta que el *Neandertal*, por alguna razón acabó por extinguirse hace unos 40.000 años.

El *Homo Sapiens*, mucho más espabilado que sus homólogos, se encargó de inventar primitivas pero sofisticadas lanzas, anzuelos, hachas menos toscas, arcos y flechas, erigiéndose en el verdadero rey de la creación al perfeccionar su destreza en la caza y conseguir una defensa efectiva contra las fieras. Así, el listo, aunque débil en muchos aspectos, no dejó de prosperar, mientras el torpe y robusto fue desapareciendo. Eso es lo que nos han contado siempre, pero pudo no ser así, pues existe una teoría ya admitida por toda la comunidad científica que dice que nos cruzamos en algún momento con los Neandertales. La prueba es que un porcentaje pequeño de nuestro genoma es de *Neandertal*.
Con el hombre de *Neandertal* desaparecido, los *Sapiens* podían entonces dedicarse a las cosas a las que siempre se habían dedicado: a cazar, a pescar, a recolectar... También a conservar el fuego y a crearlo, a recolectar pieles para abrigarse, porque en España y en el resto del mundo hacía mucho frío, ya que les había tocado vivir en

PINTURA RUPESTRE DE LA CUEVA DE ALTAMIRA

una época glaciar. De cuando en cuando también les daba por realizar manifestaciones artísticas tan impresionantes como las de las cuevas de Altamira. El *Sapiens* era una especie formidable, sin más oposición que la de él mismo y la de las fieras que, de tanto en tanto, intentaban revertir la situación y tomar su lugar. Durante decenas de miles de años,

¡Mira papá... bueyes pintados!

Hija de Marcelino Sanz de Sautuola

HERRAMIENTAS DEL NEOLÍTICO

el tiempo y las costumbres permanecieron casi inalterables, ¡eso sí que era conservadurismo! Pero un buen día, hace unos 10.000 años, todo cambió. Los hielos que cubrían casi todo el mundo comenzaron a derretirse y el clima se templó. La fauna que más alimentos proporcionaba (sobre todo bisontes y renos, aunque algún lanudo mamut teníamos por aquí) comenzó una constante migración hacia el norte. Así, sin prisa pero sin pausa, las tribus nómadas de cazadores tuvieron que amoldarse a los nuevos tiempos. Algunas persiguieron a los animales y organizaron las primeras migraciones hacia tierras alemanas, pero otras tantas optaron por quedarse en una tierra a la que habían empezado a coger cariño, donde no faltaban animales de menor escala. Tampoco faltaba el marisco. Poco a poco, superando todas las dificultades y acuciados por el hambre y los conflictos, la humanidad, como siempre ha ocurrido en los momentos de mayor necesidad, dio un gigantesco paso hacia delante. Este gran avance en esta ocasión consistió en, nada más y nada menos, domesticar determinados animales y plantas. El hombre acababa de inventar la ganadería y la agricultura. Era la revolución Neolítica.

El cambio de costumbres creó una competencia hasta entonces desconocida y los primeros hombres, tan amistosos y dialogantes como ahora, hicieron uso de las viejas armas de caza para destinarlas a una nueva actividad que acabaría convirtiéndose prácticamente en un deporte nacional: la guerra.

Capítulo 2

Los primeros pasos

TOROS DE GUISANDO

Con la llegada de la agricultura y la ganadería hubo un profundo cambio de mentalidad entre los habitantes de nuestra piel de toro. Al obtener un flujo de alimento estable dentro de un ámbito prefijado, los nómadas poco a poco fueron asentándose en las vecindades de los campos de cultivo para vigilarlos y protegerlos. Con esto llegaron las primeras responsabilidades y, con ellas, los previsores y ahorradores, y los malos gestores. También surgiría el sentido de la propiedad y el sentimiento de pertenencia a una tierra, pero había muchas tierras muy diferentes entre sí. Las tierras que hoy ocupan España no eran tierras fáciles. Abrazada por tres mares nuestra Península es una gran meseta elevada que parece un enorme castillo, flanqueada además por una imponente muralla montañosa: los Pirineos. En el norte y en el interior el clima es frío y desapacible. En la parte meridional sus paisajes son áridos y fértiles, y sus caminos muchas veces infranqueables por la gran cantidad de sistemas montañosos que actúan como barrera.

Ajenos aún a la lucha de clases, concepto moderno, lo cierto es que a los nómadas se les complicaba la vida y surgían las primeras diferencias. El cuidado del rebaño y los campos, ya comenzaban a reflejar la que acabaría siendo nuestra trilogía mediterránea (trigo, vid y olivo), que acabarían introduciendo griegos y fenicios. Incluso nuestros primeros agricultores llegaban a producir algunos excedentes de cuando en cuando, que podían llegar a generar una plusvalía, si se administraba todo aquello con un poco de inteligencia. Y donde hay plusvalía, aparece poder, surgen diferencias y nacen los ricos y los pobres. ¿Será casualidad que la hoz se inventase en este tiempo?

TRILOGÍA MEDITERRÁNEA

Los individuos más despiertos consiguieron erigirse régulos o jefes, una especie de capos mafiosos que acabarían deviniendo en poderosos monarcas conforme se aseguraban la supervivencia de su linaje y eran legitimados por el brujo particular de la tribu. Por si fuera poco, estos señores adquirieron armas y contrataron sirvientes, lo que incrementaba aún más su poder respecto a sus conciudadanos. Los pobres no tuvieron más remedio que hacerse clientes de algún poderoso y obedecer todos sus caprichos a cambio de la debida protección. Con el tiempo, estas fórmulas clientelares fueron evolucionando hasta encontrarnos con bravatas muy nuestras, como la llamada *devotio* ibérica, donde los guerreros se suicidaban si su jefe llegaba a caer en combate.

Y es que, aunque la competencia por la caza había disminuido drásticamente con el nacimiento de la agricultura, nuestros antecesores eran gente sencilla que le fue cogiendo el gusto a eso de destriparse unos a otros y, estando nuestra Península habitada por centenares de tribus, cada una con costumbres y lenguas diferentes, estos no tenían mucha dificultad en encontrar oportunidad de saciar sus instintos más básicos.

HACE 2.000 AÑOS EL GEÓGRAFO GRIEGO ESTRABÓN QUE PARECÍA UNA PIEL DE TORO EXTENDIDA.

Iberia (así llamaban los griegos a nuestra Península) era un mosaico de pueblos: astures, cántabros, bastetanos, carpetanos, vacceos, lusitanos, galaicos, turdetanos, várdulos… normalmente solo tenían que

SOLDADO ÍBERO SOLDADO CELTA

Estos dos pueblos, íberos y celtas, en otro tiempo habían peleado entre sí por causa del territorio; pero hecha la paz, habitaron en común la misma tierra; después, por medio de matrimonios mixtos, se estableció la afinidad entre ellos y por esto recibieron un nombre común.

Diodoro de Sicilia

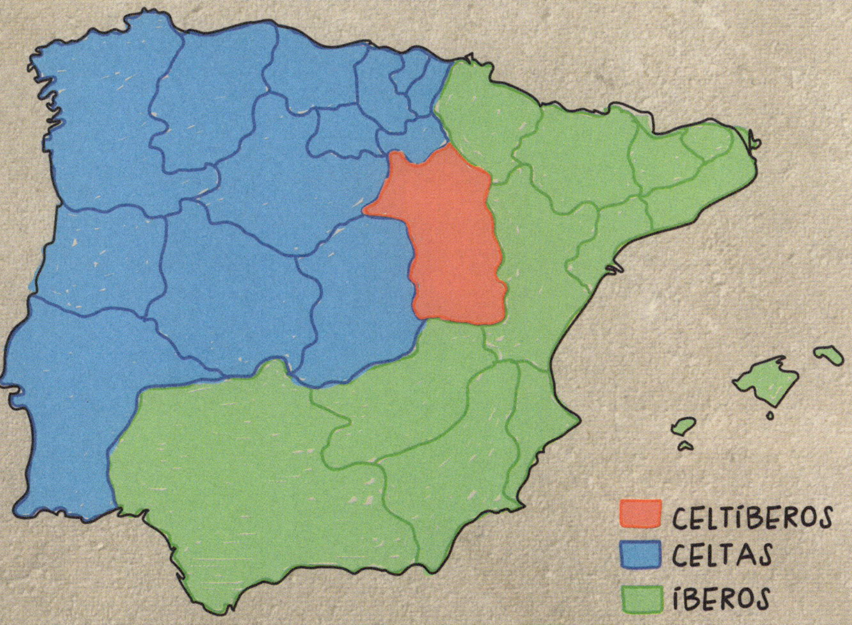

irle a uno un poco mejor los asuntos que al resto para que, haciendo gala de nuestra tradicional solidaridad entre compatriotas, se reunieran unas cuantas tribus para liarse a castañazos.

Para simplificar, podríamos dividir a todo este conglomerado en dos etnias diferenciadas: íberos y celtas. Los primeros pudieron llegar por mar, por el norte de África, y por ello eran algo más refinados. No sabemos. Lo que sí sabemos es que se quedaron en el sur de la Península y en el norte de África, y se ganaban la vida con las minas, la agricultura, la ganadería, las telas y la alfarería... Los pastores celtas que se asentaron en el norte llegaron por tierra, generalizando, eran gente de montaña, más altos y rubios, algo más brutotes y bastante más pobres, cosa que intentaban compensar mediante incursiones en tierras sureñas. Los íberos, en contrapartida, deseosos de gozar también de la hospitalidad de sus primos del norte, no dudaban en devolverles la jugada. Así que, cuando no estaban discutiendo entre sí, íberos y celtas se citaban para compartir experiencias e instructivas charlas grupales y a veces tenían que dejar de lado la novedosa y emblemática falcata, una espada curva típica de Iberia. Poco a poco ambos grupos fueron transformándose en celtíberos tras muchos años de compadreos y camaraderías.

LA DAMA DE ELCHE

Feroces, bravos y valientes, la vida les traía sin cuidado: se suicidaban en masa, cuando eran derrotados en vez de huir o suplicar perdón daban su vida igualmente, o también canturreaban cuando se les crucificaba. De ahí tiene que venir el famoso refrán: "Cuando el español canta, o está jodido o poco le falta". Sin la presencia todavía de la santa cruz, los druidas celtíberos rendían culto al sol, a la luna, pero también a montañas, bosques, ríos... además los que se adentraban en sus costas también conseguían introducir algunos de sus cultos de origen. Los fenicios, pueblo de tradición marinera, ya habían asomado sus proas en las playas de levante y en muchas otras más al sur introduciendo algo muy novedoso: el alfabeto. Y con los primeros testimonios escritos dejamos de lado la prehistoria para adentrarnos de lleno en la historia...

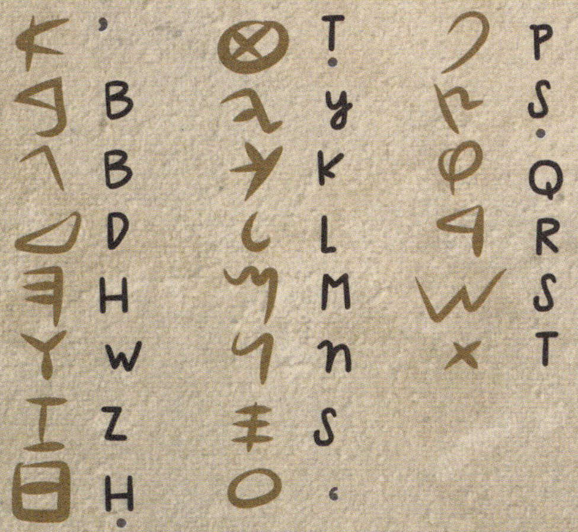

ALFABETO FENICIO

Capítulo 3

Nuestra primera globalización

BARCO FENICIO

Mucho antes de la legendaria Tartessos, que dicen que se situaba en el suroeste de España (Huelva, Sevilla y Cádiz), ese conglomerado de pueblos que habíamos dividido en celtas e íberos, ya se había convertido en el mayor suministrador de materias primas de los mercaderes fenicios. Los fenicios llegaron en torno al siglo XII a.C. Aquí había de todo en abundancia: plata, cobre, estaño, pieles, vasijas, esparto, esclavos y, con

MERCADERES FENICIOS

el tiempo, mercenarios. Los fenicios, buscando aprovecharse de esos suculentos regalos, llegaron desde muy lejos (eran de origen semita, de la región de Canaán, actual Líbano) y fundaron numerosas colonias y centros fronterizos por toda la costa: Gades (Cádiz), Malaka (Málaga)... pequeños poblados que servían de enlace entre los fenicios y los indígenas, quienes les proporcionaban los abundantes y fastuosos metales a cambio de tecnología, diversos pagos y algún que otro engaño. No es casualidad que "fenicio" sea hoy sinónimo de negociante sin escrúpulos. A pesar de todo, nadie sabe con seguridad qué era Tartessos. Algún tipo de civilización heredera del bronce atlántico. Su rey más famoso, el longevo Argantonio (en torno al 600 a.C.), es mencionado por los griegos como paradigma de gobernante acaudalado, pero a la vez magnánimo y pacífico. Todo un Salomón. Sin embargo, tras siglos siendo la joya de la corona, la estrella de Tartessos desapareció de la noche a la mañana, al igual que le sucedió a la legendaria Atlántida que se situaba más allá de las columnas de Hércules (el estrecho de Gibraltar). Pero, ¿qué pudo pasar?

La explicación más aceptada a día de hoy es bastante simple, y prueba que eso de la globalización es algo más que un invento actual. Tartessos desapareció porque se quedó sin clientes. Tras la conquista de Tiro por las tropas del babilonio Nabucodonosor en el 573 a.C., la ciudad fenicia de la que dependía en exclusiva el reino, provocó el desmembramiento de este y de toda la red comercial. Porque ese reino tal vez nunca pasó de ser algún tipo de confederación tribal en torno a una dinastía, la de Argantonio, que actuaba como representante frente los fenicios. Cuando se acabó el negocio cada accionista se fue a su casa. Pero en la zona ocupada por Tartessos se acabó conformando la Turdetania, más rica, próspera y refinada que las regiones vecinas.

El hueco dejado por Tartessos y el de las rutas marítimas sería rápidamente ocupado. Los griegos, que llevaban siglos intentando arrebatar a los fenicios el monopolio del comercio, se lanzaron a por nuestras costas, un ejemplo es Ampurias, fundada en el 575 a.C. por colonos helenos. También probablemente nos trajeran las primeras monedas. Los griegos volcados al mar y al comercio se encontraron

BATALLA DE ALALIA

> **Por voluntad de los dioses, una tempestad arrastró una nave de Samos que se dirigía a Egipto y la llevó a Tartessos, más allá de las columnas de Hércules. Como aquel mercado estaba todavía intacto, los de la nave obtuvieron fabulosas ganancias.**
>
> ***Heródoto* sobre el descubrimiento de Tartessos por los griegos, su Dorado particular, la famosa tierra de Jauja**

con una inesperada resistencia: Cartago, la sucursal africana de Tiro. Sin dejarse amedrentar, y sin perder tiempo en lloros o autocompasión, se dispusieron a tomar el relevo de sus padres fenicios. El conflicto entre cartagineses, aliados con los etruscos, contra los griegos alcanzó su zenit en la batalla naval de Alalia (Córcega) en el 537 a.C., tras la cual el Mediterráneo occidental cambiaría por completo y las colonias griegas quedarían muy tocadas.

Solo puede hablarse de la historia de una nación cuando los diversos pueblos que la forman comienzan a ser percibidos desde el exterior como un ente unido, lo que ocurrió, por cierto, mucho tiempo antes de que tal concepto llegara a las cabezas de las belicosas tribus hispanas. Iberia, llamaron los griegos a estas tierras, nombre de nuestra Península, pero los fenicios la nombraron de otro modo que aún resuena en nuestros días, aunque algunos pretendan acallarla. I-span-ya, "la tierra de los metales", o, la teoría más extendida, i-shepham-im, es decir, "el país de los conejos". Y es que, mucho tiempo antes que el león o el toro, y por supuesto, el águila, nuestro tótem particular, fue ese pequeño e inquieto roedor que se acuñaba incluso en algunas monedas.
Así que este era el panorama que ofrecía Hispania en el siglo III a.C. cuando la rivalidad entre Roma y Cartago nos introdujo directamente en el ámbito de la historia universal.

CASTRO DE SANTA TECLA

Capítulo 4

La España africana, Cartago

Cartago, escarmentado de la situación fenicia, pronto fue consciente, al contrario que sus padres, de que en un Mediterráneo disputado, solo dominando diversas y punteras plazas estratégicamente localizadas y manteniendo a las tropas, podría garantizar su estabilidad y hegemonía. En España, los hijos de Cartago se dedicaron a fundar y a refundar ciudades como Ibiza, Barcelona o el magnífico puerto natural de Cartagena. A esta última sus fundadores la llamarían "la ciudad nueva". Tal era su poderío y la importante labor que la plaza estaba llamada a desempeñar en toda la Península que acabaría llamándose Cartago Nova, es decir, la nueva Cartago.

MONEDA CARTAGINESA

Durante un par de siglos, el Mediterráneo había sido el escenario de una lucha por la hegemonía entre los griegos y unas coaliciones etrusco-cartaginesas que se aliaban para disputar a los griegos las ricas rutas comerciales y las estratégicas islas de Córcega y Sicilia. Sin embargo, a la sombra de las tribus etruscas, un nuevo poder surgido en torno a siete colinas, que estaba destinado a regir el mundo comenzaba a despertar y desperezarse: Roma. Más de un siglo después de su primer tratado de no agresión y de repartimiento zonal, en el 509 a.C., Roma y Cartago eran las únicas superpotencias en el Mediterráneo occidental habiendo sido desbancados completamente griegos y etruscos. A partir del 348 a.C. ambas potencias renovaOron su tratado añadiendo nuevas cláusulas. Por la parte que nos ocupa, era cuestión de tiempo que acabaran repartiéndose Hispania.

CARTHAGO NOVA

El conflicto entre romanos y cartagineses (o púnicos) era inevitable. Solo quedaban ellos, pero el Mediterráneo no parecía ser lo suficientemente grande como para albergarlos a ambos. Pronto la rivalidad comercial devino en una guerra fría con mucho tratado de paz. Con el tiempo estos tratados fueron insuficientes y se desató una terrible confrontación, por otra parte inevitable. Los romanos eran un pueblo campesino, con poco mundo, no muy exquisitos, sin embargo, atesoraban una determinación y un patriotismo sin igual, pocas veces visto en la historia de la humanidad. Resulta increíble que consiguieran formar una gigantesca escuadra de guerra copiando clavo a clavo la tecnología de una nave enemiga varada en la playa. Pero más inaudito resulta que, a partir de ese acontecimiento, consiguieran vencer en el mar a los cartagineses, que habían nacido y crecido sobre las olas, alzándose con la victoria y quedándose con la codiciada isla de Sicilia. En los años siguientes se hicieron con el control también de Cerdeña y Córcega.

AMÍLCAR BARCA

Humillados por las condiciones impuestas tras esta I Guerra Púnica (264 a.C. - 241 a.C.), los cartagineses, liderados por el laureado general Amílcar Barca, desembarcaron en la Península y, alternando la política con la guerra, sometieron y enfrentaron a una gran cantidad de pueblos íberos. Quiso la suerte, o la falta de esta, que cuando ya estaba el trabajo prácticamente acabado, el gran general se cayó del caballo ahogándose en un río durante una pequeña escaramuza. Pero su legado no había acabado. Asdrúbal y Aníbal Barca, yerno e hijo, continuarían su obra.

ASDRÚBAL EL BELLO

Asdrúbal el Bello (no confundir con Asdrúbal Barca) consiguió, mediante sus buenas decisiones y buena administración, convertir a los territorios conquistados en la Península, con Cartago Nova a la cabeza, en un verdadero imperio. Todo marchaba a pedir de boca, pero cuando Asdrúbal comenzó a acuñar monedas con su efigie y a envalentonarse cada vez más, los ya decadentes senadores republicanos de Cartago se incomodaron. El poderoso Asdrúbal nunca llegó a realizar la intentona de coronarse, pues, desgraciadamente para él, cayó rápidamente sobre una espada. Dicha espada la empuñaba un esclavo pagado vete tú a saber por quién. Pasó a la historia por dos cosas: por fundar Cartago Nova (Cartagena) y por firmar un tratado de paz con los romanos. Roma se adueñaba de todo aquello que estuviera por encima del río Ebro, mientras Cartago se quedaba con el resto.

Quedaba, pues, el famoso Aníbal, quien a sus 21 años ya había probado sobremanera su destreza como diplomático y general. Este, conformando un gigantesco ejército, se dispuso a pacificar toda la zona cartaginesa que se extendía desde las tierras levantinas hasta el río

> **Quien posee Carthago Nova domina Hispania.**
>
> ***Julio César***

ANÍBAL BARCA

Ebro. Sin embargo, por el camino, sitió una ciudad ubicada dentro de la zona de control cartaginesa, pero aliada en aquel momento, qué casualidad, con la propia Roma. Se trataba de Sagunto.

La épica defensa de Sagunto, un episodio que sirve para mostrar esa bravuconería y terquedad tan hispana llevada hasta el sacrificio final (se acabaron suicidando todos en masa antes que rendirla), solo sirvió por aquel entonces como el motivo, o pretexto necesario, para que Roma y Cartago entrasen de nuevo en una guerra que resolvería -de una vez por todas- su clásica enemistad.

ZONAS DE INFLUENCIA DE CARTAGO Y ROMA ANTES DE LA SEGUNDA GUERRA PÚNICA

GUERRAS PÚNICAS

ESCANEA ESTE CÓDIGO QR CON TU MÓVIL PARA ACCEDER AL VÍDEO EN YOUTUBE

Capítulo 5

Todos los caminos conducen a Roma

ANÍBAL CRUZANDO LOS ALPES

La II Guerra Púnica era el objetivo buscado tanto por los romanos, que se habían hecho en aquel momento con el poder, como por el último de los Barca antes citados: Aníbal, quien no podía ver a Roma ni en pintura y menos por el ojo que acabaría perdiendo.

La campaña se desarrolló en dos escenarios. Por una parte Aníbal, con un ejército en el que militaban muchos mercenarios de la Península Ibérica, vadeó los Pirineos y atravesó los Alpes, elefantes incluidos, protagonizando una de las grandes gestas militares de todos los tiempos para atacar Roma desde el norte evitando el mar. Por otra parte un ejército de ciudadanos romanos trató de cortar los suministros que desde Hispania llegaban a Aníbal. En el frente italiano los cartagineses obtuvieron sucesivas victorias frente a ejércitos superiores en número al de Aníbal hasta llegar a Cannas, la batalla más brillante de todos los tiempos y estudiada aún hoy en las academias militares de todo el globo. Solo así se puede entender el genio militar del cartaginés.

Tras muchos años de guerra empantanada, la llegada de Escipión el Africano al frente hispano decantó la balanza hacia el lado romano. Con su genio y carisma condujo a las legiones por toda la Península hasta someter Cartagena y Cádiz, los últimos reductos del poderío púnico. El desplome del frente peninsular influyó de manera decisiva en la vertiginosa sucesión de acontecimientos que llevarían al general cartaginés a África en auxilio de la ciudad de Cartago. Escipión finalmente consiguió derrotar en Zama, a uno de los grandes generales de todos los tiempos, al temido Aníbal Barca.

ESCIPIÓN EL AFRICANO

Los vencedores impusieron a Cartago un armisticio lo suficientemente difícil para asegurarse que nunca más podría levantarse de la miseria. No obstante, 50 años después, mientras los romanos observaban con inquietud cómo su eterno rival parecía estar recuperándose, incendiaron la ciudad de Cartago durante 17 días, destruyéndola piedra por piedra. Además sembraron los campos de sal para que nada volviese a crecer en la gran capital del Estado púnico.

Terminada la guerra, los romanos se vieron en la disyuntiva de devolver la tierra a sus naturales o quedarse ellos mismos con todas las riquezas. La decisión era clara en el papel, pero obviamente no sabían dónde se estaban metiendo. Si la Galia, con todas sus "irreductibles" aldeas y sus Astérix y Obélix, fue conquistada por Julio César en menos de 10 años, para España los romanos necesitarían unos 200. En España había muchos caciques; uno en cada poblado. Y claro, había que ir pasando a saludar a cada uno de ellos con la consiguiente molestia de los romanos, que no podían más que observar impotentes cómo la caída de uno de ellos no repercutía en nada a las hostiles relaciones de los adyacentes. Esto, incluso para gente tan organizada como ellos, lleva su tiempo. De hecho, tan cruentas y difíciles fueron estas guerras celtíberas que

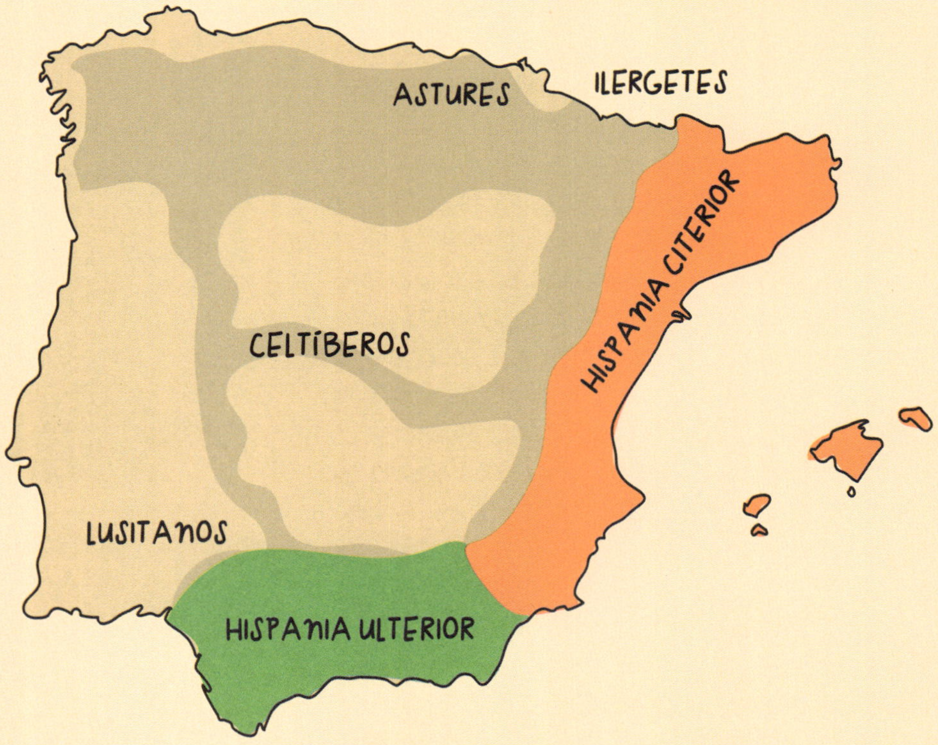

DIVISIÓN PROVINCIAL DE HISPANIA

SERVIO SULPICIO GALBA

dejaron su marca hasta día de hoy. Gracias a estos acontecimientos usamos el calendario que conocemos hoy en día, pues los romanos se vieron forzados a adelantar el inicio del año desde las calendas de marzo a las calendas de enero para que los cónsules que elegían anualmente disfrutasen de un mayor número de meses para preparar el combate.

Para la primera división administrativa de nuestra tierra el Senado romano no se tomó muchas molestias ni le dio muchas vueltas. Se notaba que eran sus primeras conquistas allende la bota. Dividieron la Península en dos y la denominaron "la de más cerca" y "la de más allá" (Citerior y Ulterior). En las sucesivas guerras de conquista del resto de la tierra, los gobernadores y generales romanos no dudaron en aplicar barbaridades a diestro y siniestro. Algunos pretores un tanto cabroncetes eran muy dados a traicionar a las tribus con promesas que luego no cumplían. Un tal Galba llegó a prometer repartir tierras a las tribus lusitanas si soltaban las armas. Cuando obedecieron no dudó en pasar a cuchillo desde el más joven hasta al más viejo, empezando por los hombres y terminando con las mujeres. ¡Eso sí que era igualdad!

El método, aunque efectivo e igualitario, no acabó por satisfacer a todos. A Indíbil, Mandonio y a la mayor pesadilla de la conquista romana, Viriato (superviviente de la matanza de Galba), les dio por rebelarse y casi estuvieron a punto de echar al mar a las terribles legiones romanas. El problema es que, al igual que a esta tierra nunca le han faltado los actos de valor y coraje (o locura), tampoco ha ido escasa de listillos, desconfiados y traidores. Normalmente estos jefes eran asesinados por sus propios capitanes después de que la misma Roma los sobornara por sus servicios. Por suerte o por desgracia, la fortuna de estos intrigantes no solía ser muy halagüeña pues, como sabemos desde entonces "Roma no paga traidores".

MUERTE DE VIRIATO

Ceterum censeo Carthaginem ese delendam (Además opino que Carthago debe ser destruida).

Catón el Viejo

CERCO DE NUMANCIA

Las gentes de Viriato, que seguían desencantadas con la hospitalidad romana, resistieron numantinamente en una plaza llamada Numancia, que aguantó durante 10 años el asedio romano hasta que el nieto del primer Escipión acabó tomándola. Tras esto, a excepción de la frontera norte, siguieron años de tranquilidad turbada solo por las luchas civiles de los propios romanos. En la primera el Senado, recurriendo al método habitual -huelga recordar que la lealtad no era por entonces una virtud local- consiguió que Sertorio, que había encontrado refugio en Hispania perseguido por Sila, se cayese en una espada, en concreto la de su lugarteniente. Roma se puede decir que ya había conseguido acabar con las continuas guerras celtíberas a base de mano dura, guerras que por cierto también eran entre hermanos. Luego sobrevino la segunda guerra civil entre Pompeyo y Julio César, cuya meteórica carrera se cimentó en Hispania. Esta guerra terminó de poner patas arriba la República y los hispanos tuvieron que tomar partido de nuevo. Cualquier excusa era suficiente para seguir sajándonos unos a otros cuando se sentía cierto odio por cualquier tipo de privilegio diferenciador, fuera este real o imaginario.

Capítulo 6

Yo, Hispania

HISPANIA EN TIEMPOS DE AUGUSTO

OCTAVIO AUGUSTO

No hubo una verdadera paz en Hispania hasta que Octavio Augusto, primer emperador, llegó y aplastó a las últimas tribus de irreductibles norteños: cántabros, vascones y astures, que resistían en sus montañas. Las sangrientas Guerras cántabras duraron diez años (del 29 a.C. al 19 a.C.) y representaban la culminación de la larga conquista de la Península Ibérica. Y cómo no, muertos antes que esclavos. Cualquier sistema para suicidarse era válido: una espada en el pecho, un bebedizo mortal, arrojarse al fuego... El magnánimo César no tuvo más remedio que incorporar a los bravos supervivientes con los brazos abiertos y una espada en cada mano.

PRISIONEROS CÁNTABROS CRUCIFICADOS

Con Augusto llegaba la paz. Un historiador romano dijo: "Llaman pacificar un país a destruirlo". De todas formas, al menos era paz. Y romanización. La inmigración italiana, la mayoría de las veces veteranos de los ejércitos a los que se les cedían pedazos de tierra, fue creando una Hispania romana plenamente consciente de su latinidad. ¿Pero qué hicieron los romanos por nosotros? Algo hicieron, nada desdeñable desde luego. Desde las numerosas obras públicas (acueductos, termas, teatros, el impulso de una inmensa red de carreteras...) hasta otro tipo de empresas comunes que llenaron el vacío de tantos años de guerras fratricidas. Ser romano molaba.

TEODOSIO

Hispania era un territorio muy apreciado por los romanos y fueron muchos los hijos que esta tierra entregó a la historia de Roma. Nada menos que a tres de sus emperadores más importantes: Trajano, Adriano, Teodosio... Además de Séneca, Marcial, Quintiliano, Lucano, Columela, Osio de Córdoba... En cuanto al idioma, el latín se introdujo como la lengua madre de todas las actuales. La Península quedó dividida en tres provincias: la Bética, la Lusitania y la Tarraconensis. También por esas fechas comenzaron a llegar los primeros cristianos.

Los romanos eran politeístas, y por tanto tolerantes en materia de religión. De hecho, no ponían pegas a la hora de adoptar como propios los dioses de los pueblos a los que sometían, siendo el ejemplo más famoso el de los dioses griegos, pero no el único. En este contexto el cristianismo, en un principio una secta menor entre tantas otras, no tuvo dificultad para extenderse por el Imperio. Los problemas vinieron más tarde.

NERÓN

Las sucesivas crisis en el Imperio hicieron que la población se empobreciese cada vez más drásticamente mientras los propietarios se tornaban más avariciosos, atrincherados en sus lujos y placeres. Los pobres, en fin, se fueron haciendo cada vez más y más pobres. En ese contexto el cristianismo obtuvo un auge sin parangón al aceptar a tantos infelices que querían ir al cielo buscando una vida mejor. Cada vez había más cristianos, pero el cristianismo es una religión monoteísta, es decir, no acepta dioses ajenos. Menuda pifia. Por ir de tolerantes había crecido el número de intolerantes en el seno del Imperio, cosa que empezó a preocupar y mucho a los paganos, pero también a los judíos.

Al principio los emperadores reaccionaron persiguiendo y matando cristianos. Numerosos mártires hispanos se incorporaron al santoral. Sin embargo, la decadencia del Imperio les impedía mejorar las condiciones de vida de sus propios ciudadanos, por lo que cuando se extinguía el cristianismo en una ciudad este brotaba con mayor fuerza en todas las adyacentes, con un avance social a velocidad de crucero. Poco después los emperadores, con cada vez más problemas de los que ocuparse, fueron siendo más pragmáticos. Tiempo atrás quedaban los días de Nerón. Al final no hubo más remedio que aceptar a esos malditos cristianos. Primero con Constantino y el Edicto de Milán (313 d.C.) donde se da libertad de culto. Pero el cristianismo se pondría su broche de oro cuando el emperador Teodosio, emperador nacido en Hispania, lo declaraba religión oficial del Imperio en el 380 d.C. Desde entonces la casta sacerdotal empezó a meter sus narices en la alta política en un binomio Iglesia-Estado que dura hasta nuestros días. Nos hemos adelantado un poco. En el siguiente capítulo hablaremos de la crisis del siglo III.

Gloria de nuestra Hispania, Liciano,
Cuyo nombre enaltecen los celtíberos,
¿Por qué me llamas hermano a mí,
Que desciendo de celtas y de íberos
Y soy ciudadano del Tajo?

Marco Valerio Marcial

EJÉRCITO PRETORIANO

Capítulo 7

El ocaso del Imperio de las 7 colinas

TRAJANO

Roma, de la mano de emperadores hispanos como Trajano o Adriano, vivió sus mejores tiempos. Sin embargo, a partir del siglo III, inició una acelerada decadencia que ya era imparable. Los romanos, los todopoderosos romanos empezaron a flojear.

ADRIANO

El ejército, metido totalmente en política, fue descuidando cada vez más unas fronteras que, de todas formas, ya no podían proteger. Además eso de empuñar las armas para protegerlas mejor que lo hiciesen otros.

DIVISIÓN PROVINCIAL DE DIOCLECIANO

BÁRBARO

Las escaramuzas bárbaras dejaron a la población sumida en un sentimiento de abandono por parte de sus gobernantes.

Tras épocas de anarquía y constantes guerras internas Diocleciano comprende que no es posible mantener cohesionado a un imperio tan extenso como el romano. Primero divide el Imperio en dos y luego idea un sistema para gobernarlo entre cuatro, la llamada tetrarquía. Para Hispania también propuso una nueva división administrativa subdividiendo de nuevo el territorio en 5 provincias. La idea fue buena pero, por otra parte, la burocracia cada vez se hizo más difícil y costosa.

En la capital, el cristianismo no dejaba de crecer, las rebeliones de esclavos eran cada vez más habituales, los inmigrantes llegados para hacer las

ROMA

cosas con las que ya no querían lidiar los romanos no hacían más que empobrecerse y los propios romanos solo podían ver cómo los tutelaba una clase política más o menos como la española actual, con el Estado totalmente descosido, obligado a ejecutar una sangría tributaria para hacer frente a las costosas reformas, luego la corrupción y la violencia campando a sus anchas, y todo esto sin nadie capaz de remediar la situación.

El glorioso Imperio Romano de antaño se descomponía. Con todo, lo que somos hoy, nosotros, los españoles y gran parte de los europeos,

es, por desgracia o por fortuna, el resultado de tres grandes torrentes que acaban confluyendo: la cultura helénica, el marco jurídico y administrativo romano y el pensamiento religioso judeocristiano. Una mezcla muy poderosa de la que podemos en buena medida estar orgullosos y a la que denominamos civilización cristiana occidental. Es nuestra civilización. Nuestro día a día. En definitiva, lo que somos y seremos.

Los experimentos de trocear el Imperio administrativamente no habían funcionado. En el 364 con Valentiniano de nuevo se probó a dividirlo en dos grandes bloques: Occidente y Oriente. Su hermano Valente se quedaría con la parte oriental.

La mayoría de los crímenes que perturban la paz interna de la sociedad son producidos por las limitaciones que las necesarias pero desiguales leyes de la propiedad impusieron a los apetitos de la humanidad, destinando a unos pocos los objetos que más codicia la muchedumbre.

Edward Gibbon

Presionadas por las asiáticas hordas de hunos, a las tribus bárbaras que irrumpirían en el escenario europeo no les quedó más remedio que traspasar las fronteras del Imperio, cruzando el Danubio en el año 376. En el año 378 esos bárbaros (bárbaro por entonces significaba extranjero) derrotaron a los romanos orientales en la Batalla de Adrianópolis (actual Turquía), donde por cierto murió Valente. Los godos siguieron avanzando y no tardarían en poner en jaque a los occidentales.

En el 395 tras la muerte de Teodosio se dividió definitivamente un Imperio demasiado vasto e ingobernable en dos mitades, una para cada uno de sus dos hijos varones. El Imperio occidental con sede en Roma para Honorio y el oriental con sede en Constantinopla para Arcadio.

En el año 406 tres tribus bárbaras (suevos, vándalos y alanos) cruzaban el Rin para dirigirse a la Galia. A partir de esta fecha ejércitos extranjeros quedarían instalados en muchos confines del Imperio occidental, y por supuesto en Hispania. El enemigo no estaba a las puertas, sino que habitaba

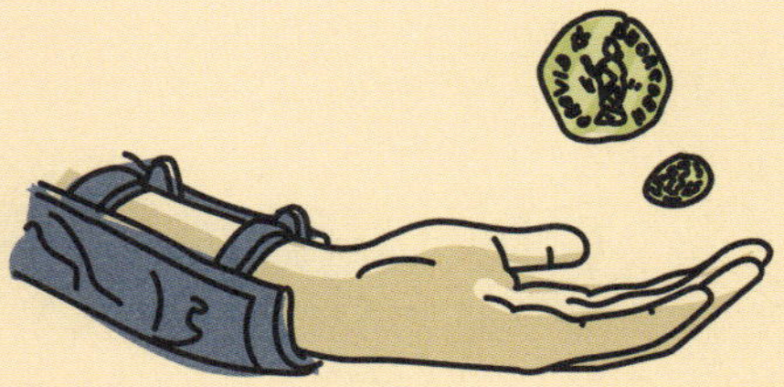

en su interior. Tarde o temprano la olla terminaría por estallar marcando el final imperial. Y ese final llegó cuando el último de los césares, Rómulo Augústulo, fue depuesto. Era el año 476. Ironías del destino: un Rómulo funda Roma y 1200 años después otro Rómulo es cómplice de su caída.

INVASIONES BÁRBARAS

Capítulo 8

Con la Iglesia hemos topado

Ya hemos visto cómo cae el Imperio Romano de Occidente, sin embargo la parte oriental, con capital en Constantinopla resistiría todavía un milenio hasta su conquista por los turcos. Con la disolución del Imperio Romano de Occidente, los bárbaros se repartieron el poder y crearon sus reinos independientes, aboliendo algunas de las instituciones romanas e instalando las suyas propias, muchas de ellas influenciadas por estas primeras.

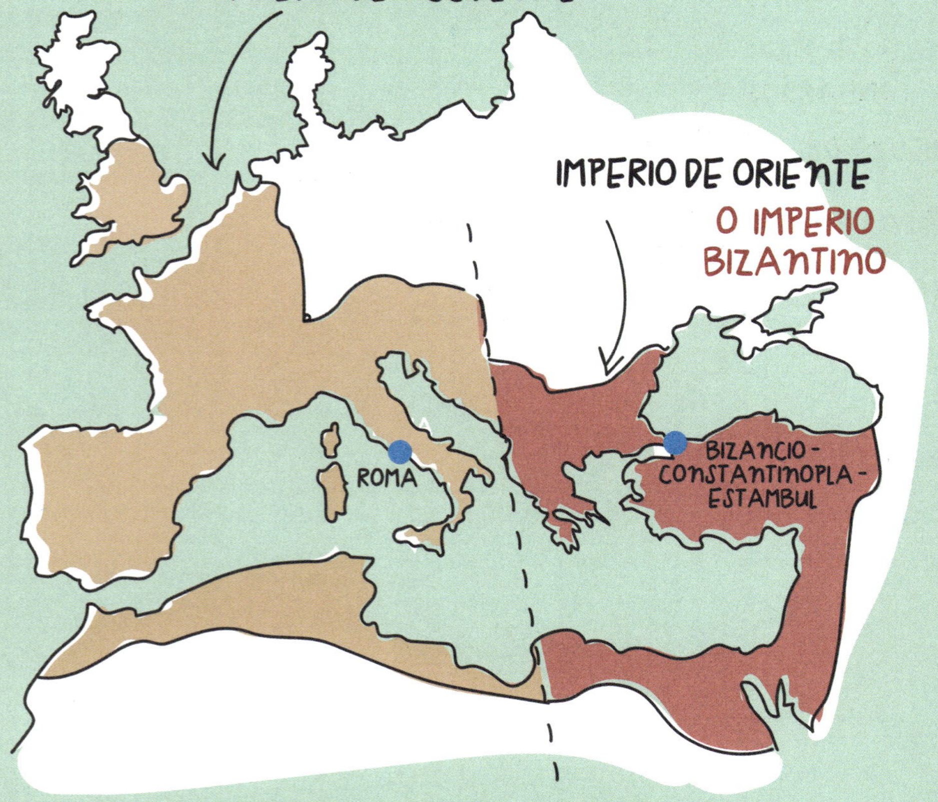

DIVISIÓN DEL IMPERIO ROMANO EN 395 D.C.

Los bárbaros que habían penetrado en el corazón de Hispania cruzando los pirineos eran los vándalos, los alanos y los suevos que se fueron asentando en todo el oeste peninsular. También habíamos invitado a venir a los godos. Lo de "visi" se lo pusimos después para diferenciarlos de sus primos ostrogodos que se asentaron en Italia.

VISIGODOS

El primer godo en formar un reino fue Ataúlfo, lo que acabaría siendo el Reino visigodo de Tolosa (Toulouse). En época de Alarico II tras ser vencidos por los francos se vieron obligados a replegarse a Hispania y acabarían ubicando la capital en Toledo. En estos momentos nos hayamos ya con un reino plenamente español.

Los visigodos acabaron aceptando el arrianismo, una herejía del cristianismo que tomó su nombre del obispo libio Arrio, quien puso en duda el dogma de la trinidad, es decir, que en Dios confluyen Padre, Hijo y Espíritu Santo. Sin embargo, la mayor parte de la población, los antiguos romanos, eran católicos obedientes de Roma y aunque se intentó imponer el nuevo dogma se negaban a aceptar las enseñanzas de Arrio.

La Iglesia, superviviente como ella sola, se adaptó tan maravillosamente a los nuevos tiempos e incluso se las ingenió para aumentar sus privilegios. ¿Cómo lo hizo? Mediante las mujeres. Los reyes visigodos, como buenos bárbaros, eran polígamos, por lo que a lo largo de su vida cambiaban de esposa como de camisa. Esto, claro, no les sentaba muy bien a las féminas, sobre todo porque si amarraban el poder arrimándose a un poderoso podían acabar perdiendo todos sus privilegios si este se cansaba. Pero había una solución: el cristianismo. Con el cristianismo el matrimonio pasaba a ser una institución muy sólida, un vínculo eterno ante Dios. Lo que Dios ha unido que no lo separe el hombre. Y encima para las tribus germánicas era algo muy simple: convertido el rey, convertido el pueblo.

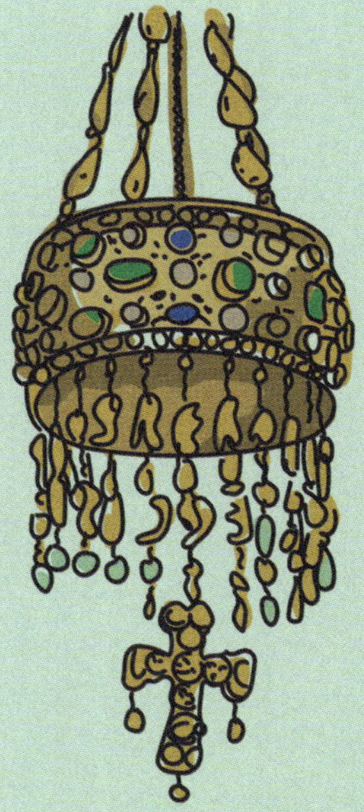

CORONA VISIGODA

Avancemos. Leovigildo al final de sus días venció a suevos y alanos para ser rey

LA CONVERSIÓN DE RECAREDO

De todas las tierras que se extienden desde el mar de Occidente hasta la India tú eres la más hermosa. ¡Oh sacra y venturosa España, madre de príncipes y pueblos! (...) Tú eres la gloria y el ornamento del mundo, la porción más ilustre de la Tierra (...) Tú, riquísima en frutas, exuberante de racimos, copiosa de mieses, te revistes de espigas, te sombreas de olivos, te adornas de vides. Están llenos de flores tus campos, de frondosidad tus montes, de peces tus ríos (...).

San Isidoro de Sevilla

de prácticamente toda España. De nuevo los habitantes de la Península formaban un gran reino que se gobernaba a sí mismo. Leovigildo fue uno de los reyes más justos de toda la saga y arriano como los anteriores; pero los católicos consiguieron convertir a su hijo Hermenegildo. El chico no dudó en alzarse contra el padre. Al final tras encarcelamientos, dimes y diretes, al poco tiempo acabó cayéndose sobre una espada (esta enfermedad tan extendida en toda nuestra historia fue incluso más habitual en estos tiempos). Siglos después acabaría canonizado como mártir de la Iglesia Católica y acabaría siendo el patrono de los conversos. El padre, que era listo, parece que convenció a su sucesor, su hijo Recaredo, de volverse católico.

LEOVIGILDO

La monarquía goda era electiva pero se las arreglaban para sucederse de padres a hijos. Una vez asentado en el trono Recaredo, al igual que el hermano, abjuró del arrianismo y organizó el tercer concilio de Toledo en el 589, donde acudieron la mayor parte de los obispos españoles. Allí proclamó públicamente su conversión al catolicismo, con él, todo su pueblo.

Es de justicia reconocer que cuando la Iglesia no andaba metida en política se dedicó a hacer una labor encomiable. Además de la tradicional ayuda y limosna, la Iglesia llenó el paisaje hispanogodo de monasterios que se convirtieron en focos y almacenes culturales que guardarían todo el saber sobre el mundo antiguo que, de otra forma, hubiera estado condenado a perderse. También destacaron personajes de tan alta categoría como el historiador Paulo Orosio, cuya metodología histórica tuvo gran repercusión en historiadores posteriores, o el hermano del artífice de la conversión de Hermenegildo y Recaredo, el arzobispo San Isidoro de Sevilla, el mayor erudito de su tiempo, escritor de las *Etimologías*. Se trata de una inmensa compilación en la que sistematiza y condensa todo el conocimiento de su tiempo. Y mucho antes que la Enciclopedia. También es autor de la *Historia de los godos* donde San Isidoro abre con una "Alabanza de España" *(de laude Spaniae)*, modelo de otras posteriores y que, pese a su brevedad, es un texto fundamental para el estudio de la idea de España como nación, como podemos observar en la cita que complementa el capítulo que nos ocupa. Este tipo de textos medievales llenos de hipérboles ayudaron a construir la primera imagen de España y nos ofrecen las primeras señas de identidad colectiva. ¿Se puede decir que España ya era una nación? (No en el sentido moderno, claro). Pues sí, se puede.

SAN ISIDORO

PAULO OROSIO

Capítulo 9

La lista de los reyes godos

Los visigodos eran un pueblo guerrero acostumbrado a la lucha y la muerte. También entre ellos. Nunca lograron una monarquía estable. Solo hay que echar un vistazo a las biografías de sus reyes para darse cuenta. De los treinta y pico monarcas godos que gobernaron nuestras tierras, la mitad acabó cayéndose sobre una espada; la otra mitad, con mayor fortuna, conseguiría que la susodicha enfermedad acaeciese a sus detractores, contendientes, familiares y amigos. El regicidio estaba a la orden del día. Para contar todas las sangrientas luchas de poder, conspiraciones, inestabilidad, intrigas y líos de faldas que se sucedieron en cuatro siglos habríamos necesitado un George R. R. Martin que nunca tuvimos. Esas historias sí hubieran dado para hacer unas cuantas temporadas de *Juego de Tronos*. Es más, probablemente, el bueno de George conocía muchas de estas historias antes de concebir su saga literaria.

WITIZA

Los elegidos, por si algún curioso quiere echarle un vistazo a la vieja lista de los reyes godos la ponemos a continuación. Esta lista de reyes la tuvieron que memorizar en su tiempo algunas generaciones de estudiantes. Probablemente se hiciera en algunos centros, pero el mito fraguó cuando algunos pedagogos progresistas utilizaron este ejemplo como una crítica a la pedagogía tradicional que reducía los contenidos de la asignatura de Historia a la enumeración de nombres, datos y fechas,

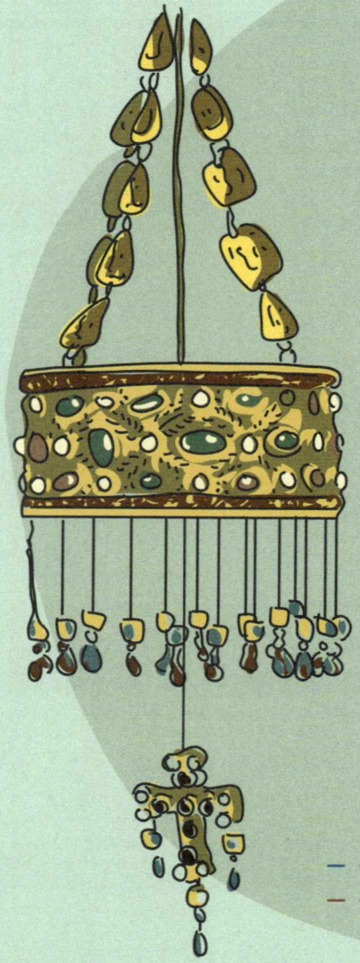

LA LISTA DE REYES GODOS

ATAÚLFO (410-415)
SIGERICO (415)
WALIA (415-418)
TEODOREDO (418-451)
TURISMUNDO (451-453)
TEODORICO (453-466)
EURICO (466-484)
ALARICO II (484-507)
GESALEICO (507-511)
AMALARICO (511-531)
TEUDIS (531-548)
TEUDISELO (548-549)
AGILA I (549-555)
ATANAGILDO (551-567)
LIUVA I (568-573)
LEOVIGILDO (570-586)
RECAREDO I (586-601)
LIUVA II (601-603)
WITERICO (603-610)
GUNDEMARO (610-612)
SISEBUTO (612-621)
RECAREDO II (621)
SUINTILA (621-631)
SISENANDO (631-636)
CHINTILA (636-639)
TULGA (639-642)
CHINDASVINTO (642-653)
RECESVINTO (649-672)
WAMBA (672-680)
ERVIGIO (680-687)
ÉGICA (687-702)
WITIZA (700-710)
RODRIGO (710-711)

HISPANIA
CATÓLICO
MIGRACIÓN A LA PENÍNSULA
REINO DE TOLOSA
INTERMEDIO OSTROGODO
REINO DE TOLEDO

DESCENDIENTES DE WITIZA

es decir, a un mero ejercicio memorístico y todo ello sin razonar. Porque se puso de moda eso de que las cosas no había que memorizarlas, sino razonarlas. Y algo de razón tenían, pero no toda.

MÁXIMA EXPANSIÓN DEL REINO DE TOLOSA BAJO EURICO

Florinda perdió su flor,
el rey padeció castigo;
ella dice que hubo fuerza,
él que gusto consentido.

Romancero español

Que la monarquía visigoda fuera electiva no ayudaba mucho a la paz. El rey tenía que ser de estirpe goda pero, eran los ricos, los nobles y los obispos los que elegían al sucesor. Componían lo que se llamaba el Aula Regia. El papel de esta institución era fundamental, ya que quitaba y ponía reyes, además de dar un asesoramiento 360° como lo llaman ahora los cursis, teniendo más poder que el mismo rey en algunos casos. Muchas veces los reyes conseguían dejar en el trono a sus descendientes a base de comprar o hacer desaparecer nobles. Las guerras civiles y las luchas fratricidas estaban servidas de esta manera y de hecho fueron constantes como ya habíamos avanzado.

AGILA II

Sería una de esas guerras fratricidas la que provocaría que los visigodos perdieran todas sus prebendas, tierras y privilegios. En el 710, había muerto el rey Witiza, el penúltimo rey godo, a una edad temprana y de manera violenta. Sus familiares y amigos, que no tenían muchas ganas de dejar el poder, intentaron perpetuarse haciendo recaer la corona en un familiar del monarca, en un joven llamado Agila. No lo consiguieron. En el otro bando, otros nobles que estaban hartos de no poder medrar, impusieron a su propio rey, el noble Don Rodrigo. El nuevo monarca no fue aceptado por todos. Los descendientes de Witiza, el antiguo soberano del reino, deseaban heredar la corona. Además habían sido desterrados al norte de África por el rey tras el asesinato de su padre. Querían venganza y trataron de buscar aliados. En África habían oído historias de un gran poder bárbaro emergente que conquistaba a sangre y fuego, primero en vida de su líder y más tarde con sus sucesores, que eran una piña. Habían conseguido unir a todas las tribus de Arabia y del norte de África, y ya empezaban a amenazar al Imperio Bizantino. Lo cierto es que, los agilanos, deseosos de volver a disfrutar de sus viejos sillones, trabaron una alianza en las costas del Rif, al otro lado del Estrecho. Un grito iba a cambiar para siempre nuestra historia: "No hay más Dios que Alá y Mahoma es su profeta". Sería el fin de la Hispania visigoda.

Capítulo 10

El auge del islam

DON JULIÁN

Una compañía de seguros moderna no osaría asegurar el trono godo. Más de 30 reyes en 300 años de reinado nos dejan, en verdad, un saldo poco favorable, pero perfectamente esclarecedor de la tesitura que reinaba en la Península. Los visigodos era una sociedad enfrentada entre sí por constantes rivalidades, inventadas o no, gobernada por reyes y matarreyes. Por otro lado, en los bajos fondos de la sociedad los viejos hispanorromanos, ahora hispanogodos, habían sido desplazados del poder sin capacidad para hacer nada más que soportar amargamente el hambre. Una sociedad cada vez más viciosa, más antisemita, que soportaba unos impuestos desmesurados, y una nobleza local que emponzoñaba la política hasta niveles insoportables. En definitiva un pueblo en constante decadencia y lucha cainita. Algo tenía que pasar, para bien o para mal.

En esos momentos unos bárbaros conocidos por el sitio del que venían (Mauretania) como mauras o moros habían quedado prendados por el islam, con todo su influjo aglutinador. En apenas un siglo, los musulmanes seguidores de Mahoma se habían extendido rápidamente desde el Cercano Oriente, pasando por Persia y llegando a la India; pero también se habían extendido por todo el norte del África bizantina y, con un poco más de esfuerzo, por el Magreb. Cuando se toparon con el infranqueable Atlántico, aún les quedaba bastante de ese espíritu expansivo inicial de los grandes imperios. No era extraño que acabasen posando sus ojos sobre Europa.

DON RODRIGO

Dejando atrás las viejas leyendas de Don Julián y su hija Florinda mancillada por el cruel Rodrigo, lo que sí parece cierto es que el partido witiziano tuvo que ver, como hemos explicado en el capítulo anterior, con la venida de los musulmanes. ¿Qué puede haber más español que entregar España al enemigo? Los musulmanes pactaron venir como tropas mercenarias para ayudar a esta facción visigoda a recuperar el poder. Empero, les acabaría pasando lo mismo que a todos: una vez que llegaron les gustó el clima, la tierra y lo que esta ofrece, por lo que ya no se quisieron marchar. Un error de cálculo.

GENERAL TARIK

DON RODRIGO ARENGANDO A SUS TROPAS

BATALLA DE GUADALETE

Aprovechando que Don Rodrigo estaba guerreando en la otra punta de España para asentar su recién conseguido trono, los traidores le abrieron la cancela del patio trasero a los moros. Estos al mando de Tarik, cruzaron el estrecho (alrededor del año 711). De hecho dieron nuevo nombre al monte Calpe que es como se llamaba por entonces el peñón de Gibraltar,. Gibraltar viene de "Gebel al Tariq", que significa "La roca de Tarik"). Digresión aparte, lo relevante es que asentados en la Península se encontraron con el ejército visigodo al que vencieron en la Batalla de Guadalete. Los witizanos combatían junto a Rodrigo, pero en mitad de la refriega se unieron al enemigo. Por supuesto era una traición. En este episodio se fue al traste la España visigoda.

Las fuentes suelen ser contradictorias y no muy fiables. Las más altas dicen que el ejército de Tarik estaba formado por 12.000 hombres, en su mayoría bereberes, a los que habría que sumar los refuerzos al mando del moro Muza, otros 18.000. Llegarían más efectivos, aún así parecen unas cifras irrisorias para conquistar en unos meses prácticamente la totalidad de la Península. Algo así hubiera sido imposible si hubiera habido una mínima voluntad firme de resistencia por parte de los nativos.

Faltaba esa voluntad. La vieja masa popular hispanorromana, cansada de las interminables contiendas cainitas entre sus señores visigodos, y famélica por las hambrunas y los altos impuestos, no opuso demasiada resistencia. Al fin y al cabo se trataba de cambiar a un señor por otro. Los judíos de hecho salían ganando. La fragilidad del Estado visigodo quedó demostrada cuando se derrumbó ante el primer golpe recibido. La guerra, si se puede llamar así, se redujo a una serie de episodios inconexos en los que el ejército vencido trató de frenar el avance triunfal de los vencedores. También hubo pactos con los nobles locales a cambio de privilegios. Donde las fortificaciones eran sólidas la resistencia duró meses, pero fue algo excepcional. En apenas unos años casi todo el territorio peninsular había quedado sometido.

Llegaron los sarracenos
Y nos molieron a palos;
Que Dios ayuda a los malos
Cuando son más que los buenos.

Romance popular

Como en ningún lugar se habían encontrado con unos muros que aguantasen varios envites, eso les llevó a envalentonarse y a atravesar los Pirineos dispuestos a conquistar Europa como lo habían hecho con la Península. Sin embargo, los francos comandados por Carlos Martel lograron derrotarlos en la batalla de Poitiers (732 d.C.) obligándoles a replegarse para consolidar su posición. Los servidores de Alá desde entonces concentraron sus esfuerzos en la Península Ibérica. Fue así como nació al-Ándalus. En poco tiempo España se acostó católica y amaneció musulmana. La alargada sombra de la cruz era sustituida por el yugo del islam.

CARLOS MARTEL

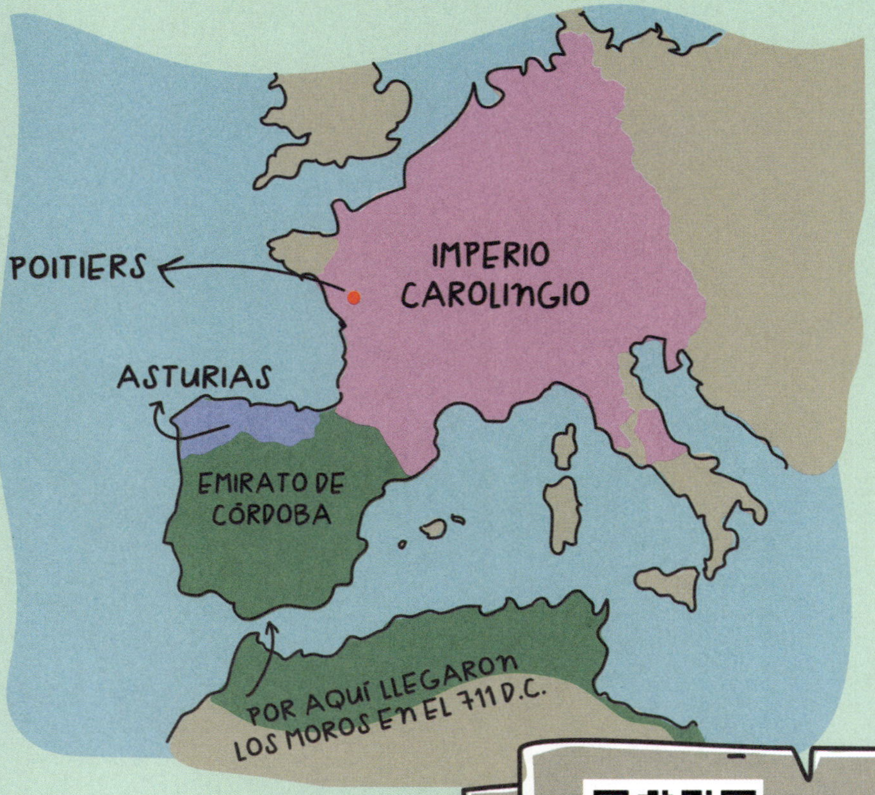

AL-ÁNDALUS

ESCANEA ESTE CÓDIGO QR CON TU MÓVIL PARA ACCEDER AL VÍDEO EN YOUTUBE

Capítulo II

Comienza la aventura

En el año 714, Muza se declara primer valí (gobernador) de la nueva provincia anexionada al poderoso Califato Omeya de Damasco: al-Ándalus. Se inicia así la primera etapa de nuestra historia: el Valiato (714-756). La capital se estableció en Córdoba.

No diremos nada nuevo si constatamos que, al final, el pueblo tiende a distanciarse de las contiendas de sus élites y, conservador como es, acaba siguiendo a aquel que más estabilidad o mejoras les promete.

Tras tantos años de padecimientos, el viejo pueblo hispanorromano peninsular no era la excepción y poco le importaba que la onomástica de sus señores comenzase por Ataúlfo o Mohammed. 300 años de impuestos inclementes y guerras continuas no ayudan a coger afecto a quienes te gobiernan.

DON PELAYO

Por si fuera poco, la religión, esa invisible y estricta frontera entre civilizaciones, apenas serviría de dique en esta ocasión. Aunque la mayoría de la población continuó, al menos durante los primeros años, profesando la fe de Cristo, aquel islam recién surgido tenía un aire renovador y asimilador que lo hacía incluso atractivo para muchos de aquellos viejos arrianos.

Fueron más tolerantes y abiertos en un primer momento, pues la cantidad de mahometanos al inicio de la conquista fue muy reducida. Pronto recibirían el apoyo de poderosos sectores de la sociedad que así conservaban sus propiedades. El lobby judío sería uno de los primeros que intentó beneficiarse, ya que vería la oportunidad de librarse de sus tiránicos amos visigodos. Otro pueblo estaba mucho más dispuesto a aceptarlos y encima les ayudaría a conseguir sus intereses. Y a donde se mueve el dinero se mueve el poder y viceversa. La aristocracia del momento no tardó en darse cuenta de que era mucho más rentable pasarse al enemigo, vestirse a la moda árabe y mantener sus prebendas y ciertas libertades que morir en vano por una causa perdida.

Pero como en ningún caso podemos ir a una, no todos se contentaron con la nueva situación, por lo que algunos, descontentos con el nuevo escenario, fueron retirándose y congregándose alrededor de las agrestes montañas norteñas, donde, tras lamerse las heridas, juraron por los clavos de Cristo resistir al invasor y restaurar el *Regnum Gothorum*. Uno de estos fue el noble Belay, que pasaría a la historia como Don Pelayo.

Pelayo era familiar del último rey godo, Rodrigo, y jefe de su guardia personal, mucho tenía que temer si lo atrapaban con vida los witizianos que se habían pasado en masa al enemigo, así que, con el rabo entre las piernas y cubierto de heridas corrió a esconderse en los feudos que su familia mantenía en el norte de la Península. Allí las cosas no les iban tan bien a los musulmanes enfrentados al mismo problema que antes que ellos habían tenido las anteriores potencias invasoras: una población que iba a lo suyo y muy poco dispuesta a acatar cualquier jerarquía que no fuera la suya. Todo esto sumado a una orografía abrupta muy complicada. Y así, paradójicamente, un antiguo invasor se convertía en el símbolo libertador de estos testarudos montañeses que se enfrentaban ahora a un enemigo mucho más temible.

Y ahí quedaría la cosa. Los moros, después de que sus avanzadillas sufrieran una serie de pequeñas derrotas de manos de unos labriegos que, sin embargo, eran perfectamente conocedores del terreno que pisaban, decidieron darse la vuelta y comenzar a asegurar todo el territorio conquistado. Poco tenían que ganar conquistando un territorio tan tosco y tan difícil como el asturiano. Como no eran demasiados, calcularon que no merecía la pena derramar demasiada sangre para tal fin cuando encima ya tenían a su disposición todas las riquezas de la Península. Craso error. En el lado contrario hicieron otra lectura. El haber resistido ante aquel insuperable enemigo suponía una gran victoria moral, la primera de su existencia, una ola destinada a crecer y crecer hasta estrellarse en las murallas de Granada 800 años más tarde.

Comienzan las leyendas y la propaganda. Covadonga sería la primera de ellas. Una escaramuza, pocos hombres en cada bando, un destacamento musulmán enterrado bajo las rocas en la ladera de una montaña por los hombres de Pelayo. Una historia que contar, que celebrar, que se iría engrandeciendo con los años magnificando el relato generación tras generación. Y con el paso del tiempo la historia deviene en mito, y el mito en leyenda.

BATALLA DE COVADONGA

Un despreciable bárbaro, cuyo nombre era Belay, se alzó en las tierras de Galicia y, habiendo reprochado a sus compatriotas su ignominiosa dependencia y su huida cobarde, comenzó a excitar en ellos los deseos de vengar las pasadas humillaciones, y expulsar a los musulmanes de las tierras de sus padres.

al-Maqqari

Se cierra una etapa y se abre otra. Una nueva era de guerras constantes entre diferentes, pero también entre iguales. Algunos momentos de confraternización, respeto, reconciliación y tolerancia, pocos; seguidos de otros de odio, fanatismo e intransigencia. Una sociedad dividida, violencia alternada con grandes periodos de paz. Tiempos de heroísmo y de gestas épicas los que van de Covadonga a Granada, donde la forma de ver el mundo cambiaría para siempre. Dos mundos enfrentados entre sí, pero unidos por el mismo apego hacia la tierra que tomaron.

¡Comienza la Reconquista!

DON PELAYO

Capítulo 12

Asturias, entre historias, cantares y leyendas

ALFONSO I

Asturias sería el primer reino desde el lado cristiano y Alfonso I el Católico, cuñado de Pelayo, se convertiría en el 739 en su monarca. Aprovechando los conflictos internos de los mahometanos, que se habían retirado para consolidarse e ir estructurando lo que sería al-Ándalus, Alfonso se encargó de ir constituyendo y conformando las primeras instituciones de gobierno y de ampliar los territorios. Galicia quedó rápidamente anexionada y sus tropas conseguirían llegar hasta la frontera del Duero.

Como no pudieron seguir avanzando, realizarían una extensa estrategia de ataques y saqueos a todas las tierras más allá del caudal del río lo que, junto a las epidemias de viruela y las malas cosechas, ayudaría a conformar un erial demográfico en la zona que le sería muy útil por dos razones: la primera fue la tonificación del reino con la llegada de todos esos pobladores que venían huyendo de las atrocidades cometidas y de las penurias de la zona; la segunda era establecer un terreno de difícil colonización que dificultaba el control del mismo, actuando de barrera. Sin músculo para ocupar dichos lares, pues los musulmanes, ahogados en sus guerras intestinas apenas estaban pendientes de lo que sucedía, esa tierra de nadie se convertiría en el primer gran campo de batalla de la Reconquista donde los ejércitos de uno y otro bando se sucederían en razias arriba y debajo de la frontera.

ABDERRAMÁN I

Muerto Alfonso I, sus sucesores contribuirían a continuar su legado fortaleciendo al joven reino mientras rendían vasallaje al gran poder que había surgido en el lado musulmán bajo la batuta de Abderramán I, el gran emir (que es algo así como un rey) omeya de Córdoba.

En "aquesta" época surge un curioso y penoso tributo: cada año el reino de Asturias debía entregar a cien de sus mejores doncellas al emirato cordobés, lo que no gustaba mucho a los cristianos. Este episodio, de hecho, acabaría sirviendo como argumento lírico que, en manos de habilidosos juglares y trovadores, daría pie a leyendas, poemas y cantares destinados a avivar el odio cristiano y justificar su cruzada.

ALFONSO II

Legendario también es el feliz hallazgo de la tumba del apóstol Santiago el Mayor, justo unos años después de que el beato de Liébana escribiese su famoso *Comentario al Apocalipsis*. Esas casualidades que se dan, ¿o más bien causalidades? Alfonso II el Casto, el rey del momento, del que hablaremos en posteriores capítulos, sabría sacarle todo el jugo a tan alegre acontecimiento mandando erigir y consagrar un santuario en Santiago de Compostela donde podrían descansar los restos del amado discípulo de Cristo. El suceso sacudió las conciencias de toda la cristiandad y establecía una ruta de peregrinaje que pronto se convertiría en la preferida por todos los devotos. Acaba de nacer el Camino de Santiago, nuestro patrimonio nacional, que se encargaría de apuntalar de forma definitiva la estructura económica y social del reino, y Alfonso II será su primer custodio. En el capítulo 26 recorreremos el Camino de Santiago.

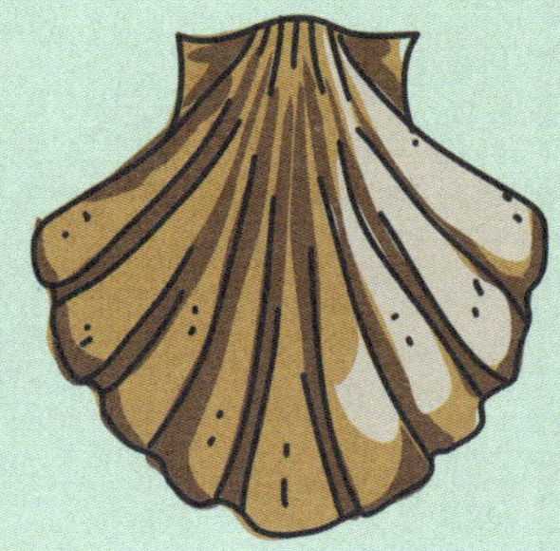

Ahora daremos un pequeño salto temporal. En el lado nordeste de la Península, después de que Carlos Martel contuviese a los moros en Poitiers, su nieto Carlomagno, rey de Francia, busca protegerse del aterrador poder musulmán que había germinado en la Península controlando el paso de los Pirineos de forma que estos sirvieran como una poderosa defensa natural contra cualquier nueva tentativa de invasión islámica. Su primer ensayo acabaría muriendo en Roncesvalles y, con el, el apuesto Roldán y algunos de los más ilustres de Francia. Aquellas desdichadas jornadas acabarían plasmándose en el *Cantar de Roldán*.

CARLOMAGNO

Oliveros ha trepado hasta una altura. Sus ojos abarcan en todo el horizonte el reino de España y los sarracenos que se han reunido en imponente multitud. -¡Roldán, mi compañero, tocad vuestro olifante! Carlos habrá de oírlo y volverá con el ejército; podrá socorrernos con todos su barones! -¡No permita Dios que por mi culpa sean menoscabados mis parientes y que Francia, la dulce, arrostre el desprecio! -replica Roldán- ¡Más bien habré de dar recios golpes con Durandarte, mi buena espada que llevo ceñida al costado!

MUERTE DE ROLDÁN EN EL CANTAR DE ROLDÁN

Pero el francés no estaba contento con el fracaso y, una vez ya nombrado emperador allá por el año 800, perseguiría de nuevo sus ambiciones hasta lograr por fin establecer una provincia militar que actuaría como colchón contra el islam, la Marca Hispánica. Cerca de

Vete moro en hora mala.
Di al tu rey que cien doncellas
Son cien chuzos y cien lanzas,
Que vengan como quiere
Que las hembras solas bastan
A defenderse asimesmas.

Las famosas asturianas, Lope de Vega

CORONACIÓN DE CARLOMAGNO

Roncesvalles, allí donde había sufrido una emboscada, surgirá otro poder independiente llamado a ser protagonista de nuestra historia: Navarra. Pero todo llegará, que ya nos hemos adelantado demasiado en este capítulo.

Capítulo 13

Al-Ándalus

Mientras los cristianos se las veían y deseaban para sobrevivir a duras penas, en el lado musulmán las cosas eran bien distintas aunque la división no faltó. El mito de las tres culturas viviendo en paz y armonía es una soberana estupidez que sigue sosteniendo mucha gente a día de hoy. Eso sí, los recién llegados respetaron los credos religiosos contrarios al islam a cambio de un impuesto especial. Tampoco podían hacer otra cosa, pues eran muy inferiores en número.

IMPUESTOS DE FE

Dentro de los naturales de la tierra, se contaban los judíos, muladíes y mozárabes. Los primeros fueron los que más se beneficiarían del cambio de régimen. Tras siglos de abusos y pogromos, al fin lograban obtener una cierta autonomía e incluso escalar en la jerarquía gubernamental. Por su parte, dentro de la vieja clase cristiana hispanorromana, a aquellos que se convirtieron al islam para acogerse a las mejoras fiscales se les empezaría a conocer como muladíes, mientras que aquellos que prefirieron mantenerse firmes en sus principios y fe cristiana, incluso con posturas de rechazo contra las autoridades musulmanas se denominarían mozárabes. No podían casarse con musulmanas, tenían que ceder el asiento siempre que un musulmán quisiera ocuparlo, solo podían montar en burro y si hacían proselitismo se les condenaba a la pena capital. Si los muladíes eran ciudadanos de segunda los mozárabes eran ciudadanos de tercera. Y estos dos grupos integraban a la inmensa mayoría de la sociedad andalusí.

MERCENARIO

Los moros, aunque pocos en número, no estaban mucho más unidos entre sí. Provenientes de multitud de etnias diferenciadas, que

IRRIGACIÓN DEL CAMPO

se habían unido circunstancialmente bajo la misma bandera gracias a la extraordinaria expansión del islam, no eran precisamente templados dialogantes. Por un lado venían los árabes de Arabia, valga la redundancia, que copaban los más altos puestos de la aristocracia local; por otro sirios y yemeníes, hombres de guerra y familiarizados con el manejo de las armas que se encargarían de dirigir los ejércitos; y por último, y en mayor porcentaje que cualquiera de ellos, los bereberes norteafricanos, los últimos en unirse a la yihad. Más atrasados que sus primos de religión y menos disciplinados, considerados desleales y peores, serían relegados a las tierras fronterizas, las más pobres y peligrosas.

No había terminado siquiera la conquista mientras los motines y las escaramuzas entre bereberes y árabes por el reparto de tierras volvían a regar de sangre la cálida arena de la Meseta. En el 740 estallaría con fuerza la revuelta bereber contra el poder cordobés que a punto estuvo de acabar con la por entonces efímera presencia islámica en la Península. Esta revuelta sería aprovechada rápidamente por los nacientes reinos cristianos para expandirse por todos los castillos y ciudades que los bereberes dejaron desocupados en su bajada hacia la capital andalusí. Es realmente sorprendente que se produjeran conflictos de tierras en un país prácticamente despoblado, pero es que los invasores, como más tarde harían los propios españoles en América, además de querer tierras para cultivar, buscaban gentes que las cultivaran para ellos. Y la población escaseaba.

Son momentos convulsos para al-Ándalus. Cuarenta años de guerras intestinas entre las diferentes tribus pusieron en riesgo la propia integridad de la Hispania musulmana. Sin embargo, al margen de todo esto, las nuevas técnicas de regadío que llegaban de Oriente hacían florecer los fértiles solares levantinos y andaluces, para regocijo de la población que,

EJECUCIÓN DE LOS OMEYAS

De al-Ándalus permanece una suerte de espíritu del lugar y un impresionante patrimonio monumental y cultural (...) la belleza de sus edificaciones, su exquisitez, los jardines construidos con tanto mimo y donde todo gira alrededor del agua, la delicadeza, la poesía. Fueron maestros de la arquitectura íntima, cuidando los detalles (olores, sabores, colores) para vivir hacia dentro.

Jerónimo Páez

cuando puede trabajar en libertad, se las apaña bastante bien.
Así, poco a poco, con los esfuerzos de unos y otros, mientras arreglaban sus propios entuertos, la frontera del Duero con los nuevos reinos cristianos se iba configurando. Los musulmanes tampoco se habían preocupado en colonizar aquellos territorios que los asturianos habían dejado desiertos, pero más al sur para frenarlos tres nuevos núcleos de poder surgirían en un eje que más tarde se convertirían en poderosas marcas militares fronterizas por derecho propio: Mérida en el sur, en el norte Zaragoza y Toledo entre las dos.

ABASÍES

Veinte gobernadores (o valíes) en 40 años, es un buen reflejo de la inestabilidad que vivía el valiato andalusí dependiente del Califato Omeya de Damasco, sin embargo, otros hechos lejanos iban a propiciar acontecimientos que cambiarían para siempre el futuro de la Península. Es el 750 y el clan Omeya, los que habían sido gobernadores absolutos del islam durante el último siglo, acababa de ser defenestrado por una familia rival. Una facción del islam, los abasíes, asaltó el poder y tomó por la fuerza el suntuoso palacio de los califas Omeyas. Derrotaron a las tropas reales a orillas del río Gran Zab. Concluida la batalla y sumidos por el odio, masacraron a toda la familia Omeya y se hicieron con el control del Califato. Establecieron una nueva capital, creándose así el nuevo Califato Abasida de Bagdad.

Pero no todos los Omeyas habían sufrido el mismo infausto destino. Justo cuando la España mora se asomaba de nuevo a una guerra civil, como en los cuentos de hadas, llegó del lejano Oriente un joven príncipe fugitivo que logró alcanzar tierras lejanas: las nuestras.

Capítulo 14

Abderramán, el príncipe encantador

ABDERRAMÁN I

Arropado por sus leales, desembarca en Almuñécar, Granada, en el año 755. Abd al Rahman, así se llamaba aquel príncipe, pasaría a la historia con el nombre de Abderramán I. Al año siguiente se proclamó emir fundando la primera entidad política independiente dentro del mundo musulmán. Si algo destacaba del nuevo emir era su inteligencia y visión de futuro. Llegado a al-Ándalus como caído del cielo, primero se erigió como mediador neutral entre tantos y tantos intereses confrontados para, una vez establecido firmemente en el poder, eliminar a todos aquellos que no aceptasen su propio interés. Mucho más legítimo que el resto, claro. Por fin al-Ándalus era una región autónoma que ya no obedecía a esos califas abasíes que habían quitado de en medio a su familia y que habían trasladado la capital a Bagdad.

Justo es situar a Abderramán como uno de los más grandes mandatarios que han pasado por estas tierras a lo largo de la historia. En unos pocos años le sobraría tiempo para pacificar la situación interna andalusí con un justo repartimiento de tierras, colocar a sus hombres de confianza al frente de las grandes ciudades del emirato, sofocar los conatos de sublevación de los antiguos dirigentes y hasta acabar con los ejércitos que los frustrados abasíes le enviaban desde el Califato de Bagdad a los que les costaba aceptar la supervivencia de uno de los odiados Omeyas que, para colmo, había escindido de su imperio un territorio tan rico y fértil como el peninsular. Como mil años más tarde reproducirían los reyes absolutos, el nuevo emir sustituiría a las viejas milicias musulmanas, más firmemente atadas a los intereses de clanes y a las enemistades tribales que al propio Estado, y contrató a mercenarios, fieles únicamente a un señor: al señor oro; es decir, a él mismo. También establecería de forma oficial las provincias militares de Mérida (después Badajoz), Toledo y Zaragoza para defenderse de las incursiones cristianas. Un error, o puede que no. Por una parte, el príncipe solventaba con firmeza el grave problema de inseguridad fronteriza, pero acabaría originando uno mayor. Como siempre ocurre cuando se le otorga inmensos poderes a una autoridad periférica, esta buscará a la larga desligarse del poder central en momentos de debilidad. Finalmente lo lograrían, pero no adelantemos acontecimientos, pues para eso aún queda mucho tiempo.

EL CORÁN

Además de las marcas, Abderramán también idearía una estructura jerárquica y administrativa única en Europa. En la cúspide

MEZQUITA DE CÓRDOBA

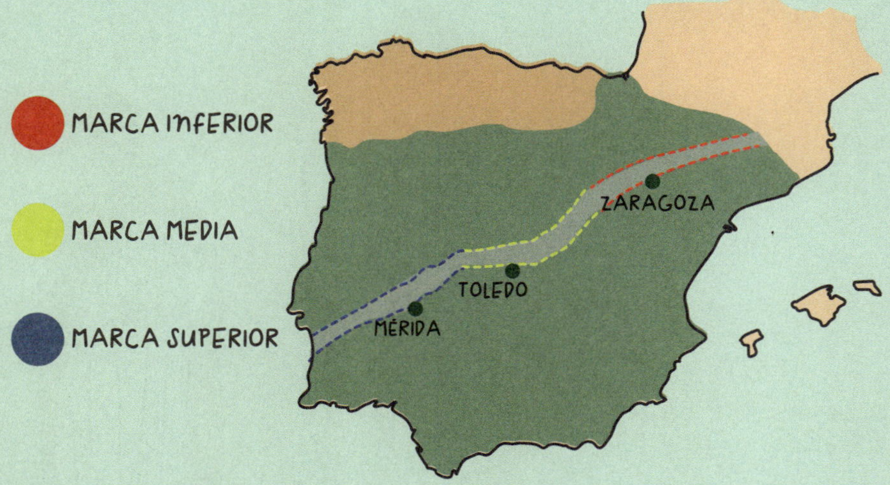

¡Déjame de ir a la caza de grullas abatidas,
Porque mi único afán es cazar al impío,
Aunque se halle bajo tierra o en ásperas montañas!
Cuando el sol cenital echa fuego por los caminos,
Mi solo resguardo es la sombra de las banderas tremolantes.
No necesito jardines, ni imponentes palacios,
Porque habito en el desierto bajo tiendas.
Di a todo el que reposa entre cojines:
"La grandeza se consigue soportando el rigor de las campañas. Vuela en pos de ella, afrontando privaciones. Y, si no, serás el más vil de los nacidos".

Abderramán I

gobernaría el emir apoyado por su segundo al mando, su mano, el hachib, que mantenía a su lado a una serie de visires para repartir las tareas de gobierno. al-Ándalus se dividía en siete provincias y al frente de cada una se situaba un valí o gobernador. La justicia, coránica como no podía ser de otra forma, por su parte, era impartida en las plazas de las ciudades por jueces. Abderramán creó una burocracia estatal que procuraba al Estado un reguero de impuestos captados por una eficaz clase funcionarial. 32 años de reinado lo convirtieron en el hombre más importante y poderoso de la Península, y tal vez de Europa. Mientras afianzaba su política centralista desde su palacio en Córdoba, avasallaría a los reinos cristianos obteniendo de ellos tributos, temor y respeto y combatió a Carlomagno por toda la Marca Hispánica, afianzando su frontera zaragozana. Embelleció las ciudades del emirato, fomentó los ambientes culturales y, además, sobre la basílica cristiana de San Vicente Mártir construyó la maravillosa mezquita cordobesa, un santuario sin parangón para su época. Suprimió los rezos al califa por otros a su persona y acuñó monedas con un nombre: al-Ándalus.

HISHAM I

Meritocracia, inteligencia y visión, las características con las que rigió su vida y que le servirían también para elegir a su sucesor. Hisham I, su hijo, no era el primogénito, pero su padre lo consideraría capacitado por encima de todos los demás. Su decisión, una vez más, fue acertada. Espléndido estratega, inteligente como su padre, culto e instruido, tras acallar la rebelión de sus hermanos surgida en el 788 a la muerte de su progenitor, se dedicaría a continuar el legado de su padre. La saneada herencia que este le había dejado le permitiría guerrear a placer contra los cristianos del norte y proseguir la construcción de la gran mezquita. Cada verano los ejércitos de turistas de uno y otro bando marchaban en sangrientas razias por las áridas tierras del valle del Duero en un ejercicio estival que ya se convertía en tradición.

Campañas rápidas, pero sumamente mortíferas que, además, permitían obtener beneficios económicos al bando que las realizaba. El propósito no era anexionar territorios, sino obtener prisioneros y riquezas mientras se debilitaba al enemigo. Esta especie de guerra, de hecho, se mantendría constante durante toda la Reconquista.

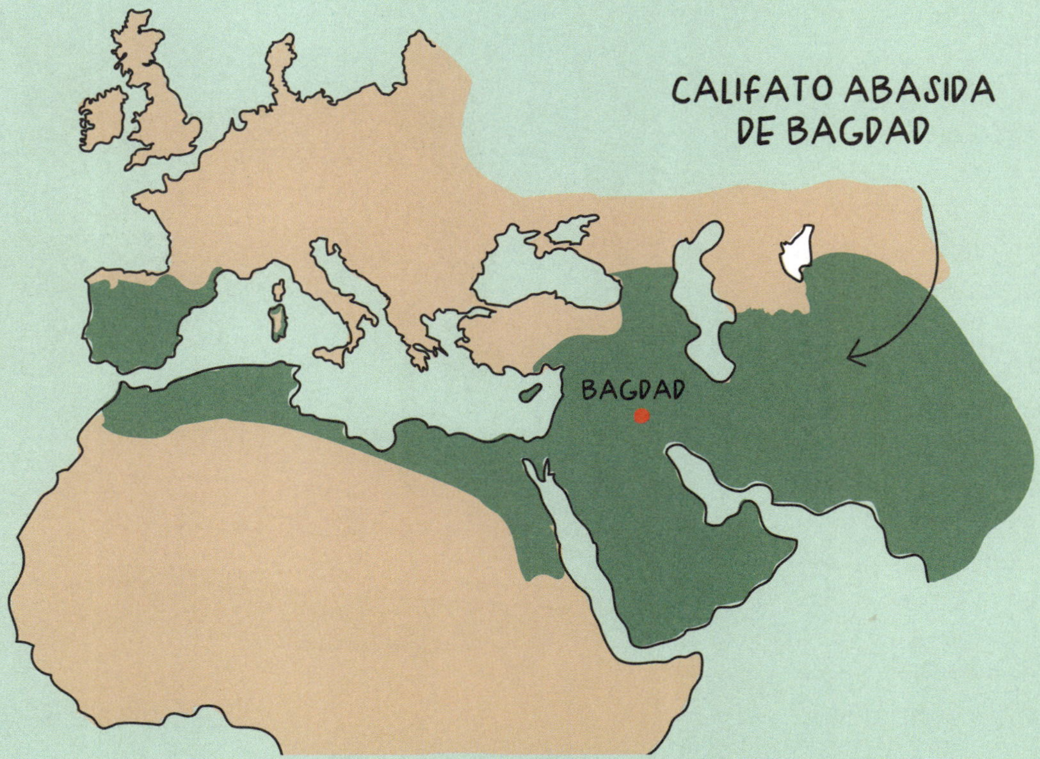

Capítulo 15

El Salvaje Oeste castellano

Duros eran los tiempos de entonces y, acordes con ellos, las concepciones de las gentes. Supervivencia, linaje y honra era lo que los movía. La monarquía y la fe lo que los unía, símbolos esenciales que, con el transcurso del tiempo irían configurando lo que llamaremos naciones. Pero aún quedaba mucho tiempo para que el monstruo del nacionalismo levantase las orejas y las cosas, sobre todo en territorio fronterizo como aquel, no eran tan impermeables como a algunos les gusta imaginar.

Porque Reconquista, lo que se dice Reconquista, poco o nada le importaba a muchos de aquellos cristianos que se contentaban con ver el astro solar sobre sus cabezas tan solo un día más, confirmando que estaban vivos. Las alianzas y las traiciones se iban tejiendo y desarrollando por toda la piel de toro entre cristianos y musulmanes, pactando guerras contra compañeros de religión, entablando relaciones comerciales, forjando alianzas mediante matrimonios o haciéndose la guerra con dureza y crueldad.

Las bandas de mercenarios comenzarían a forjarse, pequeñas mesnadas de hombres bajo el arbitrio de algún señor dispuestas a servir al mejor postor, sin distinción de religión o reino. Cristianos y musulmanes juntos peleando contra mahometanos o contra católicos, sabiendo que el amigo con el que resistías hoy bien podría ser aquel contra el que te batirías mañana. El mismísimo Cid Campeador, la gran figura española, ganaría la mayor parte de su fama y prestigio combatiendo a las órdenes del musulmán, el futuro reino taifa zaragozano.

Y así, como hemos visto en tantas películas de vaqueros, la desierta extensión del Duero fue atrayendo, cada vez más, a endurecidas familias de colonos cristianos quienes, con la valentía del que no tiene nada

IGLESIA DE SAN PEDRO DE LA NAVE

que perder, se arremolinaban juntos en torno a la iglesia de un pueblo o una ermita que, con el paso del tiempo, también les iba a servir de última fortaleza en la que resistir, heroica y fútilmente contra el invasor, fuera este de una fe o de la otra.

> **El Duero cruza el corazón de roble**
> **De Iberia y de Castilla.**
> **¡Oh, tierra triste y noble,**
> **La de los altos llanos y yermos y roquedas,**
> **De campos sin arados, regatos ni arboledas.**
>
> ***Antonio Machado***

Subestimados por los emires de la poderosa Córdoba quienes, rodeados de mujeres y exquisitos manjares, no concebían cómo aquellos labriegos podían siquiera suponer un incidente para su vida de comodidades y lujos. Pero aquellos cristianos contaban con la fuerza que nace de la desesperación y de la fe puesta en un futuro mejor. Así, mientras unas familias poco a poco arañaban y empujaban, con sus vaivenes temporales, siempre hacia abajo, los andalusíes se regocijaban dando la espalda a la realidad. Una vez percatados de su error ya sería demasiado tarde. Las dinámicas, la fuerza de la inercia, es un elemento difícil de cambiar. Esos valientes campesinos armados que se instalaban con sus familias en la frontera y que estaban dispuestos a defender hasta la muerte su propiedad y sus tradiciones fueron realmente los artífices de la Reconquista. Porque aunque no se levantasen todos los días con la palabra "reconquista" en la cabeza, la Reconquista fue real.

Pero no era lo único que ocurría. En aquellos tiempos llenos de cambios, el latín, la herencia de aquel vasto Imperio Romano, alcanzó tal punto de vulgarización, degradación o conversión que devino en algo distinto. Por toda la Europa romana nuevas lenguas brotaban como flores de primavera y en la Península nacía por las inmendaciones de Burgos y La Rioja una lengua llamada a opacar a todas las demás en extensión y número de hablantes. La lengua romance castellana.

Hoy el castellano, o español, lo hablan más de 400 millones de personas y es el idioma más hablado del mundo por detrás del chino mandarín.

EVOLUCIÓN DEL CASTELLANO EN LA EDAD MEDIA

Capítulo 16

Francos, navarros y aragoneses

FAMILIA BANU QASI

MARCA HISPÁNICA

Ya hemos visto cómo tras su experiencia previa con los musulmanes, la política exterior francesa con respecto a la Península y respecto al nuevo y hostil poder que surgía en la zona consistiría en la creación de fortalezas y diques de contención para frenar al infiel antes de que consiguiera volver a penetrar en territorio franco. No podrían depender siempre de un Carlos Martel. Carlomagno, nieto del héroe de Poitiers, sería el encargado de llevarla a la práctica.

También habíamos anticipado en el capítulo 12 que tras el fracaso de Roldán y los suyos en el lado oeste de los Pirineos, el emperador logró finalmente su objetivo al instituir la tan ansiada Marca Hispánica con la toma de Gerona y sobre todo la de Barcelona en el 801. Nobles de la confianza del emperador fueron designados para estar al frente de esta marca formada por condados o distritos administrativos que protegían su reino. Entre sus dominios, además de los mencionados condados de Gerona y Barcelona, también se incluirían los del Rosellón, Ampurias, Urgel, Besalú, Cerdaña y Osona... Y con este proceder permanecería la cosa durante un par de siglos.

ÍÑIGO ÍÑIGUEZ

Pero su previa incursión había removido conciencias al otro lado. Por un lado estaba Navarra, donde, tras sacudirse el intento de anexión carolingio, entre nubladas leyendas como ocurre muchas veces en la historia aparecerían los primeros señores navarros. Íñigo Íñiguez, gran caudillo militar, sería su primer soberano. "Arista" lo conocerían los suyos, sobrenombre obtenido en el campo de batalla tras multitud de contiendas victoriosas contra carolingios y musulmanes. Pero solo con la espada no se llega a ningún sitio y él era lo suficientemente sagaz como para percatarse de tal hecho. La eclosión del reino todavía estaba por llegar, pero él estaba en buena posición de salida al estar emparentado con la poderosa estirpe de los Banu Qasi, una antigua familia hispanogoda que se había convertido a la religión de Mahoma y gozaban de mucho poder.

GARCÍA I

Pero no fue un camino de rosas. Duros fueron los primeros años de la monarquía cargados de numerosos contratiempos. El más

MONASTERIO DE SAN JUAN DE LA PEÑA

importante, y singular, fue la invasión vikinga de la que hablaremos más adelante, que a punto estuvo de acabar con la continuidad del reino cuando los vikingos lograron capturar a su propio hijo y heredero, García Íñiguez. Pero Navarra se mantendría y fortalecería ante la adversidad, dando a luz hijos dispuestos a señalar cuál habría de ser el camino a seguir. El mejor de todos ellos, Sancho Garcés I, el Grande, primer rey de la dinastía Jimena, ya en el siglo X. Con su llegada el territorio pamplonés se articuló definitivamente como reino.

AZNAR GALÍNDEZ

Navarra no está sola en la cornisa pirenaica. El condado de Aragón no tuvo tanta suerte como sus vecinos navarros a la hora de romper las cadenas del vasallaje carolingio, pero tardarían menos de un siglo en sacudirse su dominio. Por aquel tiempo, el célebre condado, no dominaba más que un pequeño terreno que se extendía alrededor del río que le presta su nombre.

Su principal ciudad, y capital, era Jaca. A semejanza de sus vecinos, la llegada de los constantes flujos migratorios de los mozárabes huidos de al-Ándalus le permitió a los condes de Aragón, a los sucesores de Aznar Galíndez, engordar rápidamente su población y, por ende, sus ejércitos y poderío bélico, aumentando poco a poco su poder, extensión e influencia. Es por eso que en esta época se erigirían los monasterios de San Pedro de Siresa y San Juan de la Peña, enclaves vitales para la política repobladora del condado que, con el paso del tiempo, se transformarían en focos de conocimiento y sabiduría que fueron pergeñando la idea cultural de lo que más tarde acabaría siendo uno de los grandes reinos peninsulares.

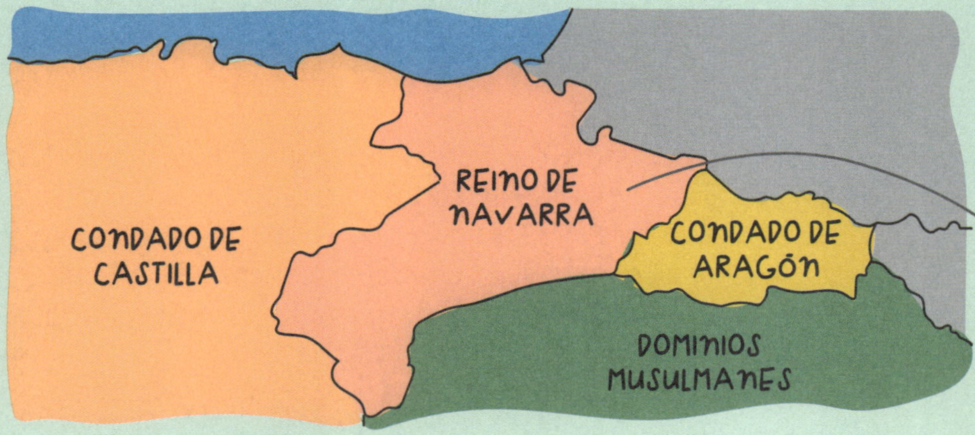

CONDADO DE ARAGÓN YA EN EL SIGLO XI

El año 732 Abderramán, rey de Hispania, atravesó Pamplona y los montes Pirineos con un poderoso ejército de sarracenos y pone cerco a la ciudad de Burdeos. En esta Eudón, príncipe de Aquitania (...) llegándose a donde Carlos, príncipe de los francos, solicitó su ayuda. Entonces Carlos, habiendo reunido un poderoso ejército, salióles al paso, y, medidas sus armas, fueron derrotados los sarracenos por los francos en los arrabales de Poitiers.

Chronicon Moissiacense

MONASTERIO DE SAN PEDRO DE SIRESA

AL REINO DE NAVARRA AL PRINCIPIO SE LE LLAMABA REINO DE PAMPLONA. EN ALGÚN MOMENTO QUE CABE SITUAR A PARTIR DE 1162 LOS MONARCAS NAVARROS PASARON DE USAR *PAMPILONENSIUM REX* A USAR *REX NAVARRE.*

Capítulo 17

¡Santiago y cierra, España!

Volvamos otra vez a dirigir la mirada hacia el oeste de la Península. Mientras la Marca Hispánica, Aragón y Navarra daban sus primeros pasos, el reino asturleonés marchaba viento en popa a toda vela bajo la dirección de Alfonso II que, viendo la llegada de nuevos personajes al tablero de juego, vuelve a recuperar las tradiciones e instituciones godas en un intento de legitimarse, y posicionarse, por encima del resto de cristianos peninsulares. Además, la restauración de las antiguas tradiciones góticas permitió levantar la moral del sufrido pueblo, siempre tan necesitado de viejos mitos para sobrellevar la dureza del día a día. El agonizante *Liber Iudiciorum*, el viejo texto legal visigótico, vuelve a vivir una nueva edad de plata. Pero no todo el poder era terrenal y, si un rey quería realmente gobernar, también debía manejarse con las cuestiones que trascienden lo mundano. Que la sede de la vieja Iglesia hispana siguiera asentada en Toledo, en terreno musulmán, era algo que no gustaba demasiado a ninguno de los reinos cristianos. Cuando los mozárabes, relajados en sus costumbres tras tantas generaciones de contacto fluido con el islam, se adhirieron al adopcionismo que predicaba su arzobispo. Defendía que Jesucristo había sido engendrado por una mujer y que no gozaba de naturaleza divina. La ortodoxia católica puso el grito en el cielo.

NORMANDO

SANTIAGO MATAMOROS

Viendo una oportunidad, Alfonso II de Asturias, apodado el Casto, aprovecharía esta situación para combatir esta herejía, y se posicionó como el custodio y garante de las viejas leyes de la fe. Incluso llegó a tener contactos con Carlomagno. Durante su reinado se descubrió la tumba del apóstol Santiago. Pero ni toda su fe, ni toda su labor impidieron que, en el 842, un octogenario Alfonso II, sin descendencia, abdicase el trono en favor de su primo Ramiro I. Él sería el encargado de hacer frente a los normandos (o vikingos) que venían de saquear Navarra en el 844, derrotándolos finalmente en La Coruña, a la altura de la Torre de Hércules.

RAMIRO I

Pero por supuesto los vikingos no eran la mayor de las preocupaciones. Ahí seguía el moro a las puertas, con un gran poder. Las contiendas con los musulmanes prosiguieron su curso habitual y, por esas fechas, la fabulosa Batalla de Clavijo daba lugar. Fabulosa por la leyenda, claro. Sea como fuere, al igual que Covadonga, los cantares y crónicas (que iban cambiando según el tiempo manteniendo únicamente constante la victoria cristiana) se encargarían de ensanchar la historia y mantener vivo el recuerdo durante los siglos de empresa cristiana que aún estaban por venir.

RAMIRO I SOÑANDO CON EL APÓSTOL SANTIAGO

Ten valor, pues yo he de venir En tu ayuda y mañana, con el Poder de Dios, vencerás a toda Esta muchedumbre de Enemigos por quienes te ves Cercado.

Santiago apóstol al rey Ramiro I antes de la Batalla de Clavijo

Porque no hay nada que levante más la moral que contar con el favor divino, el propio apóstol Santiago se puso al frente de las tropas cristianas, montado en su célebre caballo blanco, en una heroica carga que los caballeros asturianos no pudieron más que continuar al grito de "¡Santiago y cierra España!", derrotando decisivamente a la misma tropa islámica que les había estado persiguiendo y arrinconando desde hacía días. Cierto o no, eso queda al arbitrio de cada uno, la verdad es que desde entonces Santiago se ganó aquella jornada el apelativo de "matamoros" y también el patronazgo de la futura España.

Al igual que ahora, los gobernantes sabían muy bien que no hay nada que una más a un pueblo que ese sentimiento de orgullo ante las hazañas y gestas épicas que sus antepasados alcanzaron, siempre empujándoles hacia delante, persiguiendo emular esas proezas o, como mínimo, no deshonrar su memoria. Los otros, aquellos pueblos que desprecian, odian y que sistemáticamente ocultan su pasado, acaban inexorablemente desapareciendo con el transcurso del tiempo.

TROVADOR

Los que no construyeron un buen relato estuvieron imposibilitados para competir en el futuro que les tocó. Las baladas juglarescas y los hermosos cantares de gesta que se entonaban en los caminos, campamentos y tabernas desempeñaron un papel fundamental. Solo de guerra no vive el hombre, por eso también hubo tiempo para algo de esparcimiento, ocio y cultura. El propio Ramiro I se convertiría en un gran mecenas de las artes al apoyar la incipiente literatura del reino y financiar una gran cantidad de construcciones religiosas y regias como Santa María del Naranco en las que ya se intuía un primitivo estilo románico. El viejo rey moriría en el 850 siendo sucedido por su hijo, Ordoño I.

CASTILLO DE CLAVIJO

Capítulo 18

La consolidación de un reino

ORDOÑO I

El paso de los años había transformado al viejo reducto astur. De subsistir a duras penas ante la arremetida musulmana a ser un poderoso reino con derecho propio que se extendía cientos de kilómetros cuadrados donde abundaban las inexpugnables fortalezas y las urbes fortificadas blasonadas con la bandera del león. Y dentro del reino, una de las regiones que florecía con más fuerza, gracias a la labor repobladora de los territorios en torno a la frontera del Duero, región por cierto con muchos castillos, era la pujante Bardulia (futura Castilla).

En el 866, Ordoño I da paso a su hijo Alfonso III el Magno. Como tantos otros, el pseudónimo lo obtendría tras una larga temporada de campañas, batallas y conquistas victoriosas frente al eterno enemigo musulmán. Debilitado como se encontraba el otrora indiscutible poder cordobés, los cristianos se lanzarían a degüello viendo la oportunidad, avanzando en todos los frentes ante la impotencia islámica, excepto en Zaragoza, donde la poderosa marca consiguió frenar el empuje. Allí, imposibilitados para continuar la marcha, el rey firmaría la paz con la poderosa familia muladí de los Banu Qasi.

Con Braga, Oporto y Coímbra aseguradas por los leoneses tras la aplastante victoria de Polvoraria de 878, la antigua frontera del Duero se encontraba ya desbordada y dentro de sus confines, por lo que la separación entre un mundo y el otro discurría ahora por los márgenes del río Mondego. Zamora, Toro, Simancas y Burgos serían las siguientes en ser reconquistadas mientras las huestes de Alfonso III llevaban sus aceros hasta las mismas puertas de Mérida.

ESTATUA DE ORDOÑO I

Pero como ya hemos afirmado, la guerra no fue lo único que existió durante estos largos siglos, pues la cultura no le fue a la zaga. Alfonso III, además de ser un

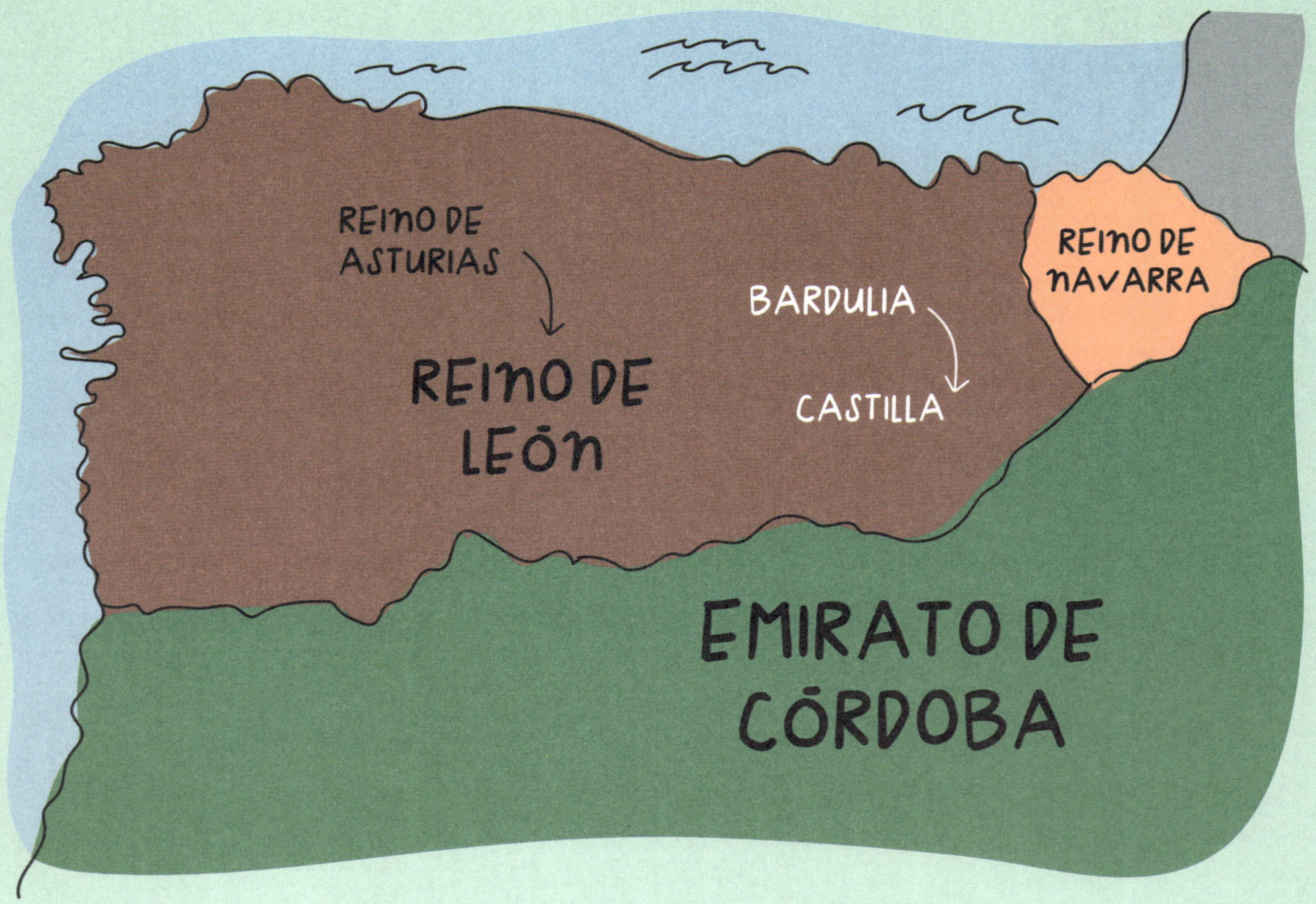

BATALLA DE POLVORARIA

> *Hoc signo tuetur pius, in hoc signo vincitur inimicus* (Con este emblema se defiende al piadoso, con este emblema se vence al enemigo).
>
> *Lema de los monarcas asturianos*

rey guerrero, tuvo tiempo para la cultura y las artes, impulsando durante su reinado una larga etapa de esplendor cultural a la vez que sufragaba crónicas y escritos que, además de ensalzar su figura, sirvieron de propaganda para llevar a cabo lo que, ahora sí, empezaba a considerarse como una restauración de la antigua Hispania visigoda. Se escriben las crónicas Profética, Albedense y la propia de Alfonso III. Alfonso III se autodenominó Rex totius Hispaniae por la sencilla razón de que se veía como rey de la España que combatía al islam.

ALFONSO III

Habiendo rescatado las antiguas tradiciones visigodas para lo bueno, terrible fue que también las rescataran para lo malo. Pero así se hizo. Muerto el rey, el poderoso reino se dividió. Ya había cumplido su papel decisivo en la historia. Esto ocurrió en el año 910. La capital se trasladó de Oviedo a León. Nacía el reino de León. El resultado de este reino fue una amalgama de frágiles condados que legaba a todos sus hijos, condenados a combatir entre ellos por alcanzar la supremacía o para convertirlos en reinos subordinados al leonés, pero sobre todo perdiendo la oportunidad de proseguir el camino hacia el sur. A su primer hijo, García I, le correspondió León, a Ordoño II los territorios gallegos y al tercero, Fruela II, Oviedo y sus cercanías.

El mayor ejemplo de este despropósito sería Fernando I, rey de León, de Castilla, de Galicia y de Portugal que, tras pasarse toda una vida luchando por ampliar y fortalecer el reino, echó a perder todo su trabajo a la hora de su muerte, pues la corona quedó repartida entre sus hijos Sancho, Alfonso, García, Urraca y Elvira.

FERNANDO I

URRACA DE ZAMORA

Parecía que no habían escarmentado. Esto dio, por supuesto, alas a nuestro malhadado deporte nacional: las guerras civiles. Y entre hermanos, para variar.

Se debieron tomar muy en serio aquel proverbio que dice que: "La Tierra no es una herencia de nuestros padres, sino un préstamo que nos hacen nuestros hijos".

Tranquilidad, para el siglo XI y los tiempos de Rodrigo Díaz de Vivar, el Cid Campeador, ya va quedando poco...

FRUELA II DE ASTURIAS Y LEÓN

Capítulo 19

El látigo y la zanahoria

Volviendo la mirada a Córdoba, Hisham I, tras un próspero reinado, dejó el trono a su hijo al-Hakam I. Tanto tiempo de paz no les había sentado demasiado bien a los andalusíes, ni a la familia del emir, que se alzaría para hacerse con el poder. Resuelto el incidente, muertos o sojuzgados sus levantiscos familiares, el emir dirigiría la mirada ante los conatos de rebelión de su pueblo. Al emir no le temblaría el pulso.

AL-HAKAM I

La sublevación y posterior represión de la ciudad de Toledo es conocida popularmente como "La triste jornada del foso" (797). Tras invitar a las más distinguidas autoridades de la ciudad a un banquete con la excusa de congraciarse con ellos, al-Hakam los fue ajusticiando conforme iban entrando en la tienda donde se suponía que el convite iba a celebrarse. Cuando el confiado noble entraba en la carpa, en vez de encontrarse con las exquisiteces y suculentos manjares que esperaba, se daba de bruces con unos verdugos encargados de degollarlo y lanzar sus restos a un foso cercano.

Cruel y cruento, pero efectivo. Poco tardó Toledo en rendirle pleitesía a su nuevo soberano y, como las nuevas, como siempre ocurre cuando son malas, se dispersan a la velocidad del viento, lo propio harían muchas de las ciudades alzadas en rebeldía ante el temor del castigo. Y los pocos que resistieron, como Zaragoza y Mérida, serían pacificadas por el no muy sutil método de la espada. Habiéndole cogido el gusto al sabor de la sangre, al-Hakam no dudaría nunca en utilizar la vía militar a la hora de resolver disidencias internas. Lo suyo no era el diálogo.

Al-Hakam, en definitiva, pasaría a la historia como uno de los más sanguinarios gobernadores que han pisado nuestra tierra. Sin embargo, nadie puede negarle que era un tipo pragmático. Su hijo y heredero, Abderramán II, aupado al poder en el 822 tras la muerte de su padre, encuentra un estado completamente sometido y pacificado, sin nadie que osase levantar la voz contra la familia real. Normal, todos los que habían probado esa práctica poco recomendable habían acabado mal. Esta herencia permitiría al joven emir dedicar sus esfuerzos a la cultura. Bajo su reinado, Córdoba, convertida en la mayor joya de toda la Europa medieval, brillaba con una luz, una intensidad, una belleza y una grandeza como no lo hacía ninguna ciudad europea desde la caída de Roma. Cientos

TOLEDO

de intelectuales, filósofos, poetas, arquitectos y científicos llegarían bajo el mecenazgo de Abderramán II embelleciendo con su saber las sinuosas calles cordobesas.

ABDERRAMÁN II

Pero no solo se dedicaría a la cultura. También se reorganizó la burocracia hasta perfeccionarla, se reguló la acuñación de moneda, se impulsó el comercio y aumentó el intercambio cultural entre los diferentes territorios peninsulares a pesar de los conflictos bélicos que cuentan los cronistas.

Y es que incluso dentro de su propia casa se establecerían normas que permitirían mejorar la convivencia pacífica entre los miembros de las tres religiones.

BIBLIOTECA DE CÓRDOBA

Y si se podía decir que su padre pecó de crueldad, por la ley del péndulo su hijo haría lo propio por el lado contrario. No todo podía ir bien y la religión siempre amenazaba con dividir a la sociedad. En este caso cobró especial relevancia la escuela malikí, llamada así por su fundador y discípulo directo de Mahoma. El islam tolerante de los primeros años se transformaba tras las nuevas interpretaciones coránicas que hacían los

El ejército, lanzando gritos discordes, avanza compacto,
Tragando los campos, engrosado por las tribus, en orden cerrado.
Cuando en él brilla las espadas, semejan relámpagos
Que aparecen y se esconden entre nubes.
Las banderas en alto, al flamear,
Parecen bajeles en un mar donde no es posible navegar a remo...

Abbás ibn Firnás

teólogos del Corán y la escuela de Malik Ibn Anas era especialmente estricta: propugnaba un seguimiento literal del texto sagrado y un mayor acatamiento de las sunnas coránicas. Esto fue una tragedia para los mozárabes que veían como cada vez eran mayores los peligros que se cernían sobre ellos. En esta época serán asesinados cuarenta y ocho mozárabes conocidos como los Mártires de Córdoba, al rebelarse contra la ley islámica, hallando la muerte de distintas formas que incluyen la decapitación, ser pasto de los perros, la hoguera, la horca, el empalamiento o incluso siendo arrojados a un caldero de plomo fundido.

Abderramán II fue un buen guerrero. Luchó bien contra los francos en la Marca Hispánica y venció a un reino asturleonés cada vez más poderoso. Pero sin duda, su mayor reto vendría de otras tierras, mucho más al norte. Es ya el año 844 después del nacimiento de Nuestro Señor Jesucristo... ¡Y vienen los vikingos!

Capítulo 20

Vicky el Vikingo... en España

VIKINGOS EN LA PENÍNSULA

Sabiéndose de memoria las costas francas y sajonas, algunas expediciones vikingas se arriesgarían a probar fortuna en tierras más lejanas. Las olas los arrastrarían a la Península, donde ya habían asolado los reinos cristianos hasta ser finalmente rechazados por Ramiro I. Este contratiempo no les supondría mucha molestia, pues continuarían su viaje hacia el sur remontando el Guadalquivir hasta Sevilla habiendo arrasado Lisboa antes. Una flota de hasta 80 drakkars (sus famosos barcos dragón) puso en jaque a la ciudad.

Ya apercibido de los desmanes de los mayus (nombre con el que conocían a los vikingos), Abderramán II organizó un ejército y desde Córdoba partió al encuentro de los paganos mientras estos se entretenían

matando, violando y saqueando, vamos lo que siempre hacían los vikingos. Lo pagarían caro. La demora provocada por aquella bacanal de sangre y fuego permitió a las tropas andalusíes organizarse, y casi exterminar por completo a esas bestias del norte, en la Batalla de Tablada. Vacunados ya contra los invasores, el emir mandaría construir un extenso conjunto de atalayas defensivas por toda la costa andaluza para proteger y poder rechazar a esos feroces guerreros si les daba por venir de nuevo.

La muerte en el 852 de Abderramán II provocaría lágrimas sinceras en buena parte

DRAKKAR

de su pueblo. Pocos gobernantes alcanzarían tan distinguido reconocimiento. 30 años de prosperidad, muchas victorias y muchos botines de guerra, que se reflejan en la esplendorosa Córdoba, capital de la filosofía y de las artes de todo el continente. Abderramán II tuvo 87 hijos, 45 de ellos varones, pero el sucesor acabó siendo un tal Muhammad, el favorito de su padre y un fervoroso creyente.

MUHAMMAD I

Este Muhammad no es muy conocido. Poca gente sabe que este gobernante cordobés ordenó la fundación de la fortaleza de Mayrit. Esa fortaleza es hoy la capital de España. Su fe y juventud le impidieron proseguir la senda marcada por su padre. Dio demasiada prioridad a las cuestiones del otro mundo sobre el presente, empuñando la bandera de

A causa de nuestros pecados vinieron las gentes de los normandos a esta tierra y destruyeron la iglesia de Santa Eulalia de Curtis y otras de la comarca; sus sacerdotes fueron llevados presos y pasados por la espada; el fuego consumió las escrituras, y las mismas piedras perecieron por las llamas.

Historia compostelana

la defensa de la fe islámica. Vuelven a estallar las revueltas y las intrigas y las prácticas sediciosas. Vuelven los murmullos a la corte tras décadas de tolerancia, cierta transigencia y bonanza. Lenta pero inexorablemente, las estructuras económicas, políticas y sociales del emirato se van resquebrajando y pasan a ser tomadas por los diferentes poderes regionalistas. Se va poco a poco abonando el terreno de lo que acabarían siendo los reinos de "taifas". Pero todavía es pronto.

ATAQUE A SEVILLA

Así, mientras el Estado centralista imaginado por el primer Abderramán comienza a venirse abajo, los poderosos señores militares fronterizos empiezan a estar cada vez más descontentos ante la agobiante presión fiscal ejercida desde la capital cordobesa. Pues quien ostenta el poder siempre acaba buscando el dinero de alguna manera. Las poderosas familias de los Banu Qasi (Zaragoza), Umar Ibn Hafsun (Málaga), Banu Hayyay (Sevilla) o Ibn Marwan (Mérida), son solo algunos de los ejemplos de las múltiples cabezas que comenzaban a surgir. Una premonición de desunión y tiempos difíciles.

BJÖRN RAGNARSSON

Pero todavía no estaba todo perdido, ni mucho menos. Al-Ándalus perduraría un siglo más gracias a personajes como Abderramán III, posiblemente el hombre más influyente y poderoso de los 800 años de dominio musulmán peninsular. Con él vendrían tiempos mejores para los musulmanes, y una nueva institución, el califato, que situaría a al-Ándalus como uno de los más poderosos reinos europeos. Pero aún queda tiempo para que lleguemos a eso. Porque ahora tenemos otra historia que contar: Castilla ha nacido.

VIKINGOS

ESCANEA ESTE CÓDIGO QR CON TU MÓVIL PARA ACCEDER AL VÍDEO EN YOUTUBE

Capítulo 21

De castillos y Castillas

Tras siglos de sometimiento, humillaciones y vasallaje, los reinos cristianos vieron por fin la oportunidad que habían estado aguardando merced a los fuertes conflictos internos y guerras civiles que asolaban a los musulmanes. Encabezados por los asturleoneses, la cristiandad progresaba viento en popa a toda vela, llegando estos, como ya habíamos adelantado, a trasladar la capital de Oviedo a León por orden de García I (911-914). Toda una declaración de intenciones, de avance hacia el sur.

CASTILLO DE ÍSCAR

Pero los leoneses no eran los únicos en esta empresa. Al otro lado de la Península, los cada vez más autónomos condes de Barcelona, aunque todavía feudatarios de los reyes francos, ampliaban su poder e influencia gracias a condes como Wilfredo el Pilós (o el Velloso) que despejarían el camino para que Borrell II, "por la gracia de Dios duque ibérico", aprovechase en el 988 la decadencia del país galo y se escindiera junto a unos cuantos condados vecinos. Cataluña aún no había encontrado su nombre, pero acababa de plantar las primeras semillas en ese sentido.

Con tantas piezas en el tablero -la navarra de Sancho I (905-926) tampoco perdía el tiempo- difícil le resultaba a los monarcas leoneses posicionarse por encima del resto de sus

WILFREDO EL VELLOSO

BORREL II

pares, pero un contratiempo interno acabaría para siempre con tal aspiración. Castilla (también llamada Bardulia), de la que ya hemos hablado, era una tierra dura de frontera, horadada y repoblada por los más valientes, o desesperados, cristianos que el reino había podido encontrar. Hombres de campo, testarudos y habituados a sufrir toda clase de penurias en ese papel de escudo de la cristiandad, no es extraño que la docilidad no formase parte de su carácter. Solo necesitaban que uno de los suyos los liderase para lanzarse a la conquista del mundo. El elegido sería el conde Fernán González (930-970).

CONDE FERNÁN GONZÁLEZ

Con sangre leonesa, cántabra y vascona, los castellanos, espoleados por un personaje revestido de tintes legendarios, Fernán González, irían reforzando sus singularidades, diferencias e idiosincrasia durante el siglo X. El conde con aspiraciones autonomistas, probablemente comenzaría a dar la murga con los particularismos únicos de Castilla, demandando un trato especial por tal situación. Nueve años más tarde, exigió la ruptura total con León. Pero claro por entonces los "indepes" estaban dispuestos a defender sus legítimas aspiraciones por medio de las armas. Comienzan a sonar las primeras notas de la magna sinfonía en que se convertiría Castilla. Al final de sus días Castilla consigue independizarla del reino de León, lo que era una ruptura *de facto*, a falta de algunas formalidades.

FORTALEZA MUSULMANA DE GORMAZ

Era toda Castilla solo una alcaldía
A pesar de ser pobre y de poca valía
Nunca de buenos hombres fue Castilla vacía
De cómo fueron ellos lo sabemos hoy día.
Fue de los castellanos el principal cuidado
Elevar su señor al más alto estado;
De una alcaldía pobre, hiciéronla condado,
Tornáronla después cabeza de reinado.
Se llamó don Fernando este conde primero,
Nunca hubo en el mundo otro tal caballero
Este fue de los moros implacable guerrero,
Por sus lides decíanle el buitre carnicero.

Poema de Fernán González

SANCHO GARCÉS I

Pero tantas alegrías, euforia y dicha no podrían durar en demasía, pues la fortuna es una veleidosa compañera. Cuando los cristianos marcharon absolutamente confiados a recoger las frutas maduras del marchito árbol musulmán, estos se reorganizaron y contraatacaron. Y lo harían con fuerza. En el 912 Abderramán III llegó al poder en al-Ándalus y con él llegó el Califato. El nuevo califa se puso al frente y agarró el toro por los cuernos. Los cristianos fueron derrotados en una serie de campañas de castigo una vez más, dando comienzo a un nuevo periodo de predominio musulmán en el que recuperaron algunas plazas. Pero las sucesivas victorias musulmanas no serían aprovechadas convenientemente por estos, pues no hubo una sustancial modificación de las fronteras.

ABDERRAMÁN III

Se acerca Simancas.

Capítulo 22

La gran batalla de Simancas

Atrapados en una economía de subsistencia, apagada en el cultivo y la ganadería, sin apenas acuñación de moneda y dependientes de los moros para cualquier actividad mercantil y empresarial que persiguieran, la situación de los reinos cristianos era, cuanto menos, precaria. Por si fuera poco, el inmenso poder bélico del nuevo califa, Abderramán III, cortó en seco su principal fuente de ingresos, los saqueos obtenidos cada estío tras rápidas y sangrientas razias, a la vez que les obligaba a pagar un vasallaje casi humillante.

Tan poderoso se sentía el califa, y con razón, que no tuvo ningún reparo en responder en el 939 a las provocaciones que le dirigía el nuevo rey leonés, Ramiro II. Una nueva yihad contra el infiel reuniría en Córdoba hasta 100.000 hombres, según algunas fuentes, para conformar un formidable ejército encabezado por el propio Abderramán. Mientras tanto, desde el lado cristiano, Ramiro II concentró la mayoría de sus tropas en las cercanías de Simancas, un importante baluarte de inmenso valor estratégico para el reino leonés. Pero eran inferiores en número.

RAMIRO II

Durante días se sucedieron las escaramuzas entre las vanguardias de ambos ejércitos, sin que ninguno de ellos pudiera imponerse al contrario. Haciendo uso de su mejor conocimiento del terreno, los cristianos lograron contener la superioridad numérica musulmana. Pronto comenzaron las disensiones entre los generales mahometanos sobre la forma de continuar con la batalla, lo que fue aprovechado por los cristianos para atacar desde dos frentes a los andalusíes.

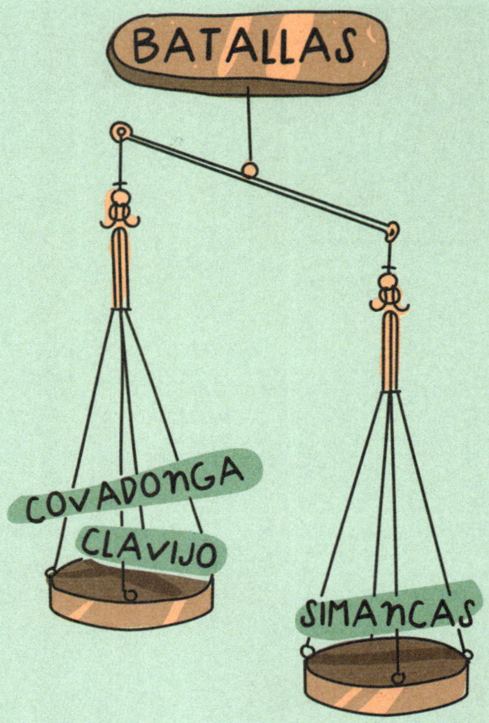

BATALLA DE SIMANCAS

La desorganización y el desconcierto que se produjo tras la ofensiva provocó el desmoronamiento y la huida de los mahometanos con las tropas de Ramiro II el Grande a partir de ese momento, persiguiendo a todos los supervivientes.

SAN MILLÁN EN LA BATALLA DE SIMANCAS

El propio califa consiguió escapar por poco, dejando atrás a decenas de miles de hombres y todo el tesoro que había traído consigo. Los cristianos disfrutaban mientras del botín capturado, que serviría para pagar a los soldados. Era la primera gran victoria contra los musulmanes después de dos siglos de invasión y muchas derrotas. Todo un subidón de moral.

Simancas se transformó en un símbolo dentro del mundo cristiano. La primera victoria palpable contra el infiel, alejada de las leyendas, un suceso real y concreto en oposición a tantos otros capítulos emblemáticos de la Reconquista. Se transformó en un baluarte de la fe católica y por toda Europa se hicieron eco del nombre. Covadonga y Clavijo, de igual o mayor fama, pasaban de juglar en juglar, y el mito se iba engrandeciendo según las preferencias de cada artista. Pero Simancas fue sin lugar a

Vinieron los cordobeses a Simancas con su nefandísimo rey Abd al-Rahman y con todo su ejército y fijaron allí su campamento. Encontraron al rey Ramiro y sus condes que salieron reunidos con él y con sus huestes, a saber: Fernán González y Asur Fernández y otra multitud de guerreros. Ayudándoles Dios, cayeron sobre los moros y mataron a espada ese día casi tres mil y quizá más; (...) Y se alegraron mucho los cristianos, porque volvieron con muchas riquezas y se regocijaron de sus despojos y está llena de ellos Galicia y Castilla y Álava y Pamplona, con su rey García Sánchez. ¡Gracia a Dios!

Anales Castellanos Primeros

REINA TODA DE PAMPLONA

dudas la primera gran (es importante lo de gran) victoria cristiana real en la Península desde la invasión árabe del 711.

La batalla reportó enorme provecho al rey leonés, pues consiguió asentar sus dominios y repoblar aquellas zonas, pero también fue aprovechada por el conde Fernán González de Castilla, pues se apoyó en ella y en el papel que habían desempeñado las tropas castellanas en la batalla para relanzar sus objetivos.

Mientras León y Castilla se encontraban enzarzados en sus conflictos internos, en Navarra muere el rey Sancho Garcés cuando su heredero, García Sánchez, es tan solo un pequeño infante. Reluce en este periodo con luz propia una mujer, la reina madre Toda, madre de García Sánchez quien con suma inteligencia e insuperable habilidad logró dirigir el reino y fortificarlo gracias a los convenientes enlaces matrimoniales que concertó con sus hijas. García Sánchez reinará hasta el 970 habiendo transformado Navarra en la potencia hegemónica de los reinos cristianos peninsulares. En paralelo, comienza el declive asturleonés. También el punto más álgido del Califato, pero todo lo que sube tiende a bajar.

REY GARCÍA SÁNCHEZ I DE PAMPLONA

Capítulo 23

Abderramán III

El siglo X representa para al-Ándalus la cúspide de su cultura, de su filosofía y del arte militar. El artífice de tal ingenio fue el ya muchas veces mencionado Abderramán III, un tipo de ojos azules y cabello claro. Se oscurecía la barba para parecer más moruno. Tenía probablemente más sangre vascona que árabe. Cuando el joven de 21 años heredó el trono de su abuelo Abd Allah en el 912 todo parecía ir en su contra. El trono andalusí se encontraba en franca decadencia con los caudillos periféricos cada vez más desconectados del poder central (Zaragoza, Toledo o Sevilla vivían de espaldas al emirato), una economía en recesión y un comercio en crisis que habían dejado esquilmadas la hacienda del Estado. Para colmo de males, un nuevo enemigo, una dinastía chiita, los fatimíes, que se había instalado en el Magreb y maquinaba cómo cruzar el estrecho, se sumaba a los viejos rivales cristianos.

Pero el joven Abderramán había heredado los mejores rasgos del carácter de sus más ilustres ancestros así que, lejos de amedrentarse, emprendió con audacia y decisión la tarea reorganizativa del emirato. A nivel burocrático se encargó de reducir la administración, disminuyó el número de visires a tan solo cuatro de su máxima confianza y promovió una alta movilidad entre el funcionariado, lo que evitó el relajamiento y la corrupción de estos en las ciudades donde eran destinados, aumentando en el proceso la recaudación tributaria. Este crecimiento en los ingresos permitió al emir deshacerse de las tropas autóctonas andalusíes, ya demasiado acomodadas y carentes de voluntad para la

ABDERRAMÁN SE DESHIZO DE LAS TROPAS HABITUALES PARA SUSTITUIRLAS POR CONTRABANDISTAS, ESLAVOS Y CAMPESINOS

guerra, sustituyéndolas por una gran cantidad de tropas mercenarias, principalmente eslavos y cristianos del norte.

Pronto se ganó la adoración de su pueblo, por lo que, tras pacificar las últimas rebeliones provocando que todas las ciudades regresaran al redil Omeya, ninguna voz se levantó cuando se proclamó califa o jefe espiritual. La decisión, que el primer Abderramán no se había aventurado a tomar, ya no escandalizaba a nadie en un siglo donde la unidad espiritual del islam ya se había resquebrajado. Los fatimíes asentados en el norte de África ya negaban desde hacía algún tiempo cualquier clase de legitimidad

ABDERRAMÁN III

a las dos dinastías dominantes del mundo musulmán. Ellos veían en Fátima, hija de Mahoma, la auténtica continuadora del linaje del profeta.

Cuando los fatimíes proclamaron el Califato en el norte de África, amenazaron directamente a ambas estirpes y, aunque el principal adversario de los fatimíes en un principio fueron los abasidas, estos nunca disimularon el interés que le despertaba la perla que suponía al-Ándalus.

Pero, como el que golpea primero golpea dos veces, y Abderramán ya había demostrado que en eso de gobernar se movía con cierta desenvoltura, prefirió desembarcar él mismo en el norte africano antes que permanecer en su trono esperando el primer golpe. En el 927 tomaba Ceuta, cuatro años más tarde Melilla y pronto caería Tánger. Al-Ándalus se convertía en el gran enclave musulmán de occidente y en uno de los reinos más poderosos de Europa, reforzando el prestigio de los califas. Los emperadores del Sacro Imperio y de Bizancio no tardaron en mandar sus propias embajadas para mostrar el respeto que le tenían a este nuevo poder europeo. El peligro fatimí era la excusa perfecta para la expansión por África, llevando a los andalusíes a la mayor extensión de territorio bajo el poder Omeya.

Conquistó España ciudad por ciudad, exterminó a sus defensores y los humilló, destruyó sus castillos, impuso pesados tributos a los que dejó con vida y los abatió terriblemente por medio de crueles gobernadores hasta que todas las comarcas entraron en su obediencia y se le sometieron todos los rebeldes.

Crónica anónima de al-Nasir

Tuvo suerte incluso en esto el califa, requisito necesario e ineludible de todo gran gobernante. El fluido mestizaje y comercio con Persia y sobre todo con Bizancio había elevado el nivel cultural de los árabes orientales muy por encima de sus homólogos europeos, lo que colateralmente fue de gran beneficio tras las conquistas. Incluso las tácticas militares allí aprendidas se mostraron superiores a las usadas hasta aquel momento en la Península. Córdoba contaba con un ejército mejor organizado que el cristiano, lo que le permitió conservar la iniciativa en cada campaña veraniega de razias.

Tan poco podían hacer las tropas vasallas cristianas y sus economías feudales contra el poderío mahometano, que el califa nunca se molestó en conquistarlos. Ya obtenían de ellos una serie de tributos anuales y no representaban un peligro real. Estas prácticas, cuando las tornas hubieron de cambiar y el Califato se fragmentó en una multitud de reinos de taifas, serían también usadas por los cristianos, a quienes les resultaba mucho más productivo cobrar a los enemigos que conquistarlos. Nunca hubo prisa por continuar la Reconquista.

Pero no adelantemos acontecimientos.

Capítulo 24

Medina Azahara, la Córdoba de ensueño

SALÓN RICO DE ABDERRAMÁN III EN MEDINA AZAHARA

Si habíamos visto cómo los bárbaros (y ahora entiéndase por bárbaro salvaje) del desierto habían asaltado a sangre y fuego las ciudades de la gran civilización cristiana dos siglos después esa relación se había invertido. La cultura mozárabe se había estancado y todo el Occidente cristiano estaba sumido en una profunda depresión cultural, salvo elogiosas excepciones, aún le faltaba tiempo para despertar. El mundo islámico, por su parte, estaba envuelto en un continuo fluir de intercambios culturales desde Persia a la Península Ibérica, pasando por Bizancio y los eruditos, poetas, estudiantes e imanes viajaban por toda su superficie repartiendo y distribuyendo el saber.

Córdoba, en este siglo X, era la gran gema de Occidente, todavía por pulir. Mientras que los altos señores cristianos pisaban junto a sus animales el mugriento barro, conformado por capas de suciedad y excrementos, de las pestilentes ciudades mientras corrían a refugiarse en sus lúgubres chozas o ruinosos castillos, la capital de al-Ándalus creció y se embelleció con edificios, mezquitas, acueductos de herencia romana, fuentes públicas, lujosas mansiones, paseos, jardines botánicos, baños, hospitales y zocos que exhibían los exóticos productos que sus dueños obtenían de los cuatro puntos cardinales.

CIERVA DE MEDINA AZAHARA

La ciudad alcanzaba el medio millón de habitantes, más que la población actual. Las fértiles huertas que rodeaban a Córdoba surtían a esta de todo lo necesario. Una fuerte clase artesanal gestionaba el prodigioso comercio andalusí practicándose la mejor medicina de toda Europa gracias al empeño de un califa obsesionado con una única idea: reunir lo mejor de cualquier disciplina del saber. Así, los expertos médicos, maestros, cirujanos,

ABDERRAMÁN III Y AZAHARA

SALÓN DE ABDERRAMÁN III

Sucedió que un día, estando Córdoba en el mes de febrero, cayó una nevada y, cuando vio la nieve, se puso a llorar. El rey le preguntó por qué lloraba, y ella le contestó que porque nunca la dejaba ir a sitios donde nevara. El rey, para complacerla, pues Córdoba es una tierra cálida y allí no suele nevar, mandó plantar almendros en toda la sierra para que, al florecer en febrero, pareciesen cubiertos de nieve y la reina viera cumplido su deseo.

Extracto de El conde Lucanor

abogados, arquitectos, escritores, ingenieros, militares y filósofos paseaban diariamente por las calles de aquella maravilla medieval. Y es que el califa soñaba con una Córdoba equiparable en esplendor a Bagdad o Damasco, y ciertamente logró su objetivo. Su sueño culminaría con la construcción de una joya arquitectónica, un patrimonio inmaterial de la humanidad, dedicado a su gran amor, a al-Zahra (Azahara).

En el 936, a 7 km de Córdoba, un enamorado califa comienza a erigir la monumental Madinat al-Zahra. Cien hectáreas donde trabajaran más de 10.000 personas hasta completar un recinto palaciego de ensueño. El recinto contaba con 4.000 columnas de mármol de todos los colores importadas de Francia, Constantinopla, Túnez y muchos otros lugares del orbe.

Mención especial merecía la sala del trono, calculada al milímetro para reflejar la magnificencia y el poder del califa ante todos aquellos a los que otorgara audiencia. El techo forrado de oro y las paredes y suelos recubiertos de mármoles de colores provocaban reflejos que hacían que todos los que se encontraran en la evocadora sala entornaran cegados los ojos cuando el sol penetraba en la estancia a través de sus puertas y, justo en el centro, se situaba una fuente de mercurio que al agitarse reflejaba las luces creando una experiencia onírica sin igual.

Los cronistas y los literatos maurófilos probablemente exageraron, pero es indudable que este complejo es una absoluta delicia. Tardó casi medio siglo en construirse y desde allí los califas dirigieron al-Ándalus disfrutando al máximo las maravillas que ofrecía la joya Omeya. Pero tanto fulgor no podía durar para siempre, porque es el fuego que más brilla el que antes se apaga. Antes de que transcurriera un siglo, un motín bereber y el fanatismo religioso de los almorávides destruirían la mayor y más hermosa muestra del poder califal.

RECEPCIÓN DE EMBAJADORES BIZANTINOS EN MEDINA AZAHARA

Capítulo 25

Las cosas sociales

CIUDAD ÁRABE

Una civilización no solo se mide a través de sus triunfos bélicos, o de sus más altos descubrimientos científicos o a través de la sublimación de sus manifestaciones artísticas. Una civilización también se juzga desmenuzando el día a día, estudiando las costumbres y las estructuras de su sociedad y, en eso, al-Ándalus también destacó. Su refinada sociedad urbana se adelantó varios siglos al Renacimiento europeo.

La sociedad andalusí, al igual que habían hecho antes los romanos, se estructuró alrededor de sus ciudades. La medina era su núcleo, de trazado apretado y denso. En su interior el zoco, un lugar de encuentro y de comercio donde los oficios, puestos y tenderetes se agrupaban por sectores específicos para vender sus variadas mercancías: desde exóticas especias y perfumes hasta los artículos más corrientes como hortalizas, frutas, carne, tejidos, orfebrería y cerámica. Todas estas transacciones transcurrían diariamente bajo la atenta mirada del almotacén, el inspector del zoco, que vigilaba que se cumplieran las estrictas normas que regían el lugar. Normas que aún podemos estudiar en tratados como el "hisba" de Ibn Abdun. Dinares, dírhams, feluses y otras monedas extranjeras cambiaban cada día de manos a centenares.

ALMOTACÉN

La mezquita era el segundo lugar de encuentro, siempre frecuentado y no solo para efectuar los rezos señalados por el Corán, sino que también servía como lugar de convocatoria de todo tipo de reuniones sociales o vecinales. Las viviendas, por su parte, daban lugar a engaño. Al contrario que nosotros, donde el que más posee suele tener la necesidad de ostentar, e incluso el pobre mantendrá impoluta la fachada de su casa aunque el interior se halle hueco, en las ciudades árabes peninsulares las diferentes jerarquías sociales tan solo se adivinaban por el tamaño del hogar. Austeras y sobrias en el exterior, podían llegar a ser extremadamente lujosas en su interior, dispuestas a sorprender a cualquier invitado que traspasara el umbral de la morada. Un refugio de paz y comodidad superior a cualquier reino cristiano de la época, donde incluso existía un aseo y un alcantarillado en cada vivienda. Tanto el alcantarillado como el alumbrado de la ciudad se distribuían perfectamente mediante una inmensa red pública minuciosamente organizada. Tras la caída de al-Ándalus tendríamos que esperar hasta el siglo XVII para volver a ver algo parecido.

DINAR DE ORO

Hay evidencias de que los musulmanes santificaban la limpieza y sus beneficios. Aunque ojo, los cristianos no eran unos cerdos ni se vanagloriaban de no acordarse de la última vez que se habían dado un baño. Este es un falso mito que ha llegado a nuestros días. Los cristianos se aseaban, pero para los de la fe de Mahoma el aseo cobraba una importancia diferente. "Alá ama a los que se arrepienten y a los que se purifican". Hasta 600 baños públicos llegaron a abrirse en la Córdoba califal siendo también abundantes en el resto de las grandes ciudades. La huerta floreció como nunca antes y se importaron nuevos alimentos como la berenjena, la alcachofa, la granada, la cidra, la endibia, el melón, los albaricoques y el espárrago. Y como las acequias corrían apresuradas y las norias rebosaban de agua, también hubo tiempo de plantar otros productos menos prácticos, pero más hermosos:

las rosas, el alhelí, la madreselva y el jazmín. Y es que entonces, cuando faltaba agua, los políticos no dudaban en llevarla a donde fuera menester o en inaugurar embalses para almacenarla durante las épocas de bonanza.

En cuanto a la población, esta era muy heterogénea, sobre todo al principio. Principalmente constituida por hispanogodos, muy por detrás estaban los bereberes, las tropas de los ejércitos omeyas, y los escasos árabes, el grupo dominante y dirigente. Tampoco era extraño encontrarse con eslavos, judíos y una gran masa de esclavos negros. Y es que la clase social venía determinada por el origen étnico y la religión de cada grupo.

BOTE DE ZAMORA

Aunque gran parte de la sociedad era musulmana, también coexistía un alto porcentaje de cristianos, los mozárabes (arabizados). La importancia de su demografía se puede imaginar si tenemos en cuenta que los mozárabes llegaron a representar al 90% de la sociedad andalusí durante el primer siglo de dominación musulmana de la Península y que incluso a finales del siglo XI aún eran alrededor del 50%.
Los mozárabes y los judíos gozaban de libertad de culto y, en general, hubo cierta tolerancia. Eso no evitó que sufrieran intermitentes persecuciones a lo largo de la historia y que las autoridades presionaran constantemente en favor de su conversión.

Muchas de estas conversiones al islam eran más por motivos de interés que verdaderamente por una fe encontrada. Además de permitirles avanzar en la jerarquía social, como ya hemos comentado antes, los conversos se libraban de los impuestos extras que los no musulmanes estaban obligados a pagar. Una nota curiosa es que, aunque los cristianos podían seguir acudiendo a sus centros de culto, les estaba vetada la construcción de nuevas iglesias o incluso reparar las ya existentes a no ser que gozasen de algún permiso especial.
Poco a poco los mozárabes fueron bajando en número. Algunas rebeliones de estos contra el poder musulmán o las persecuciones y matanzas como la de los

> **¿Cuántos preciosos tratados se consumieron en las llamas? ¿Cuántas noticias históricas, tratados geográficos, tablas astronómicas, libros de agricultura, de botánica, recetarios de remedios sacados de antiguas experiencias, prácticas de artes e industria, de tintorería y manufacturas de seda, sus observaciones y trabajos de minas, sus estilos de comercio y contribución? Todo lo abrasaron, todo se perdió...**
>
> ***José Antonio Conde***

Mártires de Córdoba o el "Día de la Hoya" propiciaron que muchos de ellos huyeran hacia los reinos cristianos que, siempre faltos de hombres, no dudaban en acogerlos con los brazos abiertos. La masiva deportación del año 1126 al norte de África supuso prácticamente la desaparición de los cristianos en las zonas urbanas del territorio musulmán.
Ya se tomarían cumplida venganza los cristianos muchos siglos después con la expulsión de los moriscos en 1609, para que quede de manifiesto cómo las tornas pueden cambiar.

CIUDAD DE AL-ÁNDALUS

Capítulo 26

El Camino de las Estelas

SANTIAGO EL MAYOR

Más allá de cualquier tipo de concepción religiosa, el Camino de Santiago es una parte esencial de la historia de España y de toda Europa. Por sus legendarios senderos han transitado personas de todas las épocas venidas desde cada uno de los diferentes puntos cardinales y, acompañándolas, todas las corrientes artísticas y de pensamiento que viajaban en sus mentes. Un bagaje histórico cultural que convierte a la ruta jacobea en un preciado libro de historia, un paisaje lleno de naturaleza y arte. Santiago, Diego, Jacobo, Jaime, Yago, Thiago, Iago... muchas maneras de definir un mismo fenómeno que sirvió como nexo de unión y punto de encuentro entre la Península y los territorios allende los Pirineos, una conexión que, solamente observando el enorme número de peregrinos que marchan por sus calzadas, trasciende hasta nuestros días.

La tradición de adoración a Santiago es mucho más antigua que el propio Camino. Se pensaba de Santiago el Mayor que tras su martirio en Palestina, algunos de sus seguidores recuperaron su cuerpo y lo enterraron en estas tierras. Ya que, según dijo san Jerónimo, se había dispuesto que los apóstoles "descansarían en la provincia donde habían predicado el Evangelio". Y como en Hispania fue donde había extendido la palabra de Dios en su juventud, según la tradición, sus seguidores se pusieron en marcha y emprendieron aquella quijotesca aventura.

MARTIRIO DE SANTIAGO, DE ALBERTO DURERO

La tradición oral se encargaría de mantener vivo el recuerdo de tal portento y, aunque la invasión árabe y los consiguientes cambios políticos, sociales y religiosos silencian durante algún tiempo su recuerdo, otras eventualidades lo harían resurgir.

Tras la Batalla de Covadonga nace en Asturias un pequeño reino cristiano necesitado de todo para subsistir, por lo que no es de extrañar que cuando se encuentran por casualidad (aunque estas cosas nunca suelen ser casuales) los supuestos restos del apóstol en el año 813, Alfonso II el Casto, uno de los más decisivos y preclaros monarcas cristianos, viera la ocasión de convertirse en el primer peregrino y levantar una iglesia en la ciudad de Compostela. Desde

CATEDRAL DE SANTIAGO DE COMPOSTELA EN LA ACTUALIDAD

PEREGRINOS JACOBEOS

aquel momento, la tumba quedaba oficialmente constituida junto al fin del mundo, en Finisterre, siendo a su vez señalada en el cielo con la Vía Láctea, la guía que todos los peregrinos debían seguir para llegar a Santiago.

El camino poco a poco fue adquiriendo relevancia y fama en el Viejo Continente, pero no sería hasta el año 997, cuando Almanzor saqueó y destruyó la ciudad de Santiago que adquirió su fama internacional. Eso sí, respetó la tumba del apóstol. Sus ataques llegaron a inquietar a los poderosos monjes de la abadía benedictina de Cluny, el más importante centro del cristianismo medieval europeo, que se encargaron de elaborar el *Códice Calixtino* y la *Historia Compostelana*, que servirían de guía para aquellos que se aventuraran a entrar por el norte peninsular. Los mismos reyes cristianos favorecerían y apoyarían la construcción de una amplísima red de monasterios cluniacenses en el norte de España que vertebraban la estela del propio Camino, pues ellos mismos estaban realmente interesados en romper con el tradicional aislamiento que sufría la cristiandad peninsular con respecto de la europea y, para eso, se necesitaban elaborar lazos dinásticos, culturales y religiosos.

El espaldarazo definitivo que convierte al Camino en la gran ruta de peregrinación durante los siglos XII y XIII es la concesión desde Roma del Año Santo Jacobeo y la posibilidad de obtener la indulgencia plenaria. Ya se había construido además una flamante catedral en estilo románico de generosas dimensiones que nada tenía que envidiar a las catedrales que se estaban levantando en Francia. Miles de peregrinos de todos los rincones de Europa encaminan sus pasos hasta el fin del mundo acompañados únicamente por su bastón y su calabaza-cantimplora. Allí recibirán la tradicional vieira para acreditar el triunfo de su gesta. Muchos de ellos nunca conseguirán alcanzar su destino o fracasarían en el camino de vuelta. Por si fuera poco, el

¡Oh, Apóstol! dignísimo y santísimo
Cabeza refulgente y dorada de España
Defensor poderoso y patrono nuestro.

Beato de Liébana

recorrido era verdaderamente famoso por sus milagros, pues eran abundantes las historias de gentes que sanaban milagrosamente tras comenzar su andadura. Y es que cuando abandonaban el infausto pan de centeno europeo, de pésima calidad y propenso a enmohecer, por nuestro pan de trigo la mejora en la alimentación obraba el milagro.

La peste negra y el traslado de la Reconquista, y por tanto de la atención real, al sur provocaron que las peregrinaciones disminuyeran seriamente a partir del siglo XIV. Tampoco ayudó mucho el auge del protestantismo donde hasta el mismísimo Lutero trataría de disuadir a sus seguidores de realizar tamaña empresa. La puntilla la provocó el arzobispo de Santiago durante el periodo de 1587 a 1602 cuando la amenaza del infame corsario inglés Francis Drake hizo que se ocultasen sus restos, quedando perdidos con el trascurso del tiempo.

CAMINO DE SANTIAGO EN 1380

Pero siempre la luz acaba saliendo, pues el arzobispo Payá Rico descubrirá nuevamente los restos en 1879, provocando que el número de peregrinos vuelva a crecer. Sobre todo tras el fin de las guerras mundiales, y después de que fuera declarado Patrimonio de la Humanidad en 1993.

Sinceramente, da igual que a día de hoy, o en algún momento, hayan estado los restos del apóstol o no. La importancia del Camino está en la carga que significó a nivel cultural y social, como nexo de unión y enlace de transmisión de conocimientos. Sigue siendo así: es la ruta más antigua, concurrida y celebrada del viejo mundo.
Un símbolo de España. No es para menos que en tiempos pasados se nos denominara como "Jacobsland", es decir, la tierra de Santiago. Nuestro Patrón.

Capítulo 27

Vinieron los sarracenos

CASTILLO DE BURGALIMAR

Como ya hemos narrado, la Batalla de Simancas supuso un duro golpe para la moral del califa, que solo podrá encontrar consuelo en su amada Medina Azahara. Ni siquiera le satisface el ejecutar a más de 300 oficiales a quienes acusa de traición por su incompetencia en la batalla. Nunca más volverá a dirigir personalmente acciones militares contra los reinos cristianos, pero no le temblará el pulso, sin embargo, al ordenar como venganza terribles aceifas de castigo que erosionarán el poder cristiano, hasta tal punto que poco después de la gesta de Simancas ninguno le podía negar ya el deshonroso vasallaje.

Abderramán III es el personaje más importante de su tiempo. Nada se hace ni se deshace en la Península sin su aquiescencia. Fallece en el año 961 a la avanzada edad, para la época, de 74 años; 49 de ellos dedicados por entero al gobierno de al-Ándalus. Nos narran las leyendas que, estando muy cerca su hora, el califa se detuvo a reflexionar sobre las jornadas de felicidad y diversión que había disfrutado a lo largo de su vida, pudiendo tan solo recordar 14 días alegres. Este dato, sea o no verídico, nos brinda una idea muy clara de cómo debió de ser el carácter de este enorme gobernante y también la difícil tarea que cargó sobre sus hombros.

En el trono le sucedería su heredero al-Hakam II, quien continuó el trabajo de su padre e incluso logró mejorar su legado en algunos aspectos. No era para menos. Su padre se había ocupado de dotarle de una exquisita educación. La preparación intelectual y las innatas dotes de gobierno del segundo califa proporcionaron un periodo de prosperidad al Estado andalusí como nunca antes se había visto, ni se volvería a ver. Se mandó redactar un escrupuloso censo de población en el Imperio (6 ciudades muy pobladas, 80 populosas y otras 300 de buen número de habitantes), se construyeron decenas de acequias que surtieron de agua las huertas y las villas, se importaron nuevos cultivos y se contrataron mercenarios que mantuvieron a raya a los siempre beligerantes cristianos.

AL-HAKAM II

ESTATUA DE AL-HAKAM II EN CÓRDOBA

Pero si en algo destacó y es recordado el segundo califa omeya fue por ser uno de los gobernantes hispanos más preocupado por la literatura. Hasta 400.000 volúmenes llegó a atesorar en su propia biblioteca, ejemplares que abarcaban todas las disciplinas del saber, siendo él mismo el que se encargó personalmente del archivo y distribución de buena parte de los textos, algo digno de las mejores loas poéticas. Pero no guardó para sí ese conocimiento, pues bajo su reinado Córdoba se convirtió en el mayor centro de saber de toda Europa y abrió toda una

ARQUETA DE HISHAM II

> Aquelles mans que james perdonaren
> Han ja rompuț lo fil tenint la vida
> De vos qui sóu d'aquest món exida
> Segons los fats en secret ordenaren.
>
> *Cants de mort, Ausiàs March*

red de bibliotecas públicas en las principales ciudades andalusíes. Lástima que la fama, y la gloria, llegue con el uso de la espada y no de la pluma, y gobernantes como al-Hakam no sean tan reconocidos como otros no tan aptos para el gobierno ni provechosos para sus gentes, pero mucho más belicosos.

Pero como dijimos la física no es caprichosa y siempre se comporta de la misma manera, pues todo lo que sube tiene que bajar, este esplendor no podía durar eternamente. En el 976 ascendió al trono Hisham II, el siguiente en la línea de sucesión, y pronto quedó patente que todo lo conseguido por su padre y abuelo podrían desvanecerse de un plumazo, pues el nuevo califa no solo era demasiado joven para el gobierno, 11 años, sino que poseía una supuesta debilidad física y mental que inquietaba en la corte. Ya sabemos cómo es esto del poder, siempre que hay alguien sentado en un trono hay otro que quiere usurparlo. Y será en medio de esta incertidumbre cuando vería llegar su oportunidad una persona que estaba llamada a protagonizar, en el último cuarto del siglo, las pesadillas cristianas de las siguientes generaciones y que, a la postre, se convertiría en una de las cabezas más destacadas y reconocibles del islam hispano. Muhammad Ibn Abi Amir, más conocido por su apodo "al-Mansur", el victorioso, y que los cristianos tradujeron como "Almanzor", pide paso en la historia.

ALMANZOR

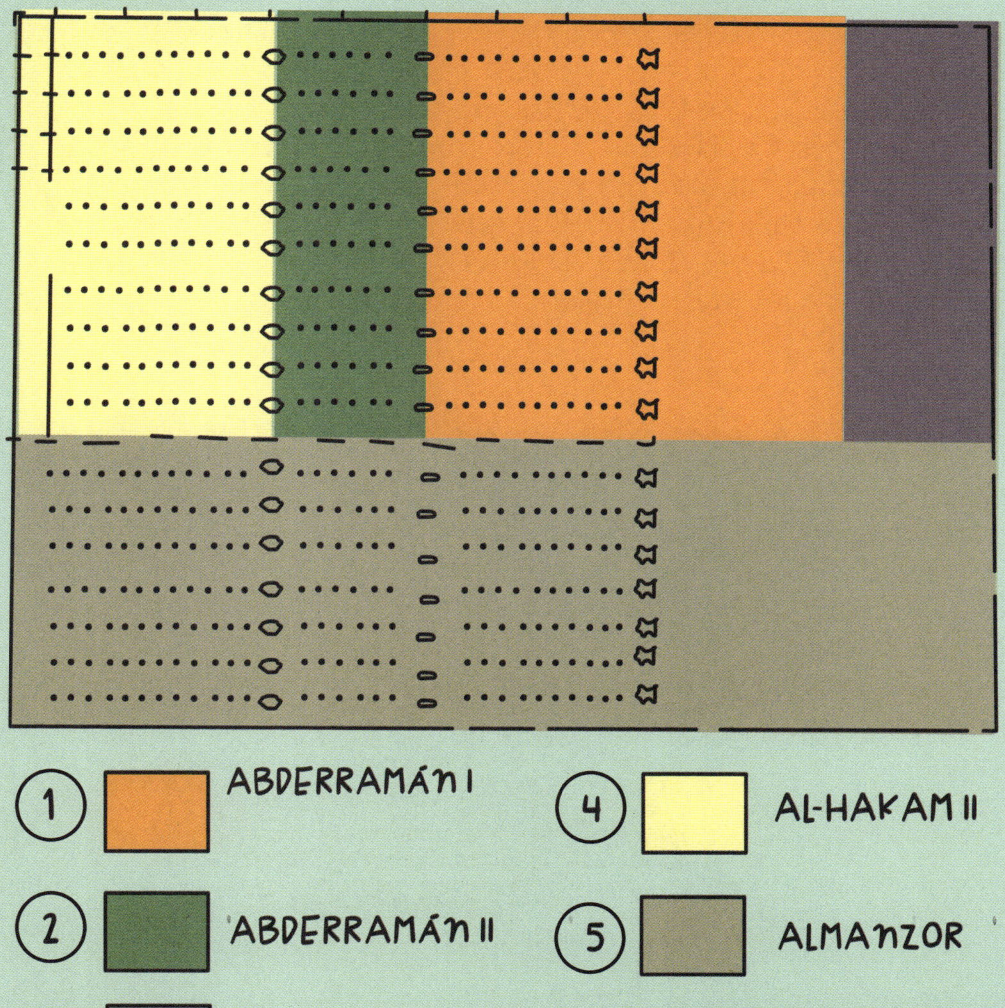

AMPLIACIONES DE LA MEZQUITA DE CÓRDOBA

Capítulo 28

El Victorioso

Hay pocos hombres que despierten tanta fascinación e interés como él. Nacido en Turrus, Algeciras, en 939, pertenecía a un tipo de clase que más tarde adoptaría el nombre de hidalgos, es decir, rancio abolengo y escasos caudales. Sin embargo, las influencias de su familia le valdrían para llegar a Córdoba y formarse en teología, filosofía y derecho bajo el amparo del prestigioso general Galib, hombre de confianza de los califas Abderramán III y al-Hakam II. El matrimonio con una de sus hijas le sitúa cerca de las más altas esferas del poder califal, donde se ganaría la confianza de Subh, la esposa favorita de al-Hakam II y la madre del príncipe heredero Hisham. Mientras, aprendería de su suegro todo lo necesario sobre el noble arte de la guerra.

Pero su carácter maquiavélico iba a revelarse tras la muerte de al-Hakam II y la inestabilidad en la que se sumió el Estado omeya. Con el apoyo del poderoso chambelán al-Mushafi y de su suegro Galib, respaldó la llegada al poder del joven Hisham y asesinó a al-Mughira, hermano del califa fallecido y mejor preparado para el gobierno califal. Una vez asegurada la sucesión, Almanzor se encargará de acaparar en su persona todo el

ESTATUA DE ALMANZOR

poder de al-Ándalus, primero con la complicidad de su suegro acabando con al-Mushafi y, más tarde, tras la lucha entre estos últimos y la muerte de Galib en 981, en solitario.

Tras la desaparición de todos aquellos capaces de hacerle sombra, Almanzor se ve lo suficientemente poderoso como para reducir al joven califa Hisham II a un ostracismo político rodeado de toda clase de goces hedonistas. Así, mientras el títere califal invierte todo su tiempo en placeres y en el estudio del Corán, Almanzor adiestra ejércitos compuestos por bereberes, eslavos y nubios a los que lanza contra los reinos cristianos. Hasta cincuenta razias llegaría a comandar que le proporcionaron un ingente botín que sirvió para rebajar de forma ostensible buena parte de los impuestos a los que se sometía el pueblo, para regocijo de los andalusíes, quienes empezaron a venerar a Almanzor como a su auténtico señor.

ROBO DE LAS CAMPANAS

Y es que todos estos movimientos estaban encaminados hacia un único objetivo, el sueño del caudillo: el trono califal. Sin embargo, el populismo no le sería suficiente para adueñarse del último peldaño que le faltaba para hacerse con el poder de los Omeyas, quienes seguían siendo demasiados como para ser derrotados. Uno de los actos más horribles que cometió en uno de esos intentos de ganar el suficiente apoyo popular para auparse hasta su objetivo, fue la quema y purga de miles de valiosos textos de la exquisita biblioteca de al-Hakam II. Su manifiesta erudición no le impidió satisfacer las demandas de los religiosos puristas del Corán quienes veían en la fantástica biblioteca un centro desde donde podría desbordarse el mal corrompiendo al personal. Fanáticos incineradores de libros han existido siempre.

Y como quien las da las toma, en el año 992, tras ejecutar a su propio hijo Abd Allah después de que este se involucrase en una conspiración para derrocarle, consigue que su otro vástago, Abd al-Malik, sea nombrado su sucesor.

BATALLA DE CERVERA

> En Santiago, en cuanto entraste con las espadas relucientes como la plena luna que se pasea entre las estrellas, echaste abajo todos los fundamentos de esta supuesta religión que bien basados parecían. Pues Dios te ha recompensado, ¡oh Victorioso con la ayuda de Alá!, ¡oh Almanzor!, con su religión que con tanto ahínco defendiste. Que este día de gloria se enorgullezca de ti, ¡oh Almanzor! Y que todo el pasado, con el día de hoy, te honren para siempre.
>
> *Ibn Darray tras el saqueo de Santiago de Compostela*

Pero aquello que realmente encumbró al caudillo y que ha hecho famoso su nombre en nuestros días fueran las rigurosas y crueles campañas que le elevaron a genio militar. En el 997 arrasa Santiago de Compostela, despojando al templo que se situaba encima de la sepultura del apóstol de sus pesadas campanas y obligando a que prisioneros cristianos las llevasen a hombros hasta Córdoba. Una dura travesía que traerá cola, por lo que intente recordarla. Duro golpe para la moral cristiana que permite a Almanzor convertir el territorio cristiano en su patio trasero particular, quitando y poniendo monarcas según su ánimo. También se encargaría de someter Barcelona tras una campaña especialmente cruenta que le valdría el respeto y tributo de los condes catalanes.

MUERTE DE ALMANZOR

El cénit de su poder llegaría con el cambio de milenio. En el año 1000 todos temen al hombre más poderoso de al-Ándalus sin que ninguno se atreviese a contravenirle. Todos sus enemigos internos y externos han sido derrotados y goza del apoyo absoluto del pueblo. También le daría tiempo a obtener su última gran victoria militar sobre los cristianos en Cervera de Pisuerga. Sin embargo, tras saquear Burgos comienza a sentir cómo sus facultades físicas merman drásticamente. Ya no es aquel joven que perseguía infatigablemente a sus enemigos. Aun así, reuniría fuerzas para una nueva acometida contra los reinos norteños. En el 1002, volviendo de su última aceifa, el caudillo se siente morir. Nunca llegará a Córdoba.

Pero, ¿dónde perdió Almanzor su tambor? En ningún sitio. La primera mención a Calatañazor, la gran derrota de Almanzor a manos de sus enemigos cristianos, comenzará a aparecer dos siglos más tarde como una treta propagandística de los cristianos para minar su figura y demostrar que aquel que se atrevió a profanar Santiago recibió su justo merecido. Pero la historia nunca suele transcurrir a gusto del consumidor y por tanto no se debería adaptar a conveniencia.

Capítulo 29

Navarra, hacedora de reinos

El año 1000, el indicado para la llegada del Mesías o del fin del mundo, España despertó con un reino cristiano, el de Navarra brillando con luz propia. Si ya habíamos contado que los monarcas pamploneses se habían distinguido por sus intentos de acercamiento a sus homólogos, los sanguinarios ataques de Almanzor provocaron que las alianzas entre los hermanos de religión de diferentes reinos terminaran por estrecharse. En esos años llega al trono Sancho III el Mayor, uno de los grandes reyes de la Reconquista y, tal vez, el más reconocible de la dinastía navarra. Su carisma y su fuerza serían cruciales en el devenir de los acontecimientos del siglo XI, y como dice Juan Eslava Galán si Dios le hubiera regalado 50 años más de vida más probablemente hubiera acabado él solito con la Reconquista. Sancho heredó títulos, y tras alianzas familiares y algún acto de fuerza quiso llevar a cabo su deseo de unir bajo un mismo manto a toda la cristiandad peninsular. Dicho y hecho.

SANCHO III
EL MAYOR

Conde de Aragón, anexionó Castilla, sometió a los condados catalanes y se proclamó emperador de toda España en la propia ciudad de León (ya Alfonso III de Asturias había iniciado la idea imperial en el siglo IX) después de que sus tropas hubieran traspasado sus murallas. Desde tiempos de los visigodos la cristiandad peninsular no se había despertado bajo el pegamento de una misma figura, y no lo volvería a hacer hasta tiempos de Felipe II, bien entrado el siglo XVI. Lástima para Sancho que por aquellos tiempos el nacionalismo como lo conocemos hoy todavía no se hubiera inventado. Por el contrario, lo que se estilaba mucho por entonces en la España de la Reconquista era el concepto de la propiedad privada. Ese sí que estaba bien desarrollado, para que luego digan que son inventos capitalistas. Sin embargo, desde nuestra perspectiva actual, sin ponernos las gafas de la época, nos cuesta entender cómo la nobleza y la realeza aspiraban durante toda su vida a ampliar sus propiedades y acaparar fincas para, una vez muertos, repartir todo el patrimonio entre cada uno de sus hijos. Lo que parecía que tenía visos de convertirse en un Estado unificado y fuerte, se fragmentaba entre hermanos que, por si fuera poco, se odiaban entre sí. Así una y otra vez. Y daba igual si el padre (el rey) era equitativo. Quien haya vivido una pelea familiar por una herencia sabrá de lo que estamos hablando.

LÁPIDA DE SANCHO EL MAYOR

En este caso no podría haber una excepción. A la muerte de Sancho III en 1035 sus territorios se reparten entre García III (Navarra), Fernando I (Castilla) y Ramiro I (Aragón). A partir de entonces, Castilla y Aragón son dignificados pasando de condados a reinos, llamados a superar a sus mayores. Pero es que como ya anticipamos en el capítulo 18 y volveremos a repetir en el siguiente, Fernando I volvería a repetir la misma jugada repartiendo sus reinos entre sus 3 hijos y 2 hijas. ¡Qué buen padre!

Fernando fue el que heredó la personalidad y arrojo de su progenitor. En pocos años derrotó a sus hermanos, a los moros de Toledo, Sevilla y Badajoz, sometiendo a fuertes parias (impuestos) a sus taifas y, sobre todo, acabó con el problema leonés que había heredado de su padre. Cuando las tropas de Sancho III habían conquistado León, Bermudo III, desalojado abruptamente de su trono, huyó a Galicia, única plaza donde algunos vasallos continuaban siéndole leales.

Resistiéndose a negar la realidad, tras la muerte del

PAPA ALEJANDRO II

rey navarro, baja con un ejército a intentar recuperar sus dominios. En Támara, en 1037, Bermudo III encontrará la muerte a manos de las tropas de Fernando I. En esta acción, el reino de Castilla terminará por impulsarse definitivamente a la misma vez que extinguía el linaje de la dinastía de Bermudo, la asturleonesa que se remonta hasta el mismísimo Pelayo. Por otra parte Fernando se convertía en rey consorte de León por su matrimonio con Sancha, hermana de Bermudo.

Negarse a sí mismo para seguir a Cristo. Castigar el cuerpo. No darse a los placeres, amar el ayuno. Aliviar a los pobres, vestir al desnudo, visitar a los enfermos, dar sepultura a los muertos, ayudar al atribulado, consolar al afligido.

Regla de San Benito, seguida por la Orden de Cluny

En el lejano oriente, peninsular, ojo... ajena a todos, la Casa de Barcelona se mantenía apartada de las trifulcas mientras acrecentaba su poder. Los grandes condes barceloneses, Ramón Borrell (972-1017), Berenguer Ramón (1005-1035) y, por encima de todos, Ramón Berenguer (1023-1076), llamado "*Hispaniae subjugator*" en los Usatges de Barcelona. El *Código dels Usatges*, que vería la luz en 1058 fue el gran texto legislativo catalán, similar a las *Partidas de Castilla*, que acabaría de concretarse bajo el mandato de los futuros condes: Ramón Berenguer II (1053-1082), Berenguer Ramón II el Fratricida (1054-1098) y Ramón Berenguer III el Grande (1082-1131). Estos tipos además de tener una extraña filia con el nombre de Ramón, fueron dando forma al condado de Barcelona. Y seguro que a alguno le ha llamado la atención eso de "Hispaniae subjugator". Da que pensar, ¿verdad?

En Aragón, tras la muerte de Ramiro I en batalla contra los sarracenos, se clamó por la intervención divina para conseguir salvar al recién constituido reino. Dios no sabemos si escuchó, pero sí es verídico que su vicario en la tierra prestó buena atención. El Papa Alejandro II decretó en 1064 una Santa Cruzada contra el infiel musulmán de Zaragoza a la que se alistaron con presteza grandes huestes francesas e italianas bajo el mando de Guillermo de Poitiers, duque de Aquitania. El Vaticano acababa de inventar una nueva tradición que se volvería rutinaria a lo largo de los dos siguientes siglos. Y es que eso de convertir a la Península en teatro de pruebas de ejércitos y estrategias no sería algo nuevo como veremos en el capítulo 98.

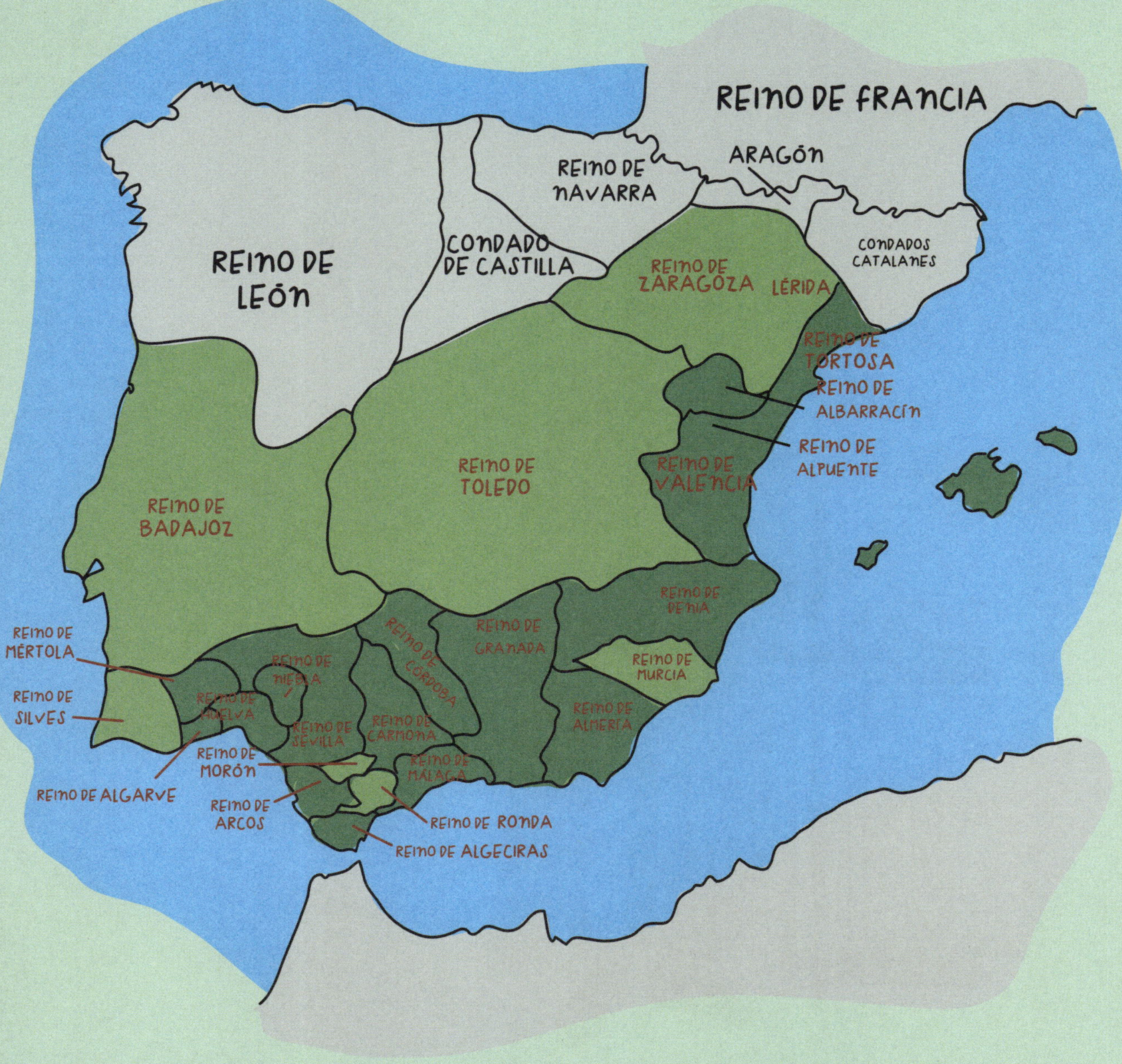

TAIFAS

Capítulo 30

Del Magno al Taimado

ALFONSO VI

Tras la victoria sobre los últimos leoneses en 1037, Fernando I, además de ganarse el sobrenombre de El Magno, acababa con cualquier tipo de oposición capaz de perturbar su poder en Castilla. También consigue ser rey consorte de León uniendo en su persona los reinos de Castilla y de León. En el otro lado de sus dominios, los rifirrafes con su hermano el rey de Navarra (un hermano que le había prestado ayuda con Bermudo) por la posesión de algunas zonas como Guipúzcoa, Álava o La Rioja, acabaron en una guerra abierta que se decantaría del lado castellano tras la muerte de García Sánchez. En ese mismo momento se proclama rey Sancho IV con el beneplácito de su tío tras cederle abundantes territorios. Navarra perdía su hegemonía cediendo el testigo a regañadientes a Castilla, quien ya no la volvería a soltar.

Tan seguro se sentía Fernando I en sus dominios que se vio con la fuerza suficiente como para permitirse continuar con la labor de la Reconquista. En esos momentos la Hispania musulmana no era ni una pálida sombra de lo que había sido. Tras la disolución del Califato en 1031, los hispanos del sur, haciendo gala de nuestro habitual localismo, habían conformado una veintena de reinos independientes, que recibieron el nombre de reinos de taifas, y se entretenían peleándose entre sí para alcanzar un mejor pellizco del pastel. Y como de la desunión viene la debilidad, Castilla no dudó en sacar tajada de todo ese percal que se había formado.

FERNANDO I EL MAGNO

Las tropas castellanas ampliaron la frontera del Duero hasta el Mondengo, tomando a su paso Madrid, Salamanca o Guadalajara y forzando a las taifas de Zaragoza, Toledo, Badajoz y Sevilla a convertirse en tributarios castellanos. Los cristianos habían tomado buena nota de sus maestros musulmanes y decidieron permutar la histórica oportunidad de zanjar la Reconquista en pleno siglo XI por un poco de oro. Bueno, más bien por muchísimo oro.

Pero tanto trabajo unificador sirvió para poco, puesto que a su muerte su testamento se encargaría una vez más de desgajar su Imperio en múltiples trozos. Castilla pasaría a manos de Sancho, León a

DOÑA URRACA, HIJA DE ALFONSO VI

Gritos dan en el real:
¡A don Sancho han malherido!
¡Muerto le ha Vellido Dolfos, gran traición ha cometido!
Desque le tuviera muerto metióse por un postigo,
por las calles de Zamora va dando voces y gritos:
-Tiempo era, doña Urraca, de cumplir lo prometido.

Romance del rey don Sancho

Alfonso VI, Galicia para García, la ciudad de Zamora a Urraca y la de Toro a Elvira. Tres hermanos varones que se habían quedado con lo gordo y que a partir de ese momento tendrían una única obsesión: el fratricidio mutuo.

GARCÍA

García, el benjamín, fue el primero en caer a manos de sus hermanos mayores. Ahora quedaban en pie Sancho II y Alfonso VI y eso parecía una especie de concurso de supervivencia. Solo podía quedar uno. Al final el último hombre en quedar en pie fue Alfonso VI tras el "fatídico e infortunado" asesinato de su hermano Sancho. Como la fama la carga el diablo, tras el magnicidio todos los ásperos ojos castellanos se volvieron con recelo hacia la persona que más se había beneficiado con ese accidente.
Entre ellos había un joven guerrero que había ganado experiencia y nombre bajo las órdenes de Sancho y, según dicen las crónicas, fue uno de los que con más ahínco compelieron a Alfonso VI a jurar su inocencia en el regicidio antes de consentir en arrodillarse ante él como leal súbdito. No nos puede extrañar pues que el nuevo rey de Castilla y León le cogiera ojeriza a tan intrépido caballero. Y es que las grandes personalidades siempre despiertan odios y amores por igual, ¿cómo iba a ser entonces diferente aquel que con el filo de su Tizona y a lomos de Babieca forjaría una leyenda que lo ensalzaría a la categoría de héroe nacional? Sí, llegan los tiempos de Rodrigo Díaz de Vivar, el Cid Campeador.

SANCHO II

JURA DE SANTA GADEA, SUPUESTO HECHO DONDE EL REY ALFONSO VI JURÓ QUE NO HABÍA TOMADO PARTE EN LA MUERTE DE SU HERMANO SANCHO

Capítulo 31

El señor Cid

RODRIGO DÍAZ

Rodrigo Díaz vio la luz en el 1048, en la ciudad de Vivar sin saber que sus hazañas, su leyenda y la rutilante estela que transmitiría su propio *Cantar* acabarían por transformarlo en nuestro héroe patrio por excelencia. Muchas veces considerado un patriota reunificador de la España medieval partida, un hombre colmado de virtudes, un Capitán Trueno salido de sus viñetas, siempre dispuesto a auxiliar a los cristianos y acabar con el enemigo musulmán. Pero aunque Rodrigo fue el único cristiano que combatió a los almorávides con éxito, la realidad suele estar bastante alejada de la ficción.

Hijo de hidalgos de media nobleza, su probada inteligencia, valentía y destreza en las armas le llevaron a criarse junto al infante don Sancho, hijo de Fernando I, potenciando su meteórica carrera. En 1062 ya había sido armado caballero y acompañaría al contingente castellano que apoyaría al rey moro de Zaragoza contra el rey cristiano de Aragón (cómo son las cosas de la política y qué poco recorrido tienen los maniqueísmos). Poco después, en el 1066, ya era el jefe principal de la tropa de Sancho en la pugna contra sus hermanos por todo el territorio de su padre. En esa guerra civil, nuestro trágico deporte nacional, se ganaría a pulso el apelativo de "Campeador", el maestro de las armas.

Tras la muerte de Sancho, el trono pasa a Alfonso VI, por lo que El Campeador tiene un nuevo señor al que servir, uno con el que nunca llegaría a congeniar tan bien como con su buen amigo Sancho. No podemos aseverar con seguridad el episodio de la Jura de Santa Gadea en la que Rodrigo Díaz le obligó a Alfonso a jurar su inocencia en el asesinato de su hermano, pero es una bonita historia. La verdad seguramente sea más española y menos romántica. Un hombre joven, apuesto, con buena estrella, capaz y con prestigio que, para más inri, acababa de pegar un braguetazo con la bellísima doña Jimena Díaz, proveniente de una familia a la cual el dinero le salía por las orejas, tuvo que ser demasiado para los nobles que rodeaban al nuevo monarca. El fuerte carácter de Rodrigo tampoco ayudó mucho, así que mientras nuestra fiel envidia hispana vuelve a entrar en escena, es la misma camarilla real la que le hace la cama al noble. Desterrado por Alfonso VI, Rodrigo se marchó acompañado por una pequeña hueste de fieles. Y así estuvo como caudillo autónomo buena parte de su vida, luchando contra moros y cristianos, acrecentando su fama y ganando batallas que aumentaban su fortuna gracias a los botines y saqueos. Un hijo de su tiempo que pasaría de ser un héroe a un villano, pero sin perder su nobleza, a sueldo de cristianos y musulmanes, sin abandonar su fe, y de oficial a mercenario, sin olvidar nunca la lealtad hacia su legítimo rey, con quien se reconciliaría y con quien se volvería a desencontrar. Pero cada vez que el rey Alfonso, necesitado, lo llamaba a su lado, Rodrigo acudía. Y es que, como tantos otros españoles, "qué buen vasallo sería si hubiese tenido un buen señor".

JIMENA DÍAZ

En su primer destierro recaló en Zaragoza, donde sería conocido por el nombre por el que ha pasado a la historia, "Sidi", que significa "señor". El Cid, como caudillo autónomo, batallaría por el rey moro de Zaragoza contra su hermano el rey al-Mundir de la Taifa de Lérida y sus aliados de Barcelona. Su pericia en el combate incluso le permitió apresar -tras humillarlo en la Batalla de Tévar- al conde barcelonés, Berenguer Ramón II. Ya había hecho lo mismo años antes en Almenar.

RAMÓN BERENGUER II, CONDE DE BARCELONA

PRIMERA HAZAÑA DEL CID

EL CID Y SU FAMILIA

En 1085 las tropas de Alfonso VI arrebatan Toledo a los infieles que, movidos por la desesperación, giraron sus miradas y suplicas al otro lado del estrecho. Desde ese momento todo cambiaría en al-Ándalus. Un año más tarde los belicosos almorávides norteafricanos de Yusuf, una hueste fundamentalista que había levantado un Imperio preconizando la vuelta a la pureza y el rigor de los más duros mandatos coránicos del Islam, puso pie en la Península tras la llamada de auxilio de los andalusíes, que no tardarían mucho en arrepentirse.

Los feroces almorávides aliados y unas cuantas taifas humillaron a las tropas cristianas en Sagrajas (1086). Les cayó la del pulpo, por eso Alfonso VI pide un último favor al Cid, rogándole que abra un nuevo frente contra estos nuevos invasores. Y Rodrigo, siempre solícito en lo que se refería a su rey, marchó a cabalgar por Levante y conquistó Valencia en 1094, defendiéndola en la Batalla de Cuarte. Desde el Turia su nombre y su gloria se extendió por toda la Península. Tal gesta le permitió reconciliarse con Alfonso VI y casar bien a sus hijas con señores de buena prosapia.

Todos saldremos fuera.
Que nadie se quede atrás.
Si morimos en el campo para
nada necesitaremos el castillo.
Si vencemos nos haremos más
ricos y fuertes (...)
Por las torres de Valencia, salidos todos armados;
Mío Cid a los sus vasallos tan bien los va aconsejando;
dejan en las puertas hombres de gran recaudo.
Dio salto mío Cid sobre Babieca el su caballo;
de todas las guarniciones, muy bien está preparado.
La enseña sacan fuera, de Valencia dieron salto.

El Cantar de Mío Cid

Pero el destino no quiso que disfrutase mucho de su nueva posición. En 1099, el mismo año en el que los cruzados toman Jerusalén, con poco más de 50 años temido y respetado por moros y cristianos, muere en Valencia el más formidable guerrero que nunca conocieron las Españas, muere el gran paladín de la Reconquista, dejando una herencia que juglares y trovadores se encargarían de ampliar durante generaciones.

El Cid cabalga.

BATALLA DE CUARTE

Capítulo 32

El Campeador marca el camino

EL CANTAR DE MÍO CID EN EL MONASTERIO DE NUESTRA SEÑORA DEL ESPINO, VIVAR DEL CID

Sin duda Rodrigo Díaz de Vivar es el gran héroe de la Reconquista cristiana. De todos los hombres y paladines que blandieron sus espadas y derramaron sangre por nuestra Península, el Cid fue aquel a quien los juglares y trovadores prefirieron, atraídos, tal vez, por su figura de héroe trágico. El único guerrero capaz de helar la sangre a los fanáticos almorávides: tan solo Almanzor, desde el lado musulmán, ha podido acercarse a su leyenda. Quiso Dios que el siglo XI se abriera y se cerrara con las muertes de estos dos genios militares.

Sin embargo, a ambos se le puede achacar que opacaron las brillantes estelas de otros grandiosos personajes de sus épocas. En el caso del Cid tal fue el caso de Alfonso VI. Reflejado, tal vez, injustamente, en el imaginario colectivo, pues lo más probable es que, si no hubiese

ESTATUA DEL CID EN LA CIUDAD DE BURGOS

sido por el protagonismo del Cid, habría sido glorificado como uno de los grandes reyes reconquistadores. Su cénit fue la toma de Toledo en 1085, retomando la simbólica capital del reino visigodo 372 años después de su caída. Todo un símbolo que llenó de júbilo a la España cristiana y sumió en la desesperación a la islámica. La Reconquista parecía capaz de consumarse en un santiamén y Alfonso, en un alarde de vanidad, se hizo llamar "emperador de las dos religiones" y "emperador de España". Estos pequeños detalles deberían hacer replantearse ciertos aspectos a los que gustan de marcar el inicio de la idea de nación en una fecha determinada.

Sin embargo, los musulmanes también escucharon con pavor el mensaje. Este mundo es mutable y los cristianos parecían lo suficientemente envalentonados como para echarlos de sus minaretes, huertos y jardines, y enviarlos de vuelta al pedregal africano, el de las chozas, arenas y camellos. Como ya dijimos, miraron hacia el sureste y desde allí trajeron a los almorávides, unos feroces guerreros que, tras la desastrosa Batalla de Sagrajas en 1086, a punto estuvieron de acabar de golpe con su reino castellano-leonés.

Estamos a las puertas del siglo XII. Alfonso VI ha unificado definitivamente el reino que su padre Fernando había dividido entre sus

PROCLAMACIÓN COMO EMPERADOR DE ALFONSO VI

> **Por necesidad batallo**
> **Y una vez puesto en la silla**
> **Se va ensanchando Castilla**
> **Delante de mi caballo.**
>
> ***El Cantar de Mío Cid***

hermanos, ha conseguido ampliarlo por toda la Península y únicamente el poder almorávide fue capaz de evitar que sus ejércitos tocaran Gibraltar. Su reino finaliza el siglo XI más poderoso que nunca, tal vez más que ningún otro territorio cristiano desde la caída de los godos. Por otra parte, los demás reinos cristianos contemplan de manera diferente el cambio de siglo. Aragón acababa de instaurar las bases que le permitirían ampliar su dominio por buena parte del Mediterráneo, los condados catalanes permanecían a la expectativa y Navarra menguaba definitivamente por el avance a sus costados de sus hermanos pequeños.

ALFONSO VI DE LEÓN

El poderío cristiano eclipsa en este siglo el dominio musulmán. A partir de este momento nunca más se volvería atrás. Se abre un nuevo punto de inflexión eminentemente perjudicial para los intereses mahometanos en la Península. Desde aquí, a excepción de pequeñas réplicas y parones, al-Ándalus tan solo cedería terreno ante el ímpetu de castellanos (y cuando decimos castellanos decimos también leoneses) y aragoneses.

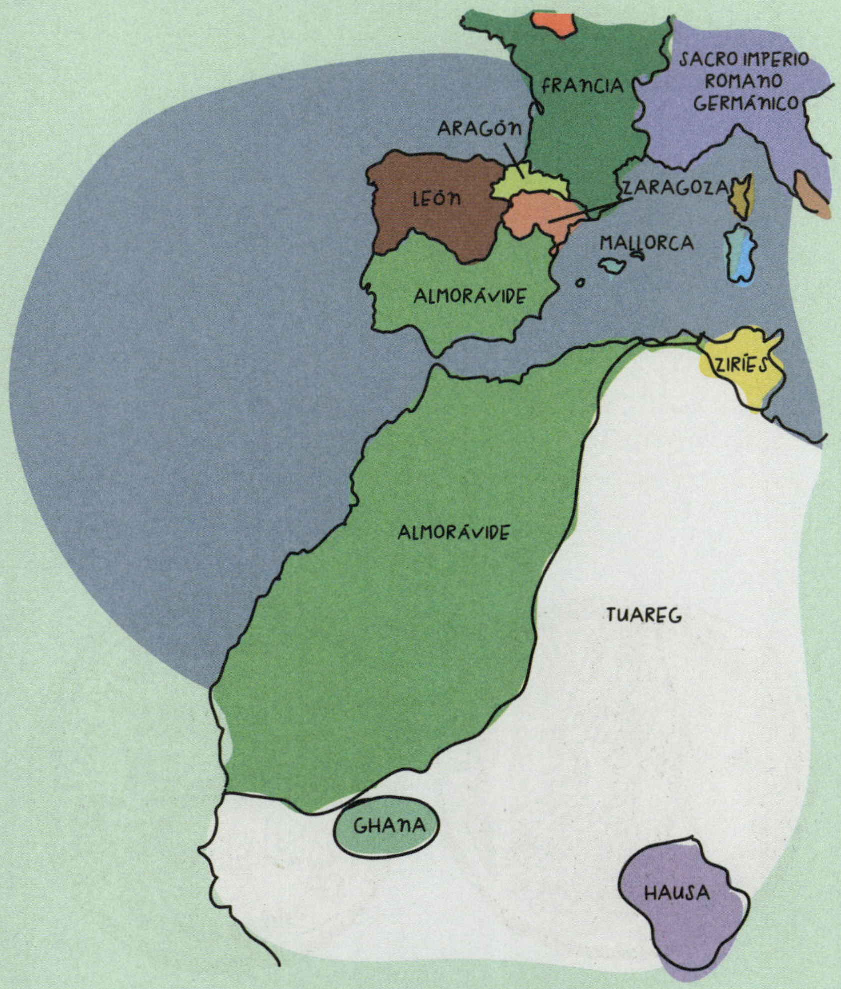

IMPERIO ALMORÁVIDE EN 1109

Emociones, revoluciones e intrigas no faltarán en las pequeñas cortes de las mil y una noches.

Capítulo 33

El principio del fin

La noticia de la muerte de Almanzor llegó hasta los más recónditos rincones de Hispania. Para todos aquellos que fueran seguidores de Cristo las noticias cayeron como agua bendita. Aquellos que profesaban la fe del profeta, sin embargo, sintieron cómo se acercaba su hora.

El dictador había reclutado una maquinaria militar tan poderosa cuyo mantenimiento, costoso pero sostenible durante los momentos de prosperidad, comenzaba a resultar inviable para un Califato en franca

DINAR DE ORO DE ABD AL-MALIK

decadencia para disgusto de los mercenarios bereberes. Y como eran pocos los problemas, parió la abuela. De forma increíble los reinos cristianos salieron reforzados de esta etapa, pues la amenaza permanente del caudillo moro había conseguido que todos ellos superaran sus diferencias y se unieran frente al enemigo común. La muerte del Señor del islam hispano solo avecinaba dificultades. Almanzor es sucedido por su hijo Abd al-Malik que morirá en 1008 sin apenas poder hacer frente a la multitud de confabulaciones que las grandes familias árabes y los ancestrales clientes de la dinastía omeya pergeñaban contra la nueva y advenediza dinastía amirí. Lo sustituye su hermano Abderramán, conocido popularmente como Sanchuelo por ser descendiente de una hija del rey de navarra Sancho Garcés. Aquí ya se estilaba eso de o todos moros o todos cristianos, pero la política es siempre la política.

ABDERRAMÁN "SANCHUELO"

Además, Sanchuelo era más parecido a su hermano que a su padre por lo que, sin el insuperable carisma de aquel, poco pudo hacer para que prevalecieran los intereses de su linaje. Los legitimistas omeyas se alzarían en el 1009 destruyendo la ciudad de Almanzor y a sus descendientes en el proceso. Al mismo tiempo el débil califa Hisham II era forzado a abdicar. Comienza el principio del fin.

La rebelión se tornó incontrolable y Córdoba, a semejanza de la Roma Imperial, queda en manos de los bárbaros, en este caso los bereberes, mientras la nobleza compite en luchas fratricidas y los poderes localistas empiezan a asentarse. Incluso los propios cristianos tuvieron que intervenir en Córdoba en auxilio de algunas de las facciones. En 20 años hasta 9 califas se suceden pudiendo solo contemplar cómo los valíes locales se independizan y los disturbios arrecian mientras esperaban que llegara la familiar espada sobre la que acabarían cayendo. Incapaces todos ellos de soñar siquiera con recuperar las anteriores grandezas mientras la bella Medina Azahara es despojada de sus mármoles y columnas. Todo acaba, en algún momento u otro, llegando a su fin.

Cuando en 1031 fue depuesto el último califa pelele, hacía ya mucho tiempo que el Califato Omeya había dejado de existir. Hisham III tuvo el dudoso honor de ser el último representante de una aventura iniciada siglos atrás por el genial Abderramán I.

HISHAM III

Todos los grandes intelectuales de la época, como Ibn Hazm o Ibn Hayan, lloraron la disgregación del Califato ya que anunciaba la pérdida de poder del islam peninsular y la dependencia ineludible de los cristianos del norte o del Magreb del sur. Aunque los reinos del Norte se plegaron como cañas ante el vendaval de Almanzor, nunca se rompieron. El norte no olvidó y después de la muerte del caudillo resurgieron de sus cenizas. En contraste con esa vitalidad, el derrumbe del Califato fue tan rápido y brutal que bien se podría pensar que no era un verdadero ente,

sino un compendio de partes sujetas delicadamente entre sí que se dispersaron en cuanto desapareció la mano que las mantenía unidas. Debe ser esa la razón por la que todos los que alguna vez han buscado, o buscan, acabar con España, apunten siempre hacia el elemento de unión, el monarca de turno. La decadencia fue tan acusada que el mismo conde barcelonés al que Almanzor había derrotado destruyendo Barcelona, pudo vengarse saqueando Córdoba.

> **Luego todos de acuerdo destronaron a Hisham y abolieron el califato de una vez, porque no había otra alternativa, y expulsaron a los omeyas marwaníes. (...) Se pregonó por los zocos y arrabales que no quedara en Córdoba ningún omeya y que nadie les diera cobijo... a partir de ese momento, la guerra civil fitna se hizo más amplia y más profunda.**
>
> ***Ibn Hayyan***

Pero si en el norte de España hacia el año 1070 existían simultáneamente media docena de reinos y condados cristianos ¿por qué no podía haber una correlación parecida en el sur islámico? Algunas de estas pequeñas taifas, como serían conocidas, demasiado pequeñas para subsistir, sucumbirían muy pronto, pero otras zonas tenían bases políticas, económicas y demográficas suficientes, además de una larga tradición de autogobierno, que les hubiera permitido prosperar. Ahí estaban las siempre levantiscas Zaragoza y Toledo.

REINOS DE TAIFAS EN EL AÑO 1080

Sin embargo, volvía a relucir uno de los grandes defectos cardinales del islam hispánico y mayormente de cualquier sociedad acomodada: la escasa vocación guerrera de una población que gozaba de un alto nivel económico y cultural, y que prefería las artes de la paz a las de la guerra. Tradicionalmente no había habido más alternativa que hacer gasto para hacer la guerra pagando mercenarios, o la paz pagando parias. Emires y califas, orgullosos y poderosos, habían escogido la primera alternativa. Los reyezuelos de taifas eligieron la segunda con pésimos resultados.

Por si fuera poco, contando algunas elogiosas excepciones, los distintos estados islámicos ni siquiera engendraron ese espíritu de cooperación ante el peligro común que sí gestaron los cristianos.

Pero vayamos averiguando cómo se desenvuelven los acontecimientos.

Capítulo 34

Del Estado central a la desaparición

INTERIOR DE ALJAFERÍA EN ZARAGOZA

En 1031 al-Ándalus se había desgajado en una multitud de reinos de taifas, palabra bereber que significa "tribu o familia". Granada, Jaén, Medina Sidonia, Ceuta... hasta 20 se conformaron en una semblanza del "café para todos". Acabaría igual de mal. Las más importantes fueron Granada, Sevilla, Badajoz, Toledo, Zaragoza y Valencia, que terminaron absorbiendo al resto de los pequeños reinos. Cada uno de los pueblos del antiguo Califato se repartió el pastel a su manera. La rancia oligarquía árabe se agenció Córdoba, Sevilla, Badajoz y Zaragoza. Los jefes bereberes contratados por Almanzor se quedaron con el Algarve, Huelva, Niebla, Silves, Mértola, Carmona, Morón, Arcos, Algeciras, Granada y Málaga. Por su parte, los eslavos europeos vinculados al islam se adueñaron de Almería, Murcia, Valencia, Denia, Baleares y Tortosa.

Los reinos de taifas heredarían la opulencia, la cultura y las acomodadas maneras de la Córdoba califal, siempre compitiendo entre ellos por los artistas, músicos y poetas más capaces de amenizar sus lujosas fiestas. El dinero corría a raudales para satisfacer los caprichos y la legitimidad de las nuevas dinastías mientras que otros aspectos, principalmente el militar, quedaban relegados al olvido. La absoluta debilidad militar propiciaría que las taifas se transformaran en un castillo de naipes musulmán que se preparaba para caer estrepitosamente. La supremacía militar había cambiado de frontera y ahora era el turno cristiano de exigir los tributos anuales a los moros.

ALFONSO VI RECONQUISTA TOLEDO

Sin embargo, había un poderoso sector de la sociedad andalusí que no veía con buenos ojos los excesos aristocráticos, los ríos del vino, prohibido por el Corán, que corrían por las cortes, el derroche de la hacienda pública y los libidinosos poemas que los

ESTATUA DE ALFONSO VI EN TOLEDO

artistas se afanaban en escribir y entonar. El oscuro clero musulmán al que tan solo unas décadas antes el gran Almanzor se encargó de mimar y alentar. Aquellos santos varones se escandalizaban ante la corrupción que veían y poco a poco se irían constituyendo en un núcleo de oposición interno a las jóvenes taifas. A perro flaco, todo son pulgas.
Para finales del siglo solo restaban 5 grandes taifas con poder real: Zaragoza, Toledo, Sevilla, Badajoz y Granada. No obstante, este pequeño aumento del poder islámico provocó la movilización de los castellanos quienes, por miedo a no seguir recibiendo las suculentas parias, retomarían la actividad reconquistadora. La campaña más importante fue la que condujo a las huestes de Alfonso VI a tomar la emblemática ciudad de Toledo en 1085. La caída de la ciudad resolvió el gran debate que los reyezuelos mahometanos habían estado dilucidando.

¿Cuál de las dos calamidades era preferible? ¿Continuar esclavizados ante los volubles intereses cristianos o pedir auxilio a los correligionarios del Magreb? Difícil dilema que ya había sido tratado en el pasado y que seguiría teniendo importancia en el futuro. Es indiscutible que toda potencia instalada en España ha intentado siempre controlar las tierras más allá de Gibraltar o, al menos, dominar las llaves del estrecho (Tánger y Ceuta). Ya lo entendieron los romanos, siempre preclaros, al considerar el norte del actual Marruecos como parte de nuestra Hispania.

> **Prefiero cuidar camellos en África que cerdos en Castilla.**
>
> **Al-Mutamid**

Al-Mutamid, rey de la taifa de Sevilla, cometería finalmente el error de dirigir su mirada al norte de África y, aunque sus colegas hispanos trataron de disuadirlo por el impredecible peligro que estaba invocando, se mantuvo en sus trece. El hombre era más de quedarse ciego con tal de dejar tuerto al contrario, por lo que soltó sentencia y se dispuso a llamar a sus salvadores.

Al final sus palabras, por desgracia para él, resultaron proféticas. Sea como fuere, es hora de darles la bienvenida a los almorávides al teatro de operaciones hispano.

EL BAÑUELO. GRANADA

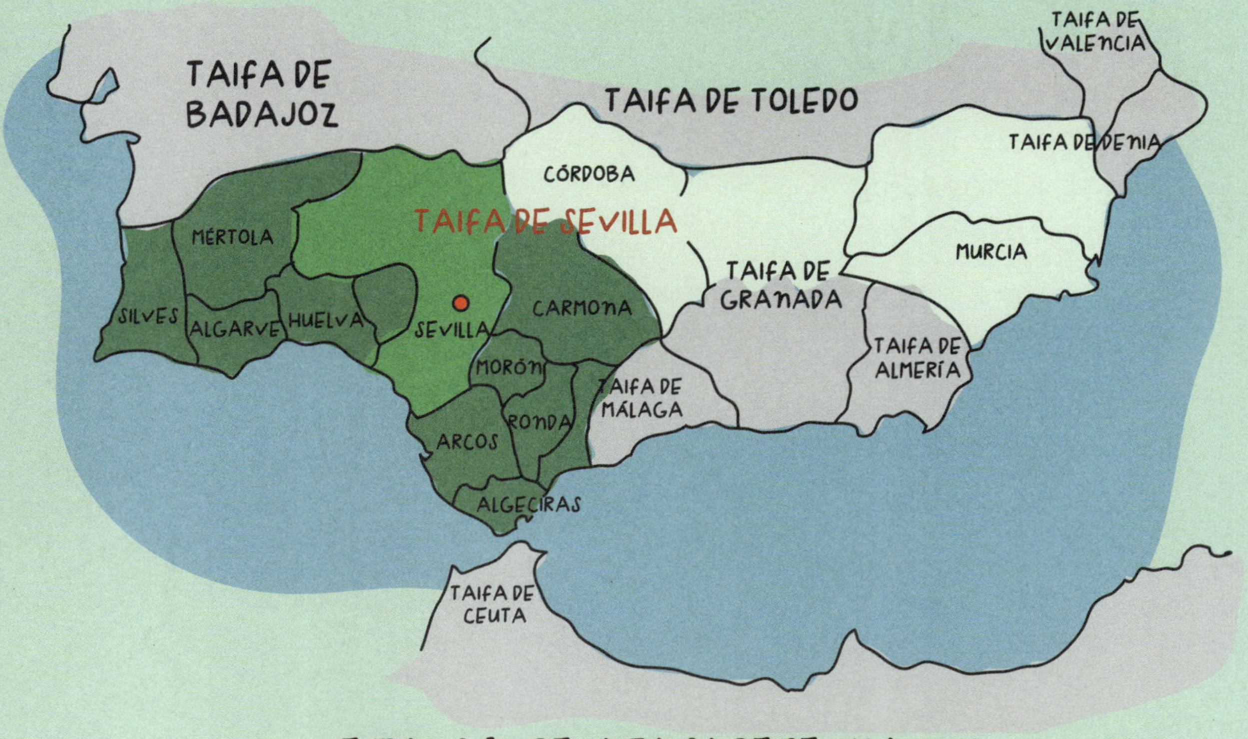

EXPANSIÓN DE LA TAIFA DE SEVILLA

Capítulo 35

Los demonios del desierto

JINETE ALMORÁVIDE

Los almorávides eran una tribu que había crecido bajo el influjo puritano del islam más conservador que defendía la idea de la unificación del islam y el seguimiento riguroso de las normas coránicas y la teología más radical.

Los primeros líderes almorávides estuvieron entretenidos en ampliar su territorio hasta convertirlo en un Imperio que ocupaba todo el occidente norteafricano. En el año 1074, su señor, Yusuf ben Tashufín, funda Marrakech, capital del Imperio almorávide, y reúne bajo su mando un poderoso ejército fiel únicamente a su figura. Con eso solo le restaba esperar la situación idónea para dar el salto a la rica Península.

Las circunstancias adecuadas se dieron cuando los sevillanos solicitaron expresamente su ayuda. En 1086 Yusuf y sus hombres desembarcaron en Algeciras e infligieron a los castellanos una de sus más humillantes derrotas en la ya comentada Batalla de Sagrajas, donde incluso el rey Alfonso VI estuvo a punto de morir por las heridas. Sin embargo, Yusuf no aprovechó el éxito momentáneo que la fortuna le brindaba y se retiró a su guarida, tal vez esperando que el fruto del al-Ándalus madurara por sí mismo.

En efecto, cuando unos años más tarde los cristianos volvieron a las andadas, Yusuf se preparó para desembarcar nuevamente en la Península, esta vez no como auxilio militar, sino como conquistador. El mismo error de cálculo que tuvo Witiza en su momento cuando quiso buscar ayuda del otro lado del estrecho. La historia siempre se vuelve a repetir.

Los reyes de las taifas cambiaron de estrategia y solicitaron ayuda a Alfonso VI, eso de una vela a Dios y otra al diablo, pero este, tal vez humillado y doliéndole aún las heridas, acabaría negándose.

Una a una, rápidamente las taifas cayeron ante el primer empuje de las tropas de Yusuf. En pocos meses al-Ándalus volvía a estar unificada aunque esta vez no como un imperio, sino como una simple provincia de los magrebíes.

El clero musulmán, encantado con la nueva situación, puso toda su influencia y poder en manos de aquellos hombres. El fanatismo y la intolerancia que demostraban aquellos almorávides era lo que ambicionaban para sus propias congregaciones. También fueron

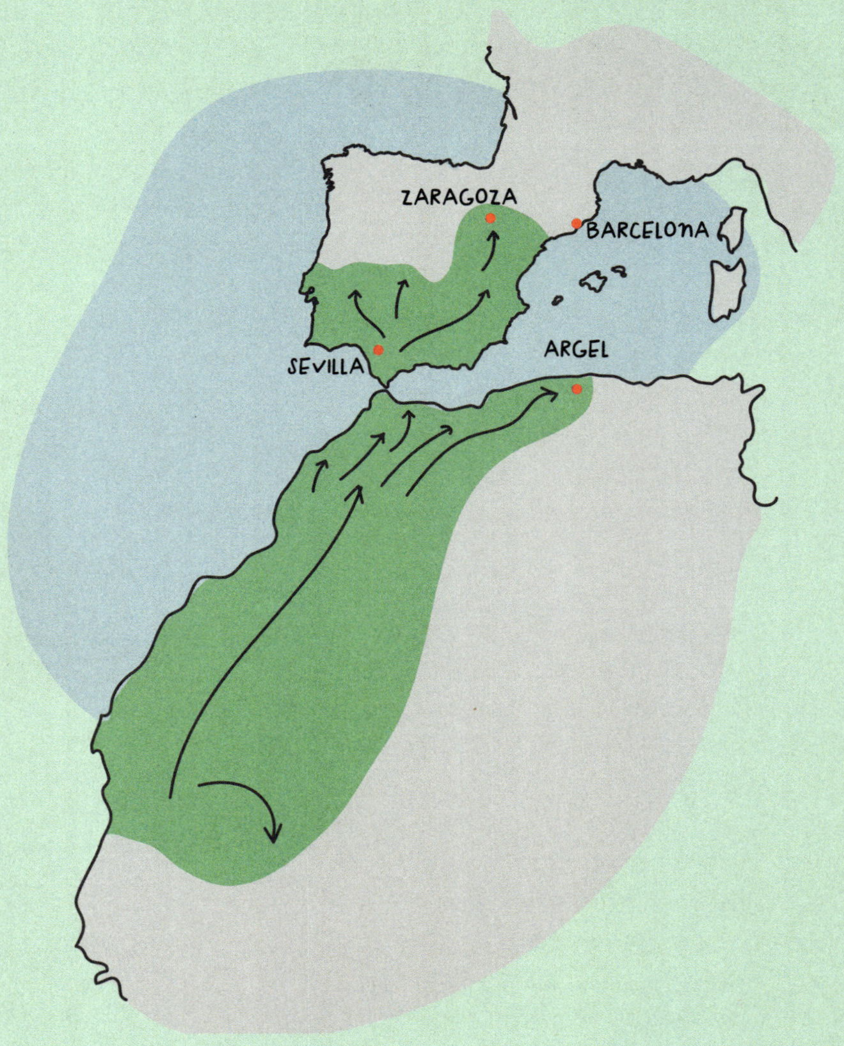

EXPANSIÓN DEL IMPERIO ALMORÁVIDE

BATALLA DE SAGRAJAS

aplaudidos por el pueblo llano más preocupado por la desgracia y caída de la opulenta aristocracia andalusí, que tanto les había dado por saco, que de su propio beneficio.

CASTILLO DE MONTEAGUDO DE LA TAIFA DE MURCIA

> **Más feos que Satán con todo su convento**
> **Cuando sale del infierno sucio e carboniento.**
>
> ***Fernán González***

Múltiples fueron las fuertes medidas religiosas que impulsaron los almorávides en un territorio bastante más acostumbrado a la convivencia multicultural. Esta represión provocaría la huida en masa de mozárabes y judíos hacia territorios cristianos, manos extremadamente necesarias para el trabajo y la repoblación de las extensas tierras de nadie. Igualmente, muchos musulmanes prefirieron permanecer en las nuevas ciudades reconquistadas por los cristianos antes de bajar al nuevo al-Ándalus. Nacían los mudéjares como clase y se reconfiguraba el mapa social de toda la Península Ibérica. No hace falta señalar que el prolijo intercambio cultural entre las dos Españas sufriría un fuerte retroceso.

ARTE MUDÉJAR EN SEVILLA
SIGLO XIV

Las costumbres del profeta habían vuelto a España con todo su rigor... durante un tiempo. Al final ocurrió lo de siempre. Esos adustos y estoicos muslimes del desierto acabarían por descubrir los obsequios que ofrecía nuestra piel de toro. Y claro, se fueron relajando... Así, poco a poco, estos guerreros invencibles que únicamente el Cid Campeador había conseguido doblegar por un pequeño espacio de tiempo, fueron suavizando su fanatismo religioso y, con él, el ardor militar.

Capítulo 36

De Alfonso a Alfonso

ALFONSO I DE ARAGÓN, EL BATALLADOR

El Reino de León entra en el siglo XII como el indiscutible baluarte de la cristiandad peninsular. Las campañas bélicas de Alfonso VI propiciaron un aumento del poder cristiano peninsular y un fortalecimiento de sus ejércitos, pero no todo podían ser dichas. Las desdichas arreciaron con la llegada de los almorávides y la derrota de Uclés en 1108. El desastre fue total y el propio primogénito real, el infante don Sancho se contó entre las bajas. Duro revés para un padre (el gran Alfonso VI) que apenas lo sobreviviría un año. Sin heredero varón el trono recaería sobre su hija doña Urraca.

Durante su reinado se dio el primer intento de unión entre León (que incluía Castilla) y Aragón. Un fracaso total. Urraca se casó con Alfonso I el Batallador en lo que fueron unas bodas de ensueño, pero cuando se conocieron se dieron cuenta de que sus caracteres eran tan incompatibles que el matrimonio fue anulado alegando su relación de parentesco. El nepotismo y los tejemanejes tradicionales de la Iglesia, siempre dispuesta a vender o a anular derechos por motivos de consanguinidad al mejor postor. Esta nueva trifulca entre los cristianos beneficiaría sobremanera al enemigo musulmán, pues provocaría un largo parón en las hostilidades.

BATALLA DE UCLÉS

A la muerte de Urraca en 1126, su hijo Alfonso VII es aupado al trono. Con este nuevo rey comenzaría a introducirse el característico prognatismo mandibular en los reyes de España, que obligaba a los monarcas a mantener la boca siempre abierta y que les impedía hablar con normalidad. Esta deformación típica de la casa de Borgoña, se manifestaría mucho más adelante con la casa de Austria y acabaría imponiéndose con Carlos I. Con todo, sería injusto culpar a estos reyes y más tarde a los Habsburgos y Borbones por desconocer los nefastos efectos de la consanguinidad, a pesar de que nos tocaría a los españoles sufrir el resultado de tanta sangre emponzoñada.

ALFONSO VII DE LEÓN

Pero volviendo al tema que nos atañe, en 1135, justo un siglo después de la constitución del reino, todo el que es alguien en Castilla concurre hacia la ciudad de León para ver cómo Alfonso VII se proclama emperador de toda España. Y es que a los reyes de León les encantó siempre este título. Glorificado con todo el poder que las armas castellanas eran capaces de otorgarle, el flamante emperador se lanzó a realizar una serie de campañas para dar lustre a su reinado contra los ya muy debilitados almorávides gracias a las guerras fratricidas que estos estaban librando contra los andalusíes. Pero en casa también habrían de surgir algunos problemas.

Alfonso I Enriques, primo de Alfonso VII, se declaró independiente de León nada más heredar el condado de Portugal en 1140 y lo ascendió a la categoría de reino. Los castellanos intentaron perezosamente que el nuevo rey volviera al redil pero, más interesados en el pastel de al-Ándalus que en esos pobres territorios occidentales, acabarían firmando el Tratado de Zamora (1143) en el que se reconocía la independencia del nuevo ente a cambio de su vasallaje. Nace Portugal y, con él, comienza la brillante historia de un reino que descubriría y conquistaría medio mundo. Lisboa, su bella capital situada en la desembocadura del Tajo, sería conquistada poco tiempo después. Toda una proeza para el último de los reinos hispanos aunque podamos sentir cierta tristeza porque quisieron escindirse de León, que hoy pertenece a España. Pero en aquellos tiempos esas cosas estaban a la orden del día así que es una tontería lamentarse.

ALFONSO I ENRIQUES

ALCÁZAR DE GUADIX

En 1157 Alfonso VII muere asediando la ciudad de Guadix y su tortuoso testamento vuelve a desgajar en dos el Imperio. El primogénito Sancho III obtendría Castilla (de nuevo como reino) mientras que al pequeño Fernando II le tocaría León. Claro, ahora igual el lector no sufre tanto sabiendo que tanto Castilla como León son parte de España. Una vez más, los destinos castellano-leoneses vuelven a distanciarse, dando pie a unos decenios finales de siglo en el que las luchas intestinas entre los diferentes reinos cristianos ya eran una tradición defendida a capa y espada. Mientras los cristianos se desangraban en absurdas guerras, solo pueden observar impotentes la ascensión de un nuevo imperio musulmán: el almohade.

ALFONSO VIII DE CASTILLA

En 1179, un nuevo rey, Alfonso VIII, firma el Tratado de Cazorla, por el que aragoneses y castellanos se terminaban de repartir lo que quedaba de Península musulmana. Aragón podría avanzar hasta Alicante mientras que Castilla podría arribar hasta Almería. Murcia quedaría en medio, entre el carácter castellano y aragonés sin perder su espíritu andalusí.

> **La muerte se cebaba en los cristianos, y cuando arreció el estrago entre los infieles y se persuadieron de su ruina, volvieron las espaldas, huyendo a la colina en la que estaba Alfonso, para defenderse en ella, pero se encontraron con que el ejército musulmán se había puesto entre ellos y la colina y volvieron sus pasos hacia la llanura, cayeron de nuevo sobre ellos los árabes y exterminaron sin dejar ni uno.**
>
> ***Crónica Rawd al-Qirtas sobre la Batalla de Alarcos***

En 1195 Castilla sufrirá una de sus más agónicas derrotas en Alarcos y toda la Península tembló de miedo ante el poder almohade cuando sitiaron la propia Toledo. La cristiandad peninsular notaba cómo una fina cimitarra pendía sobre sus cuellos y los almohades parecían bien dispuestos a dar el golpe de gracia. Sin embargo, ocurrió una de esas pequeñas casualidades que cambian el destino de los grandes imperios y de la misma historia. Yasub, líder de los almohades, se vio obligado a regresar al Magreb al enterarse de una rebelión orquestada contra su persona. La milagrosa retirada supondría su perdición, pues permitió a los norteños recuperar el suficiente aliento como para volver años más tarde y devolver con intereses lo sufrido en Alarcos durante la decisiva batalla de las Navas de Tolosa.

Alarcos se convirtió, por tanto, en una nota a pie de página, en la última gran victoria musulmana en la Península. A partir de entonces tan solo quedaba una agónica muerte que se extendería a lo largo de tres siglos.

BATALLA DE ALARCOS

Capítulo 37

Ya suenan las campanas

Mientras Castilla se miraba extasiada en el espejo, Aragón vivía entretanto las más excitantes aventuras. Pedro I pasó el tiempo reconquistando Huesca y otras plazas del rey moro zaragozano, pero no consiguieron tomar la tan ansiada ciudad de Zaragoza. En 1104 fallece sin descendencia por lo que le corresponde a su hermano Alfonso I el Batallador el trono aragonés.

Su fallido intento de acercamiento a Castilla a través del desastroso matrimonio con la reina Urraca le obliga a continuar la Reconquista en solitario aunque contará en todo momento con la ayuda del Papa, bastante interesado en continuar promoviendo cruzadas tanto por motivos religiosos como por otros más terrenales. Los herederos de san Pedro necesitaban demostrar su supremacía sobre los reyezuelos europeos de la época y ¿qué mejor manera de hacerlo que instar a los ejércitos a marchar a la guerra mientras sus señores observan maravillados su capacidad de convocatoria sin capacidad de negarse?

Sea por lo que fuere, a la llamada de la cruzada contra Zaragoza acudieron miles de caballeros desde Francia, Castilla y Cataluña, dirigidos por líderes tan ilustres como don Diego López de Haro. Los cruzados sitiaron la plaza en 1118 y los islamitas defendieron sus murallas ofreciendo

una heroica resistencia. Pero como misión imposible que era, no tenían posibilidades de ser auxiliados, a la muerte de su líder Abd Allah ben Mazdali, con sus tropas defensoras ya desmoralizadas el baluarte maño cedió y aceptó la capitulación. La flamante Zaragoza, nueva capital del reino, le otorgaría el prestigio suficiente a Aragón para transformarse de un pequeño territorio montañés a una gran potencia peninsular.

Manteniendo la costumbre familiar, el Batallador también moriría sin descendencia, pero dejando atrás una pequeña burla. Cuando los nobles abrieron el testamento se llevaron las manos a la cabeza al ver que el monarca, tan piadoso y guerrero, había dejado en herencia el reino navarro-aragonés a las órdenes militares extranjeras del Temple, Santo Sepulcro y Hospital. Este sería el inicio de la estrecha relación de los templarios con la casa gobernante de Aragón, que les llevará a educar hasta a los mismísimos monarcas, como Jaime I.

LA CAMPANA DE HUESCA

CRUZADO

Pero volviendo a 1134, los nobles no aceptaron su última voluntad y pensaron eso de que más vale rey malo que fraile bueno, que ya sabemos encima cómo se las gasta la Iglesia. Tampoco los monjes guerreros estaban muy interesados en dirigir todo un reino, dicho sea de paso, pero no perdieron su oportunidad para obtener pingües beneficios en las negociaciones posteriores. El reino quedó dividido en dos estados. Navarra volvía a ser independiente con el nombramiento de García Ramírez IV, mientras que Aragón pasaba a las manos de otro hermano, Ramiro II el Monje, al que tuvieron que sacar del convento para que cumpliese con su deber. Creían que este sería más fácil de gobernar. Si ese era el caso, el tiro les salió por la culata, pues Ramiro, conocedor del carácter español y sobre todo de sus políticos, los nobles de la época, les quiso dar un pequeño aviso.

RAMIRO II EL MONJE

Con la excusa de que buscaba fabricar una campana cuyos tañidos resonaran por todo Aragón, convocó en su corte a todos los nobles y obispos del reino que perseguían manejarlo para satisfacer sus propios intereses. Allí fue decapitando uno a uno a los principales cabecillas y con sus cabezas conformó una preciosa exposición que pasaría a la historia con el nombre de la Campana de Huesca. No sabemos si sonar, sonaría mucho, pero

> El rey fue muit despagado, pero quando contó la manera que había visto, pensó en si mesmo quel huerto podía ser el su regno, las colles yeran las gentes de su regno, et dixo: "Por fer buenas colles, carne y a menester". Et luego de continent envió letras por el regno a noble que fuesen a cortes a Huesca, metiendo fama que una campana quería fazer que de todo su regno se oyesse, et aquesto oyeron los nobles et dixeron "Vayamos a ver aquella locura que nuestro rey quiere fazer", como aquellos lo preciavan poco. Et quando fueron en Huesca, fizo el rey parellar ciertos et secretos hombres en su cambra armados que fiziessen lo quél les mandaría. Et quando venían los richos hombres, mandavalos clamar uno a uno a consello et como entravan, así los mandava descabeçar en su cambra.
>
> *Crónica de San Juan de la Peña*

el resto de nobles sí que tuvieron que oír los tañidos ya que a partir de entonces agacharían la cabeza mucho más dóciles ante su nuevo señor. ¡Vaya con el monje!

RAMÓN BERENGUER IV

Exitoso en temas administrativos, no se puede decir lo mismo a nivel bélico; Ramiro II únicamente pudo contemplar cómo las tropas castellanas de Alfonso VII amenazaban la integridad aragonesa. Buscando mayor poder para contrarrestar a los castellanos, tomó una decisión trascendental para el reino: concibió una hija para dar continuidad al reino y la prometió con un año de edad con el conde barcelonés Ramón Berenguer IV. Con Alfonso II el reino de Aragón absorbería el condado de Barcelona al recibir este las herencias de sus progenitores, sellando los destinos de Aragón y Cataluña en un camino compartido hasta el día de hoy, complementando sus diferentes caracteres. Cataluña por supuesto nunca fue un reino independiente por mucho que algunos metahistoriadores regados con dinero público se empeñen.

PETRONILA DE ARAGÓN

Capítulo 38

De almorávides a almohades

Los almorávides se entretuvieron fortaleciendo su poder durante la primera década del siglo XII. A Yusuf le sucede su hijo Alí ben Yusuf en 1106 y con él llega el mayor momento de esplendor del Imperio. En 1108 consiguieron asestar un duro golpe a los castellanos en Uclés, donde exterminarían a los cristianos y acabaron con la vida del propio heredero de Alfonso VI. Se dice que las huestes nada pudieron hacer al ser vendidas por los mismos mudéjares (de origen musulmán que vivían en el territorio cristiano) que se encontraban en el interior y que, oh sorpresa, abrieron las puertas de la ciudadela.

Sin embargo, poco a poco, el fanatismo religioso y su fiereza se fueron atemperando con el transcurso de los años y el goce de los placeres terrenales, teniendo incluso que verse obligados a contratar mercenarios cristianos para defender sus ciudades. ¡A dónde habían llegado estos integristas! ¡Obligados a depender de sus enemigos de fe para subsistir un poco más! Y como los problemas nunca vienen solos, las tradicionales guerras internas hispanas asomaron a la superficie alentadas por el odio que los andalusíes tenían por sus dominadores magrebíes, a los que consideraban inferiores.
El sino de los grandes imperios es que en el momento en que el esfuerzo se centra en conservar lo adquirido en vez de ampliarlo, todo se acaba viniendo abajo. Caudillos locales surgían como setas por todo el territorio, con la secular tendencia al separatismo y la disgregación, desgastando a los musulmanes en un sinfín de conflictos mientras los "alfonsos" afilaban sus cuchillos. Con ese nombre conocían los mahometanos a los cristianos, y no es de extrañar, pues estos son los tiempos de Alfonso el Batallador en Aragón, Alfonso VII en Castilla y Alfonso Enriques en Portugal. Las dinastías reales nunca se han mostrado muy innovadoras en esto de elegir nombres. Pero la puntilla a los almorávides vendría desde casa, donde poco a poco se iba forjando un nuevo imperio.

La historia nos puede sonar. Un desaliñado cenobita, proclamando su doctrina por las calles de Marrakech, atrayendo a la gente descontenta con el régimen hasta que el líder local lo expulsa y se va a predicar a las tribus de las montañas a las que acaba convirtiendo en un poderoso y fanático ejército listo para satisfacer cualquiera de sus demandas. La secta almohade tuvo unos orígenes prácticamente idénticos y en la misma región del mundo que sus antecesores almorávides. Su fundador fue Muhammad ben Tumart al-Mahdi, un sabio bereber instruido en la propia Córdoba almorávide.

Poco tiempo después se encontraría con Abd al-Mumin, quien sería la cabeza de sus ejércitos y su principal valedor a la hora de proclamarse califa en 1121, rechazando sin ambages la supremacía abasida de Bagdad. En 1147 al-Mumin, ya como único líder tras la muerte de al-Mahdi, corta la cabeza del último visir almorávide en Marrakech.
Al otro lado del estrecho los reyezuelos de las taifas pusieron sus barbas

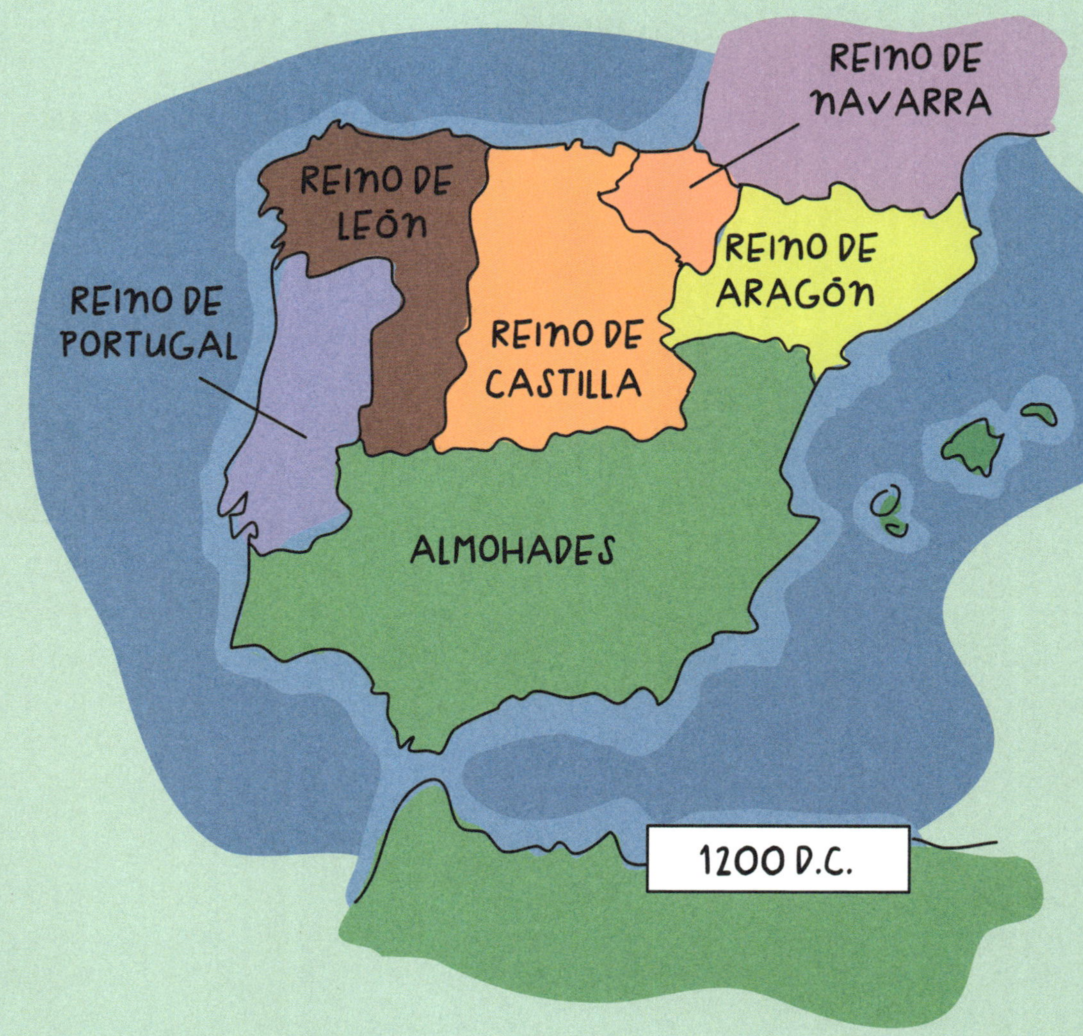

TORRE DEL ORO

a remojo enviando regalos y parabienes al nuevo señor del norte de África, pero de poco les iba a servir. Los almohades gobernaban ya un territorio que se extendía desde Egipto hasta Marruecos, y desde la Mauritania hasta el río Senegal, y al-Ándalus seguía siendo la preciosa y ambicionada joya de antaño. Los almohades entrarían en la Península ejerciendo un mayor control militar que los almorávides. Poco pudieron hacer los andalusíes para resistir a su empuje a pesar de las ayudas prestadas por los cristianos.

Nuestro único destino es librar a la Península de cristianos... no fracasaré en mi intento de devolver al islam todas las provincias que los cristianos les han arrebatado... para luchar con mis enemigos inundaré España con hombres de a pie y de a caballo que ni siquiera piensen en el descanso, que no conozcan la vida fácil, y cuyo pensamiento sea ocuparse de sus caballos y de sus armas, y obedecer las órdenes de sus amos.

Palabras del líder almorávide Yusuf

Pero también en esta ocasión, no todo fue guerra. Los almohades son los artífices de la construcción de la Giralda y la torre del Oro de Sevilla y el deslumbrante tapiz conocido como Bandera de las Navas de Burgos. Son los tiempos del cordobés Averroes, uno de los más preclaros filósofos medievales, cuya estela sigue fascinándonos. De posición acomodada, era miembro de una notable familia de estudiosos del derecho, y eso le permitió instruirse en todo el conocimiento de su tiempo. Médico, jurista, matemático y filósofo, los comentarios que realizará sobre los clásicos griegos, sobre todo Platón y Aristóteles, resonarán con fuerza durante los siglos posteriores. Pero su pensamiento libre y su sapiencia, como es natural, acabarían por conllevar la repulsa del islam más radical.

BATALLA DE LAS NAVAS DE TOLOSA. ROMPIENDO LAS CADENAS

AVERROES

Vienen tiempos de intolerancia provocados por la yihad contra los cristianos y la posterior oleada de fundamentalismo que provoca la victoria de Alarcos en 1195. Pero no es justo achacar solo a los invasores africanos el endurecimiento en materia religiosa. Los almohades son coetáneos a la Europa cristiana de las Cruzadas, y a la que mata y expulsa judíos fuera de sus propias fronteras. Esto ocurrirá en Alemania, Francia y otros países. En Francia se instaura por primera vez la Inquisición para combatir a la herejía albigense. En contraste, la España cristiana todavía conserva un relativo espacio de tolerancia, al menos para la época. Tan extendido estaba en Europa el odio religioso, que los cruzados que vinieron para luchar en Las Navas de Tolosa se marcharon enfurecidos porque el rey castellano Alfonso VIII les prohibió masacrar a todos los infieles de las ciudades que tomaban y protegió a musulmanes y judíos dentro de su territorio. Y es que en la España cristiana la confluencia de las tres culturas halló un clima más tolerante que en el resto de Europa por mucho que los partidarios de la Leyenda Negra te vendan lo contrario.

Pero poco pudieron disfrutar los almohades. Alarcos sería la última gran victoria musulmana y, tras la hecatombe de 1212 en Las Navas de Tolosa, todo será una muerte lenta y agónica hasta que empezaron a temblar los últimos minaretes de Granada.

Capítulo 39

La hora castellana

FERNANDO III DE CASTILLA

Alfonso VIII se tomó bastante a pecho la derrota en Alarcos, tanto que consintió posponer todas las disputas fratricidas entre los distintos reinos cristianos, cediendo en bastantes demandas -pues quien algo quiere algo le cuesta- a fin de unirlos ante el enemigo común y dejar de derrochar hombres y dineros en las sucesivas guerras intestinas que se venían celebrando como mandaba la tradición veraniega.

Para conseguirlo dispuso de la ayuda de su gran prole. Hasta 17 hijos tuvo con su pobre mujer, Leonor Plantagenet, hija de Enrique II de Inglaterra y de Leonor de Aquitania. Su hija mayor Berenguela se casaría con el rey leonés Alfonso, Urraca se desposaría con Alfonso II de Portugal, Blanca uniría destinos con la casa real francesa de Luis VIII y, finalmente, la pequeña Leonor con Jaime I de Aragón. Es decir, que de estas uniones, además de nacer los geniales Fernando III de Castilla y Luis IX de Francia (el San Luis de las Cruzadas), se unían en una misma generación, de abuelos a nietos, las casas de Borgoña, Inglaterra, Francia y España en todas sus vertientes. La bomba de las alianzas matrimoniales y de la endogamia había llegado en todo su esplendor.

LEONOR DE AQUITANIA

Visto que tenía todo atado y bien atado, Castilla, Navarra y Aragón acuerdan acabar de una vez todas con la amenaza almohade. Para tener mayor efecto, Alfonso VIII logra que el papa Inocencio III proclame una Santa Cruzada contra los infieles de nuestra tierra. Desde toda Europa los sacerdotes de cada iglesia del viejo mundo exhortan a sus enfervorizados parroquianos a unirse al ejército sagrado. Dicho y hecho. Miles de caballeros imbuidos de un exaltado fervor religioso y, no nos vamos a engañar, otros muchos con ganas de pasar el tiempo y conseguir un buen botín, concurren en España. Llegan desde todos los puntos de la geografía europea.

PAPA INOCENCIO III

La llegada de los ultrapirenaicos, así se los conocía en nuestras tierras, fue recibida con sentimientos agridulces. Por un lado se agradecía la llegada de refuerzos de veteranos en el arte de la guerra, pero también eran hombres poco habituados y menos tolerantes a la convivencia entre diferentes credos, tan común en España. Para evitar conflictos se les asentó fuera de las ciudades pero, como la cabra tira al monte, no se pudo evitar que asaltaran diversas juderías como la de Toledo, ante el profundo malestar de Alfonso VIII.

Tampoco sentó bien entre los caballeros hispanos que los cruzados pasaran por las armas a toda la población musulmana de la fortaleza de Malagón. Para ellos la convivencia en, siempre "relativa", armonía de judíos, musulmanes y

LUIS IX DE FRANCIA

cristianos, tópico muy castellano, era poco menos que un sacrilegio. Los europeos no comprendían que se respetasen las juderías y morerías ni que los reyes españoles defendieran a todos sus súbditos sin importar su religión. Pero no nos llevemos a engaño. Los reyes no eran adalides de lo que serían los derechos humanos. Si los protegían era porque los necesitaban para repoblar las anchas extensiones de terrenos que iban reconquistando y para beneficiarse de los suculentos impuestos que les cobraban.

Sea como fuere, la inmensa mayoría de los ultramontanos decidieron dar media vuelta y marcharse a casa, eso sí, asaltando por el camino todas las juderías y morerías que fueron encontrando. Esto traerá sus consecuencias ya que empieza a gestarse la Leyenda Negra española, como ya explicaremos en el futuro. La retirada de estos miles de soldados afectó a la moral del resto de los hombres de Alfonso VIII de Castilla y Pedro II de Aragón. Alarcos seguía vivamente marcada en el recuerdo. La

CASTILLO DE CALATRAVA

**En otras tierras oyeron las nuevas de este hecho;
los caminos se abrieron hasta la mar del Estrecho.
Por honrar la santa ley se reunió gran compaña
y por ver al noble rey que reinaba en España.
Llegaron a esta tierra altos hombres sin duda:
el conde de Derby de Inglaterra y el conde de Foix
de Francia.**

Poema de Alfonso XI

llegada del rey navarro Sancho VII con sus refuerzos con la primera luz del alba, en plan peliculero, apareciendo cuando todo se considera perdido, permitió que el ánimo remontase.

Los cristianos continuarían avanzando hasta toparse con el ejército almohade que les había salido al encuentro. Lo mejor de cada bando acababa de posicionarse uno contra otro. Ambos sabían que la derrota del contrario podría suponer la victoria total sobre este.

PEDRO II DE ARAGÓN

Los grandes ausentes en Las Navas fueron los reinos de Portugal y de León. Alfonso IX de León, peleado con su primo Alfonso VIII de Castilla no acude a la cita. Aun así los leoneses realizaron una gran labor de Reconquista en Extremadura. Con Alfonso IX, en 1188, también comienza en la ciudad de León el parlamentarismo en Europa. Unas primeras Cortes o Parlamento donde son convocados los ciudadanos. Según la UNESCO este es "el testimonio documental más antiguo del sistema parlamentario europeo". Sí, en España somos pioneros en muchas cosas, pero... qué mal nos vendemos.

Estamos a 15 de julio de 1212. Todo está dispuesto para que dé comienzo la batalla más importante que vio la Reconquista. Los ejércitos se miran sabiendo que de sus espadones y cimitarras depende el destino y las ambiciones de dos mundos enfrentados desde hacía siglos. ¡Qué buena película si la gesta hubiera transcurrido en cualquier otro campo de batalla extranjero! Por desgracia, el cine patrio no está en estas cosas. Ni se le espera.

Capítulo 40

Las Navas, la batalla decisiva

En la madrugada del 16 de julio de 1212 resuenan en el campamento cristiano las llamadas al combate. Miles de hombres encomiendan sus almas al Todopoderoso, temerosos ante la jornada que se aproxima y con el espectro de Alarcos sobrevolando el ánimo de cada uno de ellos. Se avecina una batalla campal, a vida o muerte, de esas que recrea Hollywood con sus mejores estrellas. Las cifras de ambos contendientes, exageradas con el transcurso de los siglos, son difíciles de precisar, aunque parece claro que el ejército almohade duplicaba en número a los cristianos. Por otra parte, la calidad estaba del lado de la cruz. Mientras Castilla, Aragón y Navarra traían a sus mejores caballeros, la poderosa caballería cristiana medieval, y sus peones son soldados de frontera acostumbrados a las refriegas, la inmensa mayoría de las tropas mahometanas están formadas por simples fanáticos atraídos por la llamada de la yihad, sin el necesario adiestramiento.

ALFONSO VIII

En el centro de la formación cristiana se posiciona Alfonso VIII con el grueso de las tropas castellanas, en el ala izquierda se sitúan los aragoneses de Pedro II, mientras que los caballeros navarros de Sancho VII se ocuparán de defender el lado derecho. Ambos flancos son reforzados por las milicias castellanas y más atrás, a la expectativa, aguardan los veteranos caballeros de las órdenes militares (templarios, hospitalarios, calatravos y de la orden de Santiago).

Estando el ejército cruzado mejor armado y más experimentado, al-Nasir distribuyó a sus hombres en tres líneas de combate, sintiéndose seguro en su superioridad numérica. En la primera línea apostó a la infantería ligera, sus tropas más débiles y menos entrenadas, pero más fanatizadas. Esta carne de cañón debería de servir para frenar el empuje de la poderosa caballería castellana y desestabilizar su avance. Tras esto llegaría la segunda línea, compuesta por soldados más profesionales llegados desde todos los confines del Imperio. El golpe definitivo vendría más tarde, con el avance de la tercera línea de combate, la élite del ejército, los verdaderos guerreros almohades que habían conquistado todo un imperio únicamente con la fuerza de sus cimitarras. Satisfecho con su disposición táctica, el líder almohade se retiró a su tienda real acompañado de su guardia negra, guerreros fanatizados dispuestos a ofrecer su vida a Alá y que estaban atados al perímetro de cadenas que protegían la tienda para que no pudiesen huir de su posición. Pero la tranquilidad no le duraría mucho.

CRISTIANOS CONTRA MUSULMANES

El inicio de la batalla transcurrió tal y como había previsto al-Nasir. Cuando se dio la orden de cargar a la caballería pesada cristiana el ruido tuvo que ser ensordecedor. El estruendo de miles de pesados caballos recubiertos de hierro mientras se lanzaban al unísono contra la vanguardia islámica. Sin embargo, pese a la masacre en las filas musulmanas, los caballeros fueron perdiendo el empuje ante la llegada de la segunda línea que se dispuso a acabar con ellos. Parecía que la contienda no se decantaba por ninguno de los dos bandos, por lo que al-Nasir se preparó para dar la orden que haría entrar en la refriega a la última línea, la encargada de asestar el golpe de gracia a sus enemigos. Alarcos volvía a repetirse.

Pero no estaba todo dicho. Alfonso VIII pidió paso en la historia al encabezar, en un último intento, un ataque desesperado con todas las reservas que restaban al ejército cristiano. La heroica carga pasaría a la posteridad como la de los "Tres Reyes". Alfonso VIII, Pedro II y Sancho VII, Castilla, Aragón y Navarra, atacaron como uno solo al enemigo infiel junto a los caballeros de las órdenes militares. El impacto tuvo que ser tan brutal e inesperado que rápidamente las líneas almohades cedieron y los caballeros llegaron al campamento central

JINETE DEL SIGLO XIII

MONUMENTO A LAS NAVAS DE TOLOSA EN JAÉN

defendido por la guardia negra. En ese impás, los navarros de Sancho VII rompieron las cadenas que defendían la tienda real. El último broche de oro de la Reconquista para una Navarra que se veía ya encajonada entre sus vecinos castellanos y aragoneses. Esta anécdota de las cadenas quedaría inmortalizada al incorporarse al escudo de Navarra y posteriormente al de España.

Palmo a palmo los sarracenos fueron cediendo terreno pero, cuando el propio al-Nasir huyó abandonando a sus hombres, estos corrieron en desbandada mientras los cruzados los persiguieron y masacraron a placer. La victoria cristiana fue absoluta. Alfonso VIII pudo saborear al fin con regocijo la victoria y desde ese momento sería apodado como "El de Las Navas". El jolgorio de los norteños contrastaba con la zozobra y temor con las que recibieron las nuevas los andalusíes, ahora totalmente desprotegidos.

Al día siguiente, alrededor de la medianoche, la voz de júbilo y reconocimiento resonó en las tiendas de campaña cristianas, y con la voz del pregón se llamó para que todos cogieran sus armas para la guerra del Señor. Celebradas así las pasiones, los misterios, y una vez hecha la confesión, habiendo recibido los sacramentos, una vez tomadas las armas, partieron hacia la batalla campal; y dispuestas las líneas, así como habían sido asignadas anteriormente.

Crónica de Rodrigo Jiménez de Rada

Los cristianos seguirían avanzando y llegarían a tomar algunas ciudades, pero el cansancio, y sobre todo enfermedades como la disentería y la peste, tan habituales, obligaron a las tropas a retirarse. Pero todo estaba ya decidido. Castilla acababa de afianzar de forma indiscutible su frontera sur y los restos islámicos de la Península habían dejado de ser una amenaza militar.

Comenzaba la agonía almohade y con ella la agonía de al-Ándalus.

BATALLA DE LAS NAVAS DE TOLOSA

Capítulo 41

Sin un año malo

DOÑA BERENGUELA

Alfonso VIII tampoco pudo disfrutar mucho de su gesta. En 1214 muere dejando como rey, a un chavalín que estaba más interesado en pasar el tiempo con sus amigos que en gobernar. Precisamente un día jugando con esos amiguetes una pedrada le dio en la cabeza dejándolo en el sitio. Su hermana mayor, Berenguela de Castilla, asumiría la regencia. Capítulo aparte merecería doña Berenguela junto con el más alto reconocimiento como una de las grandes reinas, y gobernantes en general, de nuestra España. Juiciosa, diplomática y con un instinto político desmedido, supo conducir con una sensatez y acierto digno de elogio los destinos de Castilla, y posteriormente León, hasta su total fusión en 1230.

Su mayor prueba dio comienzo con la prematura muerte del pequeño Enrique I. El lúgubre suceso fue rápidamente aprovechado por Alfonso IX de León para reclamar su derecho a la silla regia de Castilla. Sin embargo, su exmujer doña Berenguela supo maniobrar con astucia para situar a su hijo Fernando en el trono. De este modo, el determinante Fernando III (quien heredaría todas las virtudes de su madre) ocupaba su lugar ahora con la mirada puesta en León. ¿Qué se puede decir de Fernando? Un verdadero prodigio en cualquier aspecto que nos podamos imaginar: inteligencia, nobleza, oportunismo, humanidad, cautela, valor y crueldad. Todo estaba perfectamente calculado en la mente de uno de los mejores gobernantes que nunca ha tenido España.

En el año 1230 muere Alfonso IX de León, y su hijo Fernando se convierte en uno de los monarcas más poderos e influyentes de Europa al reunir bajo su cetro los tronos de León (con Asturias y Galicia) y Castilla. Con él se funden, nuevamente y para siempre, Castilla y León. Él mismo se encargó de fusionar los reinos de forma que nunca se pudieran volver a separar en herencia. Con tanto poder a su disposición se preparó para dar el golpe de gracia al dominio musulmán en la Península.

En 1236 sus huestes logran lo impensable. Nada más y nada menos que la toma de la simbólica Córdoba, la antigua gran capital califal, la perla islámica de occidente. Y con pocos hombres y mucho ingenio el rey moro rindió la ciudad. Fernando III hizo su entrada triunfal en esta y transformó su emblemática mezquita en catedral católica. ¿Y, recuerdas las campanas que mandó traer Almanzor desde Santiago a hombros de prisioneros cristianos? Pues 240 años después Fernando III se tomaba justa venganza y devolvía las campanas a su legítimo lugar. Eso sí, esta vez los sufridos prisioneros eran moros. La venganza es un plato que se sirve frío.

De igual modo, algo similar ocurriría en el reino de Murcia, donde tras un tratado las tropas comandadas por su hijo Alfonso prácticamente ensayaron un desfile militar. La única oposición al invasor fue la pergeñada

RENDICIÓN DE CÓRDOBA

EVOLUCIÓN DE LA GIRALDA DEL REINO MUSULMÁN AL CRISTIANO

En el tiempo que las treguas duraron con los moros, a persuasión del arzobispo Don Rodrigo se fundó una Universidad en Palencia por mandato del Rey y a sus expensas para la enseñanza de la juventud en letras y humanidad: ayuda y ornamento de que solo hasta entonces España carecía a causa de las muchas guerras que los tenían ocupados. De Italia y de Francia con grandes premios y salarios que les prometieron traxeron cathedráticos para enseñar las facultades y ciencias.

Historia de los Hechos de España,
Rodrigo Jiménez de Rada

por la siempre indomable Cartagena, que para no seguir la corriente a la capital se desentendió de la rendición y siguió combatiendo por su cuenta, dispuesta a resistir ante esos infieles. Para tomarla una flota naval que vino del Cantábrico tuvo que taponar el puerto consiguiendo un cerco efectivo, un episodio nunca antes visto en la Reconquista donde, razonablemente, las batallas navales brillaron por su ausencia. Tal vez por eso los españoles, se pusieron manos a la obra construyendo las atarazanas de Sevilla y una vez acabada la Reconquista, estuvieron muy ansiosos a la hora de echarse a la mar. Y es que la rutina hastía.

Fernando se había convertido en una leyenda y cada vez quería más. En 1246 caía Jaén y en 1248, Sevilla. En esta fecha las posesiones musulmanas en la Península se reducen a los reinos de Niebla y Granada, y únicamente Castilla guarda ya la posibilidad de completar la hazaña reconquistadora. Prodigio de virtudes que lo hacen destacar en una época colmada de grandes nombres, Fernando no solamente supo abrir la corona castellana al exterior, sino que también triunfó en su política interior. Su método pactista le granjeó el respeto de los mudéjares lo que le valió que muchas ciudades andalusíes no ofrecieran ni la más mínima resistencia a su conquista.

La muerte, sin embargo, nos llega a todos sin importar lo santos que seamos, y a él le sorprenderá en su amada Sevilla un 30 de mayo de 1252 a la edad de 50 años. Si de otra forma lo hubiera querido el destino, a lo mejor el Magreb hoy sería español, pues Fernando concibió Hispania como un todo a semejanza de la vieja provincia romana. En su mente rondaba la conquista del norte de África, dominar las columnas de Hércules y tener la llave del Mediterráneo.

Y ahora llega el turno de Alfonso X.

RENDICIÓN DE SEVILLA

Capítulo 42

De curas, señores y siervos

Si ahora nos quejamos de las dificultades que encontramos para auparnos en la jerarquía social, tendríamos que echar un vistazo a cómo se las gastaban en estos tiempos. La sociedad estaba dividida en tres estamentos sólidamente edificados para impedir que nadie, o casi nadie, pudiera traspasarlos. Por un lado, los nobles y caballeros, la clase dirigente y militar (pugnatores). Por otro, los clérigos en general (oratores). Y, finalmente, la inmensa mayoría de la población formaba parte de los siervos (laboratores) que se encargaban de mantener a las otras dos. Cada uno de ellos vivían "felizmente" sus vidas haciendo el encargo que Dios les había dado. Así unos rezaban, otros luchaban y la mayoría trabajaba para el resto.

Los siervos (solariegos en Castilla o payeses en Aragón) vivían prácticamente como esclavos y únicamente podían progresar en la vida ofreciéndose para colonizar las siempre despobladas tierras de frontera. El rey concedía premios y prebendas a todos aquellos que marchaban hacia dicha empresa, pero la verdad es que el riesgo de no acabar disfrutando de esos privilegios era bastante alto. Cada temporada estival bien podrían coger una fatal enfermedad traída por los eficientes aceros árabes. Pero muchos preferían este incierto riesgo a la certeza que dejaban atrás: una vida dedicada a ser devorados a impuestos. Estos pobres debían contribuir con el impuesto anual, a trabajar un número de días en el campo del señor, en las carreteras, en los castillos, hospedar y alimentar a los criados y tropas, llevar correos, el diezmo... en resumen, que estaban bastante fastidiados. ¿Y por qué no se rebelaban? Pues lo hicieron, y mucho, pero como no existía una conciencia de clase e Internet no funcionaba como ahora, únicamente pedían un poco más de pan, no cambios sustanciales. Quienes sí tenían conciencia de clase eran el clero y la nobleza que se aliaron siempre e hicieron todo lo inimaginable para mantener su ventajosa posición.

UNIVERSIDAD DE SALAMANCA

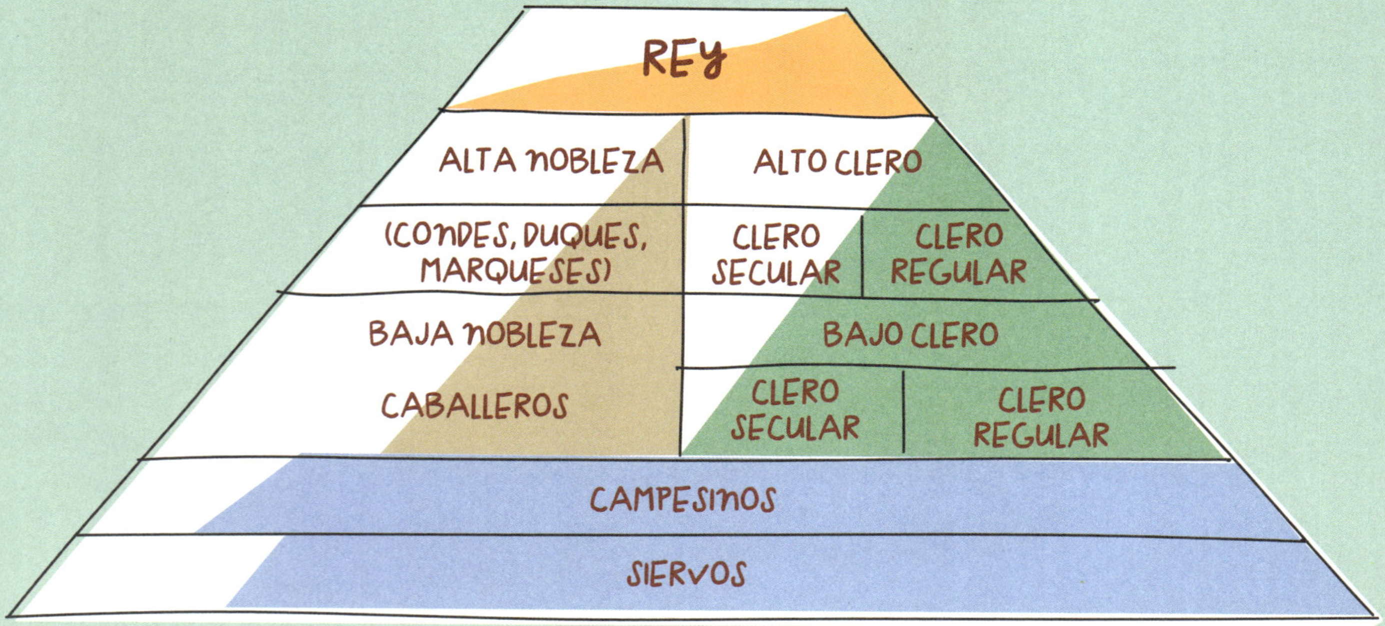

LA PIRÁMIDE SOCIAL

En la Iglesia, siempre ansiosa de parecerse a la sociedad, acabaron reproduciendo las clases sociales de sus feligreses. Los grandes puestos (obispos, abades) eran copados por los segundones de la nobleza, grandes señores que se paseaban con sus barrigones y tenían más interés en eso de fornicar, frecuentar las tabernas e intrigar que en lo de rezar. Por debajo de ellos, los curas de parroquia, el proletariado eclesial. Procedentes de las clases más humildes y casi tan palurdos como los anteriores. Era un lugar común las permanentes alusiones al concubinato y a la ignorancia de los sacerdotes, con una educación

SIERVO

muy modesta, desconocedores a veces de los principios básicos de la teología, de sus propias obligaciones pastorales e incluso del latín. La iglesia también tuvo crisis importantes y enfrentamientos como el que protagonizaron el papa Bonifacio VIII y Felipe IV de Francia que acabaría por disminuir el poder del papado. A partir de ahora los papas tendrían más difícil meter las narices en los asuntos de las incipientes naciones europeas. A estos problemas se le sumaría el traslado de los papas a Aviñón, donde residieron entre 1309 y 1377.

Con todo, en la Iglesia recaló una minoría ilustrada que mantuvo, amplió y transmitió todo el acervo cultural que el mundo antiguo nos legó. También comenzaban a hacer sus pinitos las primeras universidades (Palencia y Salamanca). A finales de la Edad Media la Universidad de Salamanca se convertiría en todo un referente nacional e internacional.

En la aristocracia también había diferentes oportunidades para mirar al otro por encima del hombro. En lo más alto se encontraban los grandes latifundistas y los que acumulaban mercedes y honores al costado de los reyes. Los que no tenían la suerte de ser tan nobles ni tan ricos eran "hijos de algo", hidalgos que estaban obligados a acudir cuando su señor los llamaba a la guerra. Numerosos, muchas veces con el honor como única propiedad, y con una honra encomiable.

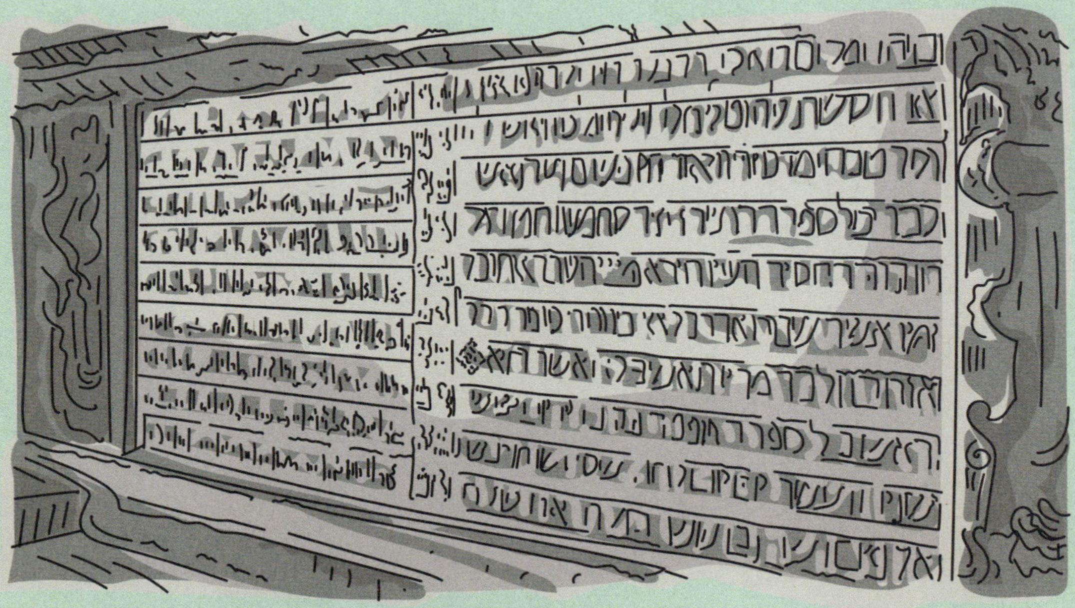

INSCRIPCIÓN HEBREA DEL SEPULCRO DE FERNANDO III EN SEVILLA

Defensores son uno de los tres estados porque Dios quiso que se mantuviese el mundo: los que ruegan a Dios por el pueblo son dichos oradores; et otrosí los que labran la tierra et facen en ella aquellas cosas porque los hombres han de vivir et de mantenerse son dichos labradores; et otrosí los que han de defender a todos son dichos defensores.

Código de las Siete Partidas, de Alfonso X el Sabio

EL CLERO

A todo este batiburrillo hay que sumar dos nuevas castas que diferenciaban a España del resto de Europa: moros y judíos. Cada minoría disponía de barrios, templos, comercios y autoridades propias. Tal vez fue por necesidad, pero la sociedad peninsular de esta época todavía era plural y el racismo intolerante era una lacra más europea que española. De hecho Alfonso VI, como ya vimos unos cuantos capítulos más atrás, haría que le llamasen "el emperador de las Dos Religiones". Otra prueba es que el epitafio de Fernando III se redactó en latín, árabe y hebreo.

Con la conquista de las grandes urbes musulmanas (Toledo, Zaragoza, Lisboa, Valencia, Badajoz, Córdoba y Sevilla), la sociedad cristiana comenzó a urbanizarse y sus alcaldes alcanzaron un poder similar a algunos grandes señores.

LA NOBLEZA

Y cómo no, el auge de las ciudades y de las Cortes como las que vimos en León tuvieron dos consecuencias. La primera fue la creación de una clase social más libre, compuesta de mercaderes y artesanos, que acabaría conformando la burguesía, y la segunda fue el establecimiento de una administración cada vez más compleja que implementaría uno de nuestros mayores castigos, la burocracia.

Capítulo 43

El rey Sabio

ESCUELA DE TRADUCTORES DE TOLEDO

En el lecho de muerte Fernando III, que fue tan bueno que al final le hicieron santo (antes era más sencillo que ahora), encargó a su hijo que prosiguiera su obra, pero Alfonso X no tenía ni las maneras ni las facultades del padre. Gracias al buen hacer demostrado por el rey aragonés Jaime I y a la buena disposición de ambos monarcas se firmó en 1244 el Tratado de Almizra, al lado de Alicante, donde se establecía el Segura como la frontera natural entre ambos reinos, dejando a Castilla como único paladín de la cristiandad ante los últimos reductos musulmanes peninsulares.

Estos habrían de resistir otros 250 años, más por apatía castellana que por el vigor andalusí. Y es que Alfonso X no estaba muy por la labor, pues él sería el primero de una larga lista de dirigentes que abandonarían por un tiempo los asuntos internos para dirigir sus miradas hacia Europa, dejándose por el camino un ingente reguero de caudales, hombres y esperanzas en irrealizables empresas. Y es que el sabio monarca mostró más empeño y desvelos en obtener el Imperator del Sacro Imperio Romano Germánico que por finalizar la empresa reconquistadora peninsular. Muchos caudales se dilapidaron en sobornos, en fastuosos actos y en una campaña electoral interminable (al menos las de ahora no duran años) que exprimieron a las Cortes castellanas y obligaron a devaluar la moneda y subir los impuestos. Y es que todos los grandes proyectos, no nos llamemos a engaño, se acaban pagando. Pero también tuvo sus ventajas...

ALFONSO X EL SABIO

Al menos en el plano cultural y jurídico ayudó a asentar los cimientos del futuro Estado moderno hispano construyendo un importante cuerpo doctrinal. Se crearon las universidades de Valladolid y Sevilla, impulsó la Universidad de Salamanca, construyó las atarazanas de Sevilla, financió la famosa Escuela de Traductores de Toledo y potenció el castellano como lengua vernácula gracias a sus obras, algunas tan fundamentales como la *Historia General de España* (atentos al nombre), las Cantigas y el *Código de las Siete Partidas*.

Pero obviando sus empresas culturales, la gestión política de Alfonso X no fue tan buena. Quiso compilar y renovar el Fuero Juzgo. Con la vista puesta en la unificación jurídica ordenó la redacción de Fuero Real, una ley para todo el reino, pero la oposición de la nobleza y las ciudades fue tal que se vio obligado a relegarlo. El Fuero Real junto a las *Siete Partidas*, se convertirían *de facto* en el derecho castellano. Ya en tiempos de su padre Fernando III había conseguido controlar Murcia y conquistar Sevilla. Intentó repoblar las plazas moras ganadas practicando la tolerancia con sus súbditos, pero los mudéjares de Murcia y del valle del Guadalquivir se le rebelaron. Quiso nombrar heredero a su nieto, hijo de su fallecido primogénito, pero su segundo hijo, conocido como Sancho el Bravo, se le amotinó y le montó la enésima guerra civil de nuestra historia. Desgraciadamente no sería la última.

Realmente Alfonso X buscaba potenciar el poder del Estado, encarnado en los reyes, en detrimento de la nobleza, pero se adelantó algunos siglos al despotismo ilustrado de los Borbones. Por otra parte, es en tiempos de Alfonso cuando la Mesta adquiere relevancia como la gran fuente de divisas y riqueza castellanas, la todopoderosa sociedad ganadera de oveja merina. La lana tenía como mercados más importantes Medina del Campo y Burgos y la exportábamos a los centros textiles de Flandes, Inglaterra, Francia, incluso Alejandría, junto con el hierro vasco que salía de los puertos, que también era muy demandado. ¡Cómo nos explotaba la malvada Europa! Nosotros vendiendo suministros y materia prima a bajo coste y ellos haciendo el agosto convirtiéndola en tocas, mantas, armas, corazas, bisutería y otros productos que valían un potosí.

De todas formas algo de dinero sí que se quedaba aquí, y al menos nos dio para construir maravillosas catedrales góticas, que era lo que se llevaba en ese momento en Europa. Burgos, Segovia, Toledo, León, Burgo de Osma, Sevilla... Mucho se habla del exótico esplendor califal. Aquí mismo lo hemos hecho, pero es impepinable que las catedrales cristianas eran arquitectónicamente muy superiores a las mezquitas moras.

Finalmente Alfonso X muere en Sevilla, una de las pocas ciudades que le continúan siendo fieles. Y a rey muerto rey puesto. Sancho IV, su hijo, al final consiguió la corona regia, pero bien tuvo que pagar por el pecado de haberse rebelado contra el padre, pues dedicó todo su reinado a enfrentarse a los partidarios de su sobrino, a su hermano y a muchas otras poderosas familias nobles, como los Haro y los Lara. También son tiempos de María de Molina, la habilidosa y astuta mujer de Sancho. Su figura será clave en el paso del siglo XIII al XIV castellano.

En la perspectiva bélica, Sancho IV tuvo que hacer frente a una nueva invasión musulmana encabezada por los benimerines, no tan poderosos como sus antepasados almorávides o almohades, pero sí lo suficiente como para suponer un problema. Al final, tras una serie de rifirrafes que mantuvieron el *statu quo*, lo más interesante fue el episodio del asedio de Tarifa, donde Alfonso Pérez de Guzmán, apodado Guzmán el Bueno, antepuso su responsabilidad y honor como señor de la plaza a la vida de su hijo secuestrado por los benimerines, lanzándoles su propia daga desde lo alto del castillo para que degollaran a su pobre hijo, negándose a rendir la ciudad.

ACTUAL SEPULCRO DE ALFONSO X EN SEVILLA

> **Esta España tal es como el paraíso de Dios... es bien abondada de mieses, e deleitosa de frutas, viciosa de pescados, sabrosa de leche e de todas las cosas que de ella se hacen; e llena de venados e de caza, cubierta de ganados, lozana de caballos, provechosa de mulos e de mulas; e segura e abastada de castillos; alegre por buenos vinos, holgada de abundamiento de pan, rica de metales. E España, sobre todas las cosas, es ingeniosa, y aún temida y muy esforzada en lid, ligera en afán, leal al Señor, afirmada en el estudio, palaciana en palabra, complida de todo bien, e non ha tierra en el mundo quel semeje en bondad nin se iguale ninguna a ella en fortaleza, e pocas ha en el mundo tan grandes como ella. E sobre todas España es abundada en grandeza; más que todos preciada por lealtad. ¡Oh, España, non ha ninguno que pueda contar tu bien!**
>
> ***Historia General de España***

Sea verdadera o no tan romántica historia, lo cierto es que Tarifa no sucumbió y Sancho IV, por su parte, murió en Toledo en 1295, antes de cumplir los 37. Le sucede su hijo, el rey niño Fernando IV el Emplazado. Su madre, María de Molina, consiguió salvar su derecho al trono en un momento realmente complicado pues muchos otros aspiraban al puesto. Hasta su mayoría de edad en 1301, Fernando IV soportó hasta tres guerras civiles auspiciadas desde el exterior, por Aragón y Portugal, que buscaban mermar el cada vez mayor poder castellano.

MARÍA DE MOLINA Y FERNANDO IV

De esta manera tan agitada Castilla da la bienvenida al siglo XIV, pero ahora es turno de ver cómo le han ido las cosas a la corona de Aragón.

Capítulo 44

El Conquistador

BATALLA DE MURET

ESCUDO DE LA CORONA DE ARAGÓN

En el siglo XIII el Reino de Aragón se hace cada vez más rico, fuerte y poderoso. Comienza bajo las órdenes de Pedro II de Aragón, uno de los bravos participantes de la carga de los 3 reyes, que se encargó de tumbar el poderío almohade. Sin embargo, cuando tenía controlado la vanguardia, le empezaron a surgir gnomos por la retaguardia. Y como en todo hay un pero, que las cuatro barras rojas de la monarquía aragonesa quedaran asentadas tanto en Aragón como en Cataluña tuvieron como contraprestación una mala herencia: la tradicional enemistad catalana con la monarquía francesa.

En el Languedoc, la Occitania francesa que era feudataria de la corona de Aragón, se había desarrollado una herejía, la cátara. Los franceses, que estaban combatiendo con la eterna pérfida Albión dándose estopa como si no hubiera mañana, pero siempre dispuestos a meternos el dedo en el ojo, ansiaban una mayor expansión territorial por el sur, pues no podían permitirse quedar excluidos del mar, por lo que llamaron a su aliado el papa Inocencio, quien se inventó una Santa Cruzada contra los cátaros o albigenses. Y allí fue Pedro II de Aragón, a luchar contra las hordas del Papa y los franceses para defender a sus súbditos.

En 1213 ambos ejércitos se midieron en Muret, por las cercanías de Toulouse. Aunque los aragoneses eran más, no contaban en la cabeza con un genio militar como el de Simón de Monfort. Por si fuera poco, la puntilla definitiva al ejército hispano fue la muerte del propio rey Pedro II, que provocó la desbandada general de la milicia y el fin de la influencia aragonesa en el sureste francés. La corona queda, pues, en manos de su hijo, un niño de 5 años.

MONEDAS CON LA CARA DE PEDRO II Y CRUZ PROCESIONAL

De esta manera tan poco prometedora da sus primeros pasos en la historia Jaime I, quien más tarde sería apodado el Conquistador por triplicar la extensión del reino. Ya desde pequeño su vida fue inusual, pues en vez de educarse en la corte, su enseñanza quedó en manos de los caballeros templarios. Una educación monástica y castrense que le trató como a un cualquiera y que le privó de toda clase de lujos. Formación excelente para forjar su carácter. Mientras se educaba para asumir el trono, en su lugar gobernaba su tío, el infante don Sancho.

JAIME I EL CONQUISTADOR

Poco tiempo después, cumplida ya su mayoría de edad, se hizo cargo de la corona

ESTATUA DE JAIME I EN VALENCIA

Este rey de Aragón, fue el hombre más apuesto del mundo; que rebasaba a todos un palmo, y era bien formado y cumplido en todos sus miembros. Y tenía un rostro grande y sonrosado y la nariz larga y muy derecha, y gran boca y bien formada, y grandes dientes y muy blancos, que parecían perlas, y los ojos negros, y los cabellos rubios, que parecían hilo de oro; y grandes espaldas, y cuerpo largo y delgado, y los brazos gruesos y bien construidos, y las piernas largas y derechas y gruesas en su debida proporción, y los pies largos, bien hechos y bien calzados. Y fue muy aguerrido y valeroso en armas; y fue valiente y liberal, y agradable a todos, y muy misericordioso; y puso todo su corazón y su voluntad en la lucha contra los sarracenos.

Crónica de Desclot

encontrándose con una multitud de los tradicionalmente levantiscos nobles aragoneses y catalanes esperándole. Pero la diplomacia era el terreno favorito de Jaime. Primero se casó con Leonor, infanta castellana, para mantener el apoyo de su primo Fernando III y hacer que los nobles meditaran mejor eso de darle matarile y usurpar el trono. Segundo, utilizó una táctica un tanto curiosa para pacificar sus dominios.

Reunió a toda la aristocracia y los convenció de invadir las islas Baleares, todavía en poderío moro. Era un plan perfecto. Les prometió a todos los nobles ingentes posesiones y títulos a aquellos que más se destacaran en la conquista y situó a todos los que iban contra él en primera línea de fuego. ¿Qué mejor manera de solucionar el problema que dejar que tus enemigos se maten entre ellos? Eso sí, jamás se le pudo tachar de mentiroso. Aquellos nobles que sobrevivieron y lograron cumplir sus objetivos obtuvieron la jugosa recompensa acordada.

En 1229, marcharon como marchan los guiris a las Baleares y, tras un intenso periplo disfrutando de las diversiones de las islas, finalizaron el viaje con la toma de Ibiza en 1235. Como la mayoría de los nobles que se apuntaron a la empresa habían sido catalanes, pues los aragoneses estaban a otras cosas y dejaron siempre a sus primos eso del Mediterráneo, también fueron mayoritariamente catalanes los encargados de repoblar aquellas islas tan estratégicas, aunque bien es cierto que la mayor parte de sus antiguos ocupantes musulmanes se quedaron en ellas.

El siguiente objetivo fue el Levante y la bella ciudad del Turia.

La campaña comenzó en 1232 y Jaime I estudió e implementó la misma táctica que había logrado anteriormente al conquistar Valencia, la táctica del Cid: mano dura con los que se resisten y colmar de gracias a los que se rinden. La ciudad cayó en 1238 y los aragoneses continuaron avanzando hasta toparse con los castellanos.

Gracias a ese Tratado de Almizra que vimos en el capítulo anterior quedaban delimitadas las fronteras peninsulares de ambos reinos y con él se definían sus principales políticas. Castilla se centraba en la Península y Aragón giraba su mirada hacia el Mediterráneo.

ENTRADA TRIUNFAL DE JAIME I EN VALENCIA

Capítulo 45

Almogávares

Lo primero que hizo Jaime I para asegurarse las espaldas fue firmar con Francia el Tratado de Corbeil en 1258. Francia, enfrascada en múltiples conflictos en su frontera norte, renunciaba a cualquier aspiración que pudiera tener sobre los territorios de la vieja Marca Hispánica a cambio de que Aragón hiciera lo propio sobre la Occitania. Poco tiempo después, en 1264, para continuar con las buenas relaciones con Castilla, sus tropas aplastaron la rebelión mudéjar de Murcia.

LUIS IX DE FRANCIA

Ya en los últimos años de su vida la educación caballeresca recibida por el Temple hizo de las suyas y estimulado por el ejemplo del rey francés San Luis, buscó emularlo promoviendo una nueva cruzada en Tierra Santa. Hubiera sido la primera, y única, cruzada en las que las tropas hispanas combatirían con protagonismo, pero la dejadez del Sumo Pontífice y los malos efectos climatológicos, una tormenta desarboló buena parte de la flota en 1269, impidieron que tamaña empresa llegara a buen puerto.

Sintiéndose ya muy mayor quiso dejar todos los asuntos de Estado para tomar los hábitos, pero una cruel enfermedad impidió que consumase su última voluntad. Jaime I muere en 1276 y lo hace sin enemigos, tal vez a excepción de los moros a quienes tanto les había arrebatado. Realmente no hizo mucho para granjeárselos de entre sus súbditos pues, aunque siempre fue bueno con ellos, nunca cayó en el corrosivo buenismo. Quien osaba alzarse en su contra sabía con toda certeza que o exponía una buena razón o acabaría descabezado. Un uso en política de las dos manos, la izquierda y la derecha, que se había perdido desde tiempos de los romanos.

Reinó durante más tiempo que la mitad de los reyes godos juntos y repartió la Corona entre sus hijos, pero de una forma un tanto especial. En vez de dividir los reinos y separar sus destinos como en tantas ocasiones habían hecho sus abuelos, mantuvo una cabeza visible en Aragón y los demás territorios sujetos a su gobierno en forma de virreinatos. Sometidos a la corona todos mantenían los mismos derechos. Esto sería la base de la futura Monarquía Hispánica y su elemento diferenciador con respecto al resto de imperios, pues mucho después, durante la conquista y organización política de América, en vez de practicar una política colonial, España se encargó de establecer su sistema de virreinatos.

SEPULCRO DE LOS REYES DE ARAGÓN

El principal legado europeo de Jaime I fue poner sobre el Mediterráneo un imponente ojo militar y comercial que los aragoneses, sobre todo catalanes, ya no entornarían en mucho tiempo. Y es que la verdadera potencia marítima del Mediterráneo no fue Venecia o Génova, sino Aragón. Como el cronista Desclot escribiría en perfecto catalán, incluso "los peces llevan las cuatro barras de la casa de Aragón pintadas en la cola". Sus sucesores Pedro III (1276-1285), Alfonso III (1285-1291) y Jaime II (1291-1327) continuarían la expansión emprendida en el Mediterráneo.

ROGER DE LAURIA

Pedro III le arrebataría Sicilia a los franceses gracias a las buenas artes marineras del almirante Roger de Lauria. España siempre ha sido patria de grandes marinos y hasta Trafalgar aún nos quedan unos 600 años de músculo naval. Aragón era imparable. Se instauraba un corredor mercantil en el Mediterráneo que partía de Barcelona, cruzaba las Baleares, Cerdeña, llegaba a Sicilia, rebasa Nápoles, pasaba por Malta, Rodas y se encontraba con el ducado de Atenas y Neopatria.

Pero buena parte de esto no hubiera sido posible si no se hubieran arrejuntado una de las compañías más admirables de nuestra historia, la de los almogávares, las famosas tropas de choque y espionaje catalanas. Fascinante fue la epopeya protagonizaba por estos mercenarios catalanes, aragoneses, navarros, valencianos y mallorquines, inspirados en grupos sarracenos y curtidos en cientos de batallas contra los moros y en Italia. Soldados temibles, perturbadamente valerosos y despiadados hasta la brutalidad, cuando llegada era su hora, cargaban contra el enemigo, siempre bajo la enseña cuatribarrada de la Corona aragonesa y unos gritos que debían dar bastante canguelo: "¡Aragó! ¡Aragó!... ¡Desperta ferro!".

GUERRERO ALMOGÁVAR

PEDRO III EL GRANDE EN EL COLLADO DE LAS PANIZAS

Finalizada la Reconquista para Aragón, los almogávares se fueron a Sicilia a darle estopa a los franceses y, acabada la faena, buscando quitárselos de encima, se los mandaron al emperador de Bizancio para que se enfrentaran contra los turcos. Y para allá se fueron unos 6.500 sin tiempo para aburrirse. Nada más llegar les hicieron unas cuantas escabechinas a los sarracenos que eran más de 50.000 y no se podían creer cómo unos hombres tan mal vestidos y tan pobremente armados fueran capaces

La primera cosa per Deu la segona per salvar Espanya.

Llibre dels Fets

de despachar a cuantos ejércitos les mandasen. Y en los ratos libres, los muy pillos, se dedicaban a matarse entre ellos y saquear lo que les rodeaba.

ROGER DE FLOR

Al final los bizantinos, de lo asustados que estaban, no sabiendo cómo quitarse de encima a esa gente tan peligrosa, pues cada vez que los mandaban al frente a morir volvían con las cabezas de los contrarios, contrataron mercenarios para matar a sus jefes, incluido su célebre caudillo Roger de Flor, durante una cena. Luego mandaron un ejército de 26.000 hombres a despachar a los supervivientes. Pero estos, viendo llegar a sus verdugos, se marcharon a oír misa, confesaron sus pecados, comulgaron y entonaron su temido "Aur, aur.. Desperta ferro" e hicieron tal matanza con los bizantinos que, según nos recuerdan las crónicas "no se alzaba mano para herir que no diera en carne".

Ya enfurecidos, a los almogávares les dio por saquear Grecia de cabo a rabo para desquitarse. Y al final, atiborrados de tanta sangre, fundaron los ducados de Atenas y Neopatria para instalarse allí como señores feudales durante varias generaciones hasta que quedaron engullidos con la caída de Constantinopla.

PEDRO III EL GRANDE

Capítulo 46

Almohades, Granada y benimerines

Al otro lado de la frontera las cosas no marchan bien para los almohades. Las eternas disputas tribales, la falta de aprecio entre magrebíes e hispanos y la constante presión de los reinos cristianos, eran problemas crónicos cuando el hijo de Yaqub, al-Nasir, tartamudo y vacilante, que no era ni la mitad de bueno que el padre, reunió a todos los hombres dispuestos a seguirle en una nueva yihad contra el infiel. Dicen las crónicas que su intención era llegar hasta Roma, pero seguramente, como muchos otros antes y después que él, únicamente buscaba una válvula de escape a todos los problemas internos que acuciaban al Califato.

Para ello, reunió un ejército inmenso compuesto por todas las nacionalidades de su vasto Imperio: andalusíes, mauritanos, bereberes, libios, egipcios, tunecinos y senegaleses, unidos únicamente en su fe islámica y en su odio al infiel. Pero el tiro le saldría por la culata. En la Batalla de Las Navas de Tolosa, aunque estuvieron cerca de imponerse, la Carga de los Tres Reyes acabaría haciéndoles retroceder con el rabo entre las piernas, empeorando todos los problemas que arrastraba el Califato.

El pobre al-Nasir se retiró a Marrakech, donde resistiría un año más entre excesos y banquetes hasta que las amargas garras del veneno alcanzaron su objetivo. El hijo, Yusuf II, apenas pudo mantener al-Ándalus hasta 1223. Poco después, el desafortunado emularía a Manolete y se dejaría matar por un cabestro. Pero bueno, mientras que una nueva dinastía, los benimerines, iba tomando las riendas de esa parte del mundo, en nuestra Península Ibérica se consolidaba el reino nazarí de Granada.

Tras la muerte de Yusuf, al-Ándalus quedaba olvidada de la mano de Dios, o de Alá, en poder de caudillos locales que, en vez de unirse para proteger su frágil posición contra los cristianos, se dedicaron, cómo no, a matarse entre sí para conseguir los mejores trozos del pastel ante el jolgorio cristiano que se frotaba las manos. En 1236 caía inesperadamente Córdoba, de una forma tan sencilla que un sorprendido Fernando III tuvo que acudir corriendo para poder realizar la entrada triunfal. La pérdida de tal símbolo parecía augurar el destino final del resto del al-Ándalus.

MUHAMMAD IBN YUSUF IBN NASR

Sin embargo un nuevo y carismático gobernante se alzaría para impedir que los musulmanes abandonasen la Península tan pronto. Desde 1231 Muhammad ben Nasr, proveniente de la antigua dinastía de los al-Hamar, había ido acrecentando su poder y extendiendo su influencia. Tampoco se comenta que sus tropas ayudaran al propio Fernando III en la conquista de Córdoba, acto que le granjeó el beneplácito del monarca castellano. Lo único cierto es que en 1238, sin oposición cristiana, consigue tomar Granada y fundar un nuevo reino. Nace la dinastía nazarí de manos de Muhammad I, último reducto islámico en la Europa cristiana.

Su buen talante y su aguda visión política y diplomática le permitieron disfrutar de un longevo mandato, caracterizado por el apaciguamiento a los cristianos en forma de promesas y grandes cantidades de parias. A Fernando III, enfrascado de lleno en la endémica crisis económica castellana, le era más beneficioso la entrada de tamaña cantidad de oro que continuar aumentando la deuda del Estado en conquistar unas tierras de difícil acceso. Por si fuera poco, el ímpetu reconquistador del "Santo" había provocado que estuviese bajo su mando una gran extensión de tierras a disposición de muy pocos pobladores siempre faltos de recursos.

PATIO DE LOS LEONES (ALHAMBRA DE GRANADA)

El rey nazarí favoreció el comercio con el resto del mundo islámico lo que le resultaría ideal para obtener ingentes beneficios que no solo le permitieron bañar en oro a los cristianos para asegurarse su subsistencia, sino que también potenciaron la siempre lujosa e intelectual vida andalusí. Es forzoso destacar en esta época la construcción de la maravillosa Alhambra. Planeada primero como vivienda temporal, el sultán se enamoraría tanto del emplazamiento que ordenaría construir un enorme complejo palaciego en el lugar. Al-Hamrá, o Alhambra, se convertiría a partir de entonces en sinónimo de belleza, historia e islam europeo. Sus sucesores bien se encargarían también de embellecer la obra, dotándola de mezquita y jardines de ensueño.

Conjurado el problema castellano, ahora toca tragar con los nuevos quebrantos que llegan de África. Los benimerines iniciaron una batalla marítima y terrestre por el control del estrecho que se prolongaría largamente en el tiempo y dejaría miles de cadáveres a un lado y al otro. En 1275 consiguieron desembarcar en la Península arramblando todo a su paso con la ambición de volver a recobrar la antigua gloria del islam peninsular. Poca oposición les pudo ejercer el nuevo rey nazarí, Muhammad II, quien antes había roto su vasallaje con la Corona castellana buscando la protección benimerín.

Alfonso X organizó dos campañas militares, contra magrebíes y granadinos, que acabaron en sendos desastres castellanos. Su brillante erudición contrastaba con su incapacidad política, pues un nuevo error de "El Sabio" le llevó a pactar con los benimerines en su pugna con su hijo Sancho, quien se granjeó el apoyo de Granada. En esta contienda de todos contra todos quien más partido sacarían serían los benimerines, que aprovecharon el salvoconducto de Alfonso X para plantar tropas en las mismísimas puertas de Toledo. Desde la Batalla de Alarcos ningún ejército musulmán había logrado llegar tan al norte, ni volvería a hacerlo.

Son unos pueblos a los que Dios ha distinguido particularmente con la turbulencia y la ignorancia, y a los que en su totalidad ha marcado con la hostilidad y la violencia.

Ibn Said

Tras la muerte de Alfonso X, su hijo Sancho IV se encargaría de infligir severas derrotas a los norteafricanos -¿te acuerdas del episodio de Guzmán el Bueno?- hasta forzarlos a abandonar la mayoría de sus plazas peninsulares y, con ello, la última oportunidad de que el Islam volviera a recuperar la Península por la fuerza de la armas. La invasión pacífica es ya otra historia que podremos acabar presenciando.

GUZMÁN EL BUENO ARROJANDO SU DAGA EN EL CERCO DE TARIFA

Capítulo 47

Mascletà

MARÍA DE MOLINA

La lucha en el estrecho se recrudece a la entrada del siglo XIV. Tarifa había caído en manos castellanas en 1292 y tan solo quedaban Gibraltar y Algeciras como últimos puentes africanos controlados por los benimerines, por lo que pronto se convierten en los objetivos prioritarios del joven Fernando IV, liberado de toda dificultad interna gracias a la agudeza diplomática de su madre, doña María de Molina, que consigue mediar en una corona devastada por el hambre, la enfermedad y las interminables guerras civiles.

Lo más destacado de la lucha en el estrecho, declarada cruzada, fue la aparición de ciertos instrumentos que vendrían a tener gran recorrido en la historia europea: la artillería. Bastos y gruesos cañones, sin puntería, que explotaban repentinamente matando a todos los que se encontraban a su alrededor. Perros ladradores, pero poco mordedores.

Sin embargo, el impacto psicológico tuvo que ser considerable. Esta sería la primera vez, pero no la última, que la artillería tronaba por los campos europeos.

FERNANDO IV DE CASTILLA

Pero volviendo al ruedo, Fernando IV dijo adiós a la vida con la escasa edad de 27 años, cuando se dirigía a Granada en auxilio del emir granadino en su guerra civil contra las facciones más fundamentalistas de su corte. La leyenda cuenta que dicho deceso fue nada más y nada menos que la postrera venganza de dos hermanos condenados a muerte injustamente por el monarca. Estos habrían emplazado al rey a comparecer en un mes ante la corte infernal para ser juzgado por sus excesos e injusticias. Difícil es saber si estas son las pequeñas casualidades que hacen interesante la historia o prueba del humor, o justicia, de Dios, pero lo cierto es que Fernando IV murió al mes de aquello y desde entonces pasaría a la historia como "el Emplazado".

ALFONSO XI

Dejaba un heredero de tan solo un año, Alfonso XI, que si no hubiera sido otra vez por la esforzada María de Molina bien podría haberse quedado sin feudo. Como es normal, el resto de la aristocracia en vez de unirse y afrontar con largueza de miras los problemas que tal inestabilidad podría ocasionar al reino, se levantaron en absurdas conspiraciones buscando obtener el mejor trozo del pastel. Como siempre, para desfogar tantos ánimos, se volvió a optar por el recurso de la guerra, recurso que bien es cierto que los benimerines pusieron verdaderamente fácil.

ESTATUA DEL REY ALFONSO XI

En 1340 la flota musulmana infligió tamaña derrota a la cristiana que la dejó esquilmada y para

ABU I-HASAN

el arrastre. Arrogantes, ese mismo año su emir, Abu l-Hasan, condujo un gigantesco ejército hasta la Península dispuesto a arrasar con todos. Esperándoles, una nueva alianza de tres reyes cristianos se disponía a hacerles frente, pues Alfonso XI había logrado el apoyo de Alfonso IV de Portugal y Pedro IV de Aragón.

Ambos ejércitos se encontraron en las inmediaciones del río Salado, y lo cierto es que la cosa acabó tan bien para los cristianos como en las Navas. Tal vez mejor, pues aquí no sufrieron tanta presión y el desastre sarraceno fue tan grande que si los vencedores no se hubieran entretenido expoliando el campamento musulmán tal vez no hubiera quedado ni uno vivo. De todas maneras, esta batalla provocaría que los mahometanos abandonaran cualquier idea relacionada con volver a asaltar la Península permitiendo a los castellanos afianzar su supremacía sobre el estrecho.

No disfrutaría mucho tiempo Alfonso XI de su victoria. En estos tiempos una lúgubre enfermedad hacía acto de presencia en Europa y acababa de entrar en España. Hablamos de la fatídica peste negra, nacida en Asia y probablemente transportada a todo el mundo gracias al trasiego en Crimea de comerciantes genoveses. La peste diezmaría a la población del Viejo Mundo de una manera terrible, llegando a exterminar a más de la mitad de la población en algunos lugares. En España afectó especialmente a Cataluña, tierra de comerciantes, pero también atacó con virulencia al resto de la Península. A Alfonso XI la sorpresa le llegó en 1350, asediando Gibraltar.

> **Los ornes avían muy grande espanto, ca en cualquier miembro de orne que diese, llevábalo a cercén, como si se lo cortasen con cuchiello: et quanto quiera poco que orne fuese ferido della, luego era muerto, et non avía cerurgía ninguna que le podiese aprovechar.**
>
> *Crónica del siglo XIV*

Al día siguiente su hijo Pedro I, de solo 15 años, era proclamado rey mientras todos lloraban a su padre. Y más llorarían con las acciones de su hijo.

BATALLA DEL SALADO

Capítulo 48

El Cruel y el de las Mercedes

En la España de los siglos XIV y XV, tanto en la mora como en la cristiana, no hay crónica alguna en que no aparezca el término "guerra civil" cada pocas páginas. También hay que decir que ese virus fratricida se extendía con facilidad por Europa, solo hay que leer las cautivadoras obras shakesperianas, pero allí no tenían que preocuparse por la existencia de un enemigo común y una fe que amenazaba con volver a engullirlos en cuanto girasen la cabeza. Podían permitirse perder hombres en absurdas contiendas.

PEDRO I DE CASTILLA

ESCUDO DE PEDRO I

Aun así, como ya hemos visto, lo de la Reconquista no fue un proceso lineal y los tejemanejes entre los que se diferenciaban en religión contra sus propios hermanos de fe eran más que abundantes. Para ese momento tan español era el moro que rezaba en dirección a la Meca como el cristiano situado hacia Roma. Total, uno entonaba sus sunnas en árabe y el contrario sus salmos en latín. Al final las castas, sean estas burocráticas, aristocráticas o religiosas, se parecían demasiado a uno y a otro lado de la frontera.

De cualquier modo, estamos en la Castilla de Pedro I, más conocido por su sobrenombre de Pedro el Cruel. El nombre se lo ganó a pulso, pues este individuo nada tenía de inofensivo como otros que más tarde se sentarían en el trono, sino que sus tendencias homicidas nos llevarían a una nueva guerra civil. Aunque probablemente la historia lo hubiera visto con mejores ojos si hubiera vencido.

JUAN I DE CASTILLA

LEONOR DE GUZMÁN

Pero, cómo son las cosas, el déspota reinó durante 19 años y por donde iba, que no descansó, dejaba tras de sí un buen rastro de cadáveres, sin distinguir entre amigos y enemigos, seguramente buscando no perderse dentro del bosque cuando tocase retornar al hogar.

Pues bien, su padre, Alfonso XI, había tenido otro hijo bastardo con doña Leonor de Guzmán (las dinastías iban y venían pero los guzmanes siempre han perdurado), Enrique de Trastámara, que cayó mejor a la nobleza porque parecía que podría asegurarles mejor eso de mantener sus puestos y, de paso, sus cabezas.

ENRIQUE III DE CASTILLA

Esta es Castilla, que face a los omes e los gasta.

Alfonso Fernández Coronel

ENRIQUE IV DE CASTILLA

Poco necesitó Castilla para volver a enzarzarse en una guerra civil donde incluso contamos con las primeras brigadas internacionales, pues ingleses y franceses no perdieron la oportunidad de convertir a la potencia castellana en parte de su tablero de juego de la Guerra de los Cien años. Al principio el cruel Pedro, apoyado por unos ingleses comandados nada más y nada menos que por el legendario Príncipe Negro. En esas guerras Pedro el Cruel fue sorprendido por su hermanastro Enrique. Cerca de Montiel, tras una intensa pelea Enrique acabó matando al rey con sus propias manos. Y así es como Enrique el fratricida, usurpó el trono de Castilla convirtiéndose en Enrique II.

Enrique II (1369-1379) y su dinastía Trastámara nunca perdería la mácula de usurpadores, y tanto él como sus sucesores Juan I (1379-1390) y Enrique III (1390-1406) relegarían el capítulo final de la Reconquista, mientras se recrudecía el sempiterno pulso entre la casa real y las demás casas nobiliarias para comprobar quién poseía el verdadero poder en esto del mandar. No tardará en llegar Enrique IV, el Impotente, cuyo apodo bien podría resumir su tragicómica vida.

La única oportunidad real que tuvieron de ensanchar dominios vino de la mano de Juan I, quien a punto estuvo de dar la campanada y reunir en su figura a Portugal y Castilla, pero a los portugueses no les vino en gana y prefirieron a otro. Al monarca no le debió sentar muy bien porque reunió un ejército y marchó contra sus vecinos para reclamar sus dominios. Las cosas no le marcharon tan a pedir de boca como posteriormente a Felipe II en Alcántara y la humillación sufrida en Aljubarrota se encargaría definitivamente de consolidar la independencia de Portugal encumbrándola como la batalla lusa por excelencia, el símbolo de su independencia.

Capítulo 49

Cuatro franjas rojas

Al otro lado de la Península el Reino de Aragón hacía su agosto. El negocio, aumentado con la llegada de los capitales provenientes de Occitania tras la cruzada, se desplazó hacia el Mediterráneo. A Aragón, Cataluña, Valencia y Mallorca se unieron Sicilia y Nápoles en una relación tan fructífera que no se separaría hasta muchos siglos después, y no por iniciativa de los napolitanos. Pero el virus hispano de la guerra civil también estaba implantado en aquellos territorios y, aunque Jaime II los había declarado indisolubles, aragoneses, catalanes y valencianos tenían un pensamiento diferente y se estuvieron acuchillando durante años por las eternas cosas de la política: yo quiero a este rey que me da más caudales y yo a este otro, que me hace mejor la vista gorda.

También hubo en Aragón las mismas pugnas entre reyes y nobles que en Castilla, con la salvedad que aquí las ganó la nobleza. Aprovecharon que Pedro III estaba de vacaciones anexionándose Sicilia para rebelarse y obligarlo a aceptar unas Cortes y una fiscalización gubernamental que acabaría poniendo las primeras piedras de instituciones como la Generalitat. La propia Barcelona se había convertido, en la práctica, en una próspera ciudad-Estado, sin nada que envidiar a las repúblicas comerciales italianas, dirigida con mano dura por cinco concejales y el Consell de Cent.

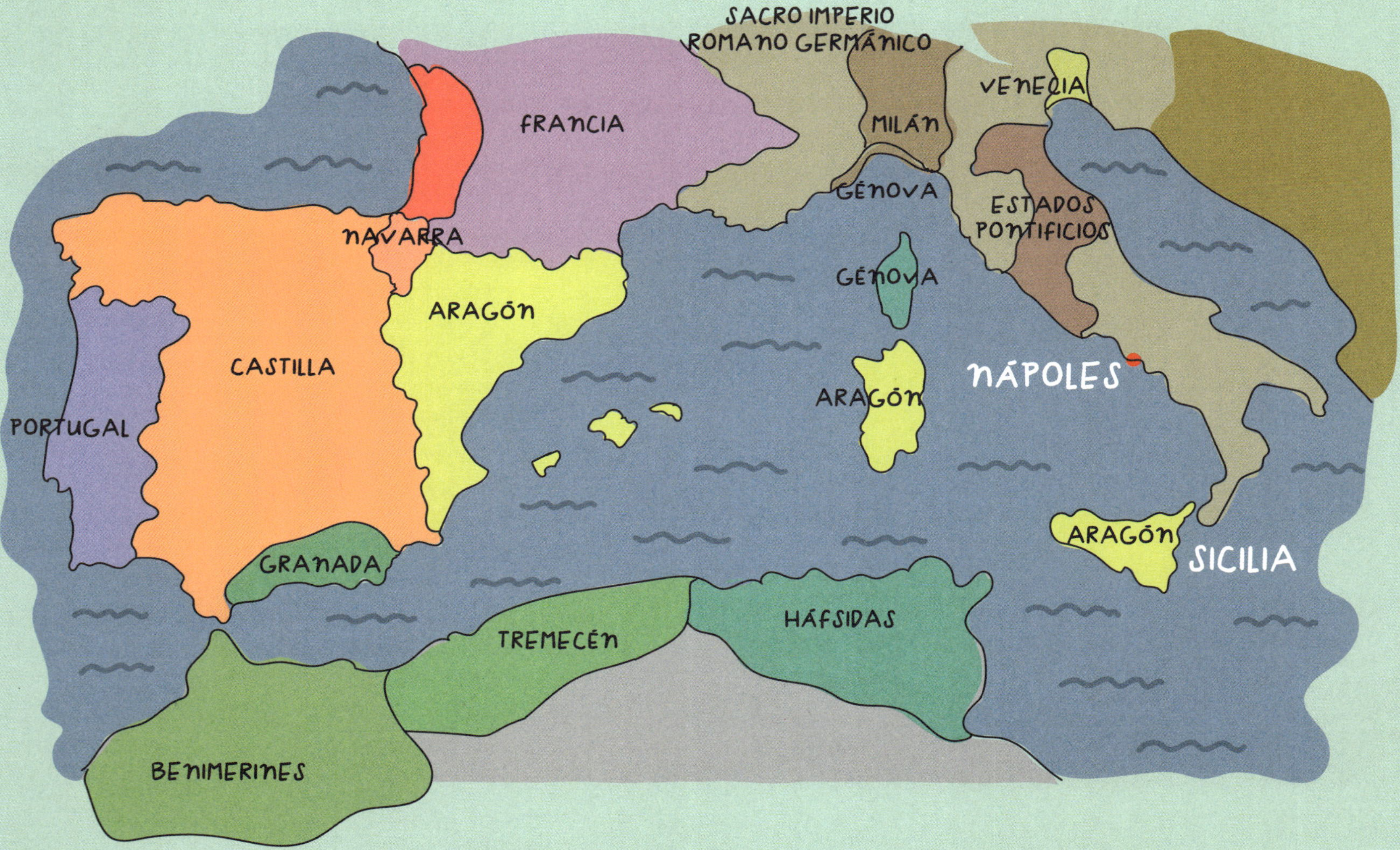

MAPA DE LA PENÍNSULA EN EL AÑO 1400

MAPA DE BARCELONA EN LA EDAD MEDIA

Los intereses comerciales catalanes vinieron aparejados con una búsqueda de ampliación territorial que los llevaría a confrontarles contra el eterno enemigo francés y sus escuderos de la cátedra de San Pedro. Tan franceses eran los papas entonces que incluso habían trasladado su residencia de Roma a la francesa Aviñón. Testarudos hasta el extremo, los maños no se amilanaron y al final, con excomuniones e intentos de cruzadas incluidas, acabarían ganando la partida.

En tales circunstancias la potente marina mercante catalana tuvo el Mediterráneo enteramente a su disposición a falta de la competencia, muchas veces armada, de venecianos y genoveses. Tal era su influencia en el Mare Nostrum que incluso su *Libro del Consulado del Mar*, un código de derecho marítimo, era aceptado prácticamente por todas las demás marinas europeas.

LIBRO DEL CONSULADO DEL MAR

La cosa marchó viento en popa hasta que, en 1412, el rey aragonés tuvo la ocurrencia de morirse sin descendencia y la nobleza reunida en Caspe entregó el trono a Fernando de Antequera, hermano del rey de Castilla, siendo la primera piedra en el camino de una unión a la que no le queda mucho para llegar.

> *Cantava l'aucell en lo veger de l'Amat. Venc l'amic, qui dix a l'aucell: -Si no ens entenem per llenguatge, entenam-nos per amor, cor en lo teu cant se representa a mos ulls mon Amat.*
>
> *Blanquerna*, Ramón Llull

Mientras tanto, en medio de la nada, entre España y Francia, al reino de Navarra, con el actual País Vasco incluido, siguiendo la moda se lanzaron de cabeza a una guerra civil por algunos asuntos entre el señor de Viana y su hermana doña Blanca. Al final, tras muchos detalles escabrosos y anécdotas que bien darían para una buena serie, ambos acabarían envenenados y el reino marchó al tuntún entre ambas potencias hasta que Fernando II de Aragón, el Católico, los incorporó a sus dominios.

ESCUDO DE ARMAS DE FERNANDO I DE ARAGÓN CUANDO FUE INFANTE DE CASTILLA

FERNANDO I DE ARAGÓN (FERNANDO DE ANTEQUERA)

Capítulo 50

Medialuna menguante

PALACIO DE COMARES DE LA ALHAMBRA

A comienzos del siglo XIV, los benimerines controlaban puntos estratégicos tan importantes como Málaga o Algeciras, buscando utilizarlas para desembarcar una gran fuerza expedicionaria de conquista. Fallece también el rey nazarí Muhammad II, principal valedor de los benimerines.

YUSUF I

Le sucede Muhammad III, más preocupado en la contemplación, la cultura y en terminar de adornar la mezquita de la Alhambra que de sus aliados sarracenos. En el 1308 Nasr, su hermano, le fuerza a abdicar ante el peligro inminente de los cristianos. Se sucedieron los monarcas nazaríes atrapados en el fuego cruzado de castellanos y benimerines. El más representativo de ellos fue Yusuf I, hombre cauteloso que combatió con decisión a los ejércitos cristianos de Alfonso XI buscando apoyar la llegada de una fuerte fuerza expedicionaria desde el Magreb. Para ello se sirvió de un ejército pequeño pero excelentemente entrenado y motivado para los estándares de la época.

GUERREROS NAZARÍES

La derrota del Salado no solo frenó las ambiciones benimerines, sino que también provocó el aislamiento definitivo del reino nazarí con respecto al resto del islam. Es casi un milagro que lograse perdurar aún dos siglos más. Pero hubo varias razones. Por una parte, a nivel económico, Castilla recibía con regocijo el oro que los granadinos le ofrecían en parias por su supervivencia, lo que permitía descansar a las siempre exhaustas arcas castellanas. Esto duraría hasta que Portugal puso su pie en África, desviando la ruta del oro hacia Lisboa. Acabados los frutos, los castellanos comenzarían a pensar en la madera del árbol.

La demografía también jugó a favor de los granadinos. Castilla, siempre amplia en tierras, pero escasa en gentes, no mejoró precisamente con el recrudecimiento de las guerras civiles, las hambrunas que asolaron ese siglo los campos castellanos y las correrías de la peste negra. Por otra parte, Granada contaba con una mejor alimentación y la peste probablemente no tuvo tanta incidencia en la población nazarí al estar dotados de mejores infraestructuras sanitarias y de mejores hábitos de higiene.

PESTE NEGRA

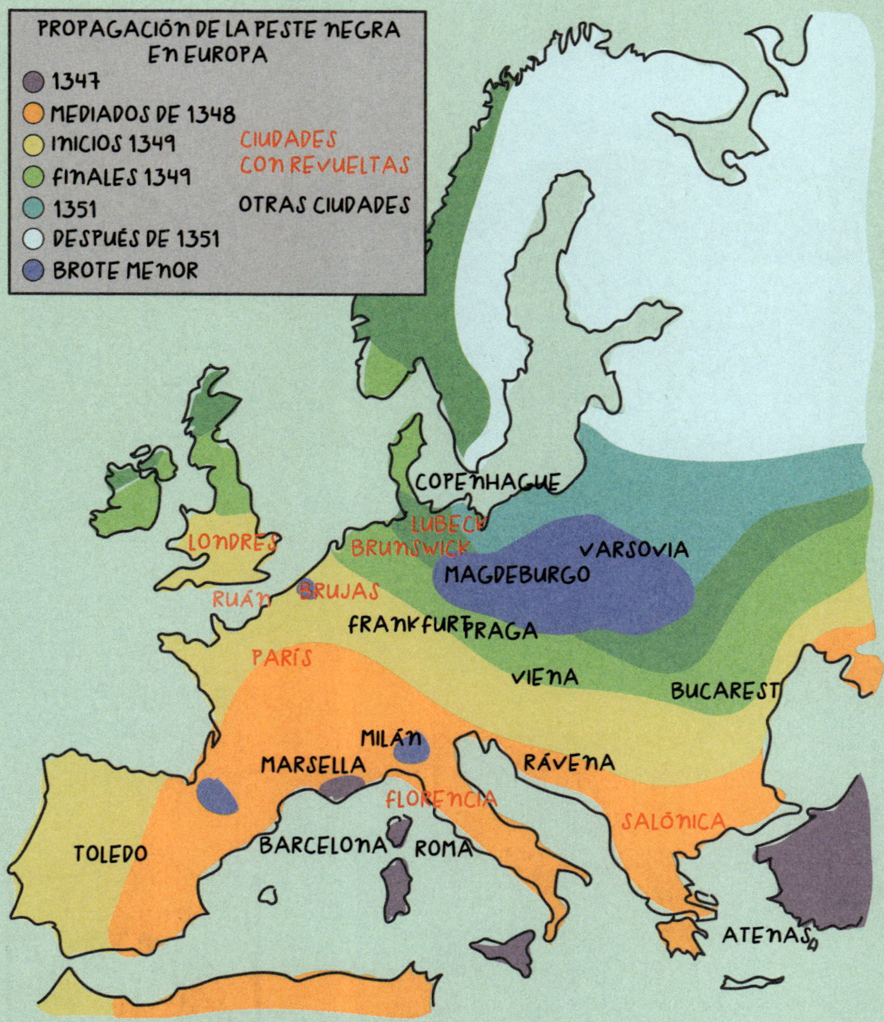

Esto es particularmente verdad en España. Sus habitantes sienten envidia por el sabio que entre ellos surge y alcanza maestría en su arte; tienen en poco lo mucho que pueda hacer, rebajan sus aciertos y se ensañan, en cambio, con sus caídas y tropiezos, sobre todo mientras vive, y con doble animosidad que en cualquier otro país. Si la suerte le lleva luego por el camino de descollar claramente sobre sus émulos, o le hace abrirse una senda que no es la que ellos frecuentan, entonces se le declara la guerra al desgraciado, convertido en pasto de murmuraciones, cebo de calumnias, imán de censuras, presa de lenguas y blanco de ataques contra su honor. Le atribuirán lo que no ha dicho, le colgarán lo que no ha hecho, le imputarán lo que no ha proferido ni ha creído su corazón.

Ibn Hazm

Otra razón fue diplomática. Los agentes granadinos se convirtieron en maestros a la hora de mantener los equilibrios, escaldados después de tantos pesares entre el espadón castellano y la cimitarra marroquí. Aprendieron de los errores de los efímeros reinos de taifas y desempeñaron perfectamente su papel a la hora de aplacar a la poderosa Castilla con sobornos, aceptar pequeñas guarniciones marroquíes y hacer estallar las rencillas internas de sus vecinos apoyando al bando más débil.

En la frontera, la guerra, la paz y la picaresca van juntas de la mano en un extraño juego de espejos. Como lo cortés no quita lo valiente, tan común era que los alcaldes de las plazas cristianas y moras acudiesen a fiestas invitados por sus colegas del otro bando, como que a los pocos meses se tuvieran que encerrar porque sus antiguos correligionarios buscasen ahora su cabeza y, de paso, sus castillos y tierras. Una guerra de mentira. Hasta que la de verdad llegó.

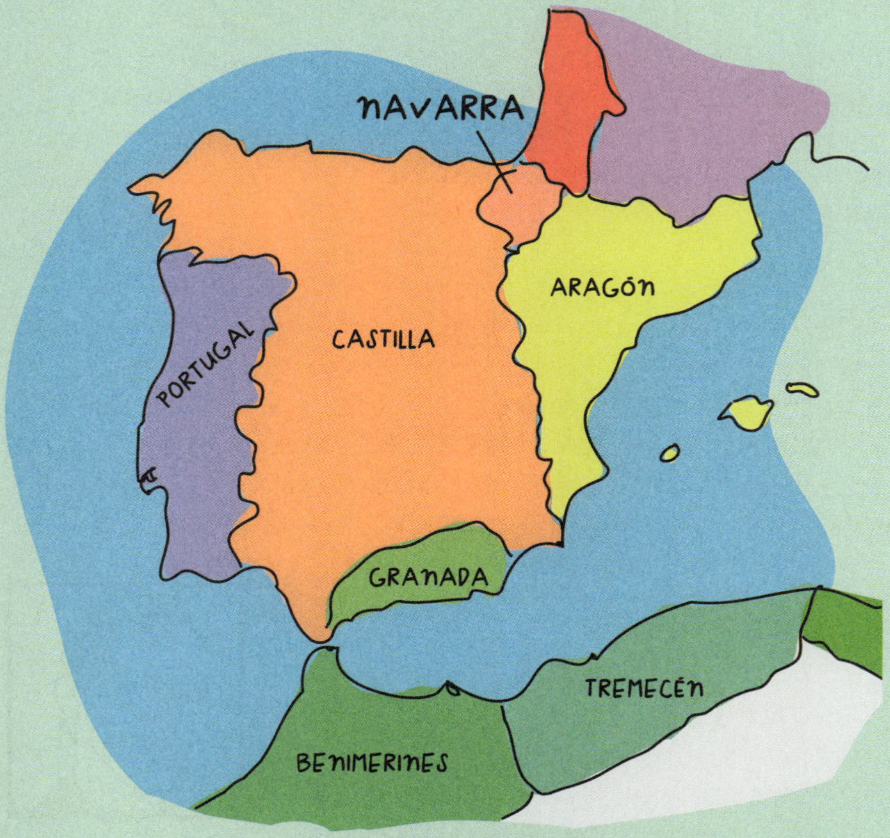

MAPA 1300 D.C.

Capítulo 51

La última lágrima

LA ALHAMBRA DE GRANADA

YUSUF IV

El siglo XV andalusí es la historia constante de una multitud de disputas fratricidas en la corte mientras el reino nazarí de Granada poco a poco va viendo disminuir sus posesiones debido al lento repunte de la actividad reconquistadora cristiana. Dos grandes familias musulmanas, los Zegríes y los Abencerrajes, enemigas entre sí, colocaban y deponían reyes a placer según los intereses de cada uno. El mayor ejemplo es la figura de Muhammad VII que ocuparía el trono entre 1417 y 1444 con dos paréntesis desempeñados por Muhammad IX y Yusuf IV. Estas disputas eran aprovechadas por los reyes castellanos para seguir cobrando las suculentas parias granadinas a cambio de apoyar alternativamente a uno u otro pretendiente.

Pero esto no podía durar para siempre. La sociedad poco a poco se fue fanatizando, temerosa de la llegada de las tropas cristianas que se veían tremendamente reforzadas y motivadas con la unión entre Castilla y Aragón, por lo que fue desapareciendo la tradicional tolerancia hacia los cristianos ante el enojo de los halcones de la corte de Castilla. El *casus belli* perfecto lo ofreció en 1481 el rey Muley-Hacén al dejar de pagar los duros tributos que le exigían los castellanos, inasumibles para una Granada alejada ya de las rutas sudanesas del oro por la entrada de los portugueses en el teatro de operaciones africano.

MAQUIAVELO

Fernando el Católico planeó la conquista del último reducto musulmán de la Península con la metódica astucia que lo caracterizaba y que le situaría como símbolo para Maquiavelo en su obra *El Príncipe*.

Lo primero que hizo fue fomentar las discordias en una familia real nazarí que jugaba a tres bandas: por una parte del rey, que quería, como es lógico, conservar su trono, y por otra, su hijo, Boabdil el Chico, y su hermano, el Zagal, que perseguían arrebatárselo y, al mismo tiempo, eliminar al otro contendiente al trono. Fernando II no perdió la oportunidad de apoyar a Boabdil que se había apoyado a su vez en los abencerrajes para usurpar el trono de su padre. Sin embargo, Muley-Hacén recuperaría Granada con ayuda de los Zagríes, aunque no durante mucho tiempo, pues su hermano, el Zagal, lo depuso apoyado por los Venegas. El rey, parapetado en la Alhambra, resistiría las acometidas de su hermano mientras que Boabdil fue capturado por los cristianos en batalla, pero Fernando lo liberó para que prosiguiera la sangría del reino entre todos los contendientes. Finalmente sería Boabdil quien se alzaría victorioso.

BOABDIL

Todo había transcurrido según los designios del astuto rey católico. Sangrado el reino, la fruta ya estaba lo suficientemente madura como para recoger las pepitas de la granada. Tradicionalmente las campañas sucedían en el periodo estival y, cuando arreciaban las primeras nieves, los ejércitos levantaban el campamento, recogían sus enseres y volvían a sus casas y hogares. Pero los Reyes Católicos habían llegado para quedarse. Las tiendas y chozas fueron transformándose en casas de adobe y piedra y constituyendo una auténtica ciudad, Santa Fe, que aún en día existe. Junto a ellos miles de infantes, jinetes, lombardas y culebrinas, el germen del primer ejército moderno de Europa.

La resistencia era inútil, rodeados por mar y tierra, la escasez de alimentos potenciada por la llegada de miles de refugiados, hacían imposible cualquier posibilidad fructífera de victoria. Con todo Boabdil disponía de un gran número de hombres preparados para defender las

MURALLA INICIAL DE LA CIUDAD DE SANTA FE EN GRANADA

muralias, aunque bien es cierto que verdaderamente faltos de pertrechos y motivación. Los integristas musulmanes impedían cualquier tipo de negociación con los cristianos, pero muchos no estaban para una nueva

RENDICIÓN DE GRANADA CON LOS REYES CATÓLICOS Y BOABDIL

> Yo soy como las gentes que a mi tierra vinieron:
> Soy de la raza mora, vieja amiga del sol...
> Que todo lo ganaron y todo lo perdieron.
> Tengo el alma de nardo del árabe español.
>
> *Adelfos, Manuel Machado*

Numancia. En secreto, diplomáticos de un bando y otro concertaban encuentros para hablar de capitulaciones. Fundamental en este aspecto fue Gonzalo Fernández de Córdoba, aquel que se conocería como el Gran Capitán.

El último rey nazarí finalmente eligió capitular en un intento de no desperdiciar decenas de miles de vidas inútilmente, aunque puede ser, uno siempre es suspicaz, que algo pesara en su decisión la promesa de los Reyes Católicos de respetar su vida y ofrecerle un rico territorio en las Alpujarras.

Fuera como fuese, el 2 de enero de 1492 Boabdil el Chico sale de Granada con una pequeña escolta hacia el campamento de Santa Fe. Allí rendiría la ciudad mientras las tropas castellanas entran secretamente en la ciudad y van tomando todas las posiciones estratégicas. La visión de la heráldica castellana junto a la cruz cristiana colgada en la más alta torre de Granada tuvo que dejar estupefactos a los miles de súbditos que habían permanecido ignorantes de las negociaciones de su rey.

Junto a los que lloraron aquel día se encontraba, según cuenta la leyenda, el propio rey quien, al alejarse de Granada, se atrevió a volver su rostro hacia su amada ciudad y no pudo impedir que las lágrimas resbalasen de su rostro. Su madre, Aixa, no perdió oportunidad de recriminarle: "Llora como mujer lo que no supiste defender como hombre".

Se cierran las últimas páginas de la magna historia que supuso al-Ándalus y comienzan a redactarse las primeras líneas de una España, ya como nación política, que en poco tiempo se convertiría en el Imperio más poderoso de todo el globo. Una España nuevamente cristiana, ocho siglos después. Sin embargo, había una sutil, pero fundamental diferencia. Judíos y moros se habían convertido en dos comunidades numerosas y sujetas a sospecha. Esta división arrastraría nuevos problemas.

Pero primero veamos qué ha sido del resto de reinos cristianos durante el siglo XV.

Capítulo 52

Tanto monta

Tras la prematura muerte de Enrique III le sucede en el trono castellano Juan II que, hasta su muerte en 1454, estuvo mucho más preocupado en proteger la cultura y las artes del reino que en apaciguarlo, dejando a su hijo Enrique IV un país donde las conspiraciones nobiliarias se habían vuelto tan habituales que incluso se anotaban en las agendas del día para reservarles un hueco entre guerra civil y guerra civil.

JUAN II

En Aragón las aguas también bajaban algo revueltas. La muerte sin descendencia del rey Martín I condujo a una grave crisis dinástica que se solucionó con el célebre compromiso de Caspe (1412), donde los representantes de las cortes aragonesas, valencianas y catalanas eligieron a Fernando de Antequera (no porque fuese de allí, sino porque conquistó aquella plaza), de la casa Trastámara, como sucesor en razón de su cercano parentesco. Van cimentándose las primeras piedras de la futura unión, aunque antes de eso el reino se desangraría en una cruenta guerra civil (1462-1472), durante la cual la Corona se vería obligada a ceder a Francia el Rosellón y la Cerdeña, alrededor de 1/6 de su territorio.

MARTÍN I DE ARAGÓN

Pero, a pesar de todo, Aragón no tuvo ningún rey que, como Enrique IV de Castilla, se ganara el sobrenombre de "el Impotente". Bajo su reinado las conjuras palaciegas se recrudecieron, salpicando de sangre la política castellana hasta alcanzar su culmen en la sucesión de la corona. A falta de más descendientes, Enrique IV designó como su sucesora a su hija Juana, conocida desde su nacimiento como La Beltraneja por el enorme parecido que presentaba el bebé con don Beltrán de la Cueva, el valido y verdadero hombre fuerte del reino. Fuera verdad o no, la cosa es que la presión de la facción contraria obligó al rey a nombrar como heredera a su sobrina la infanta Isabel. A partir de ese momento surge un nuevo motivo de disputa: el matrimonio de la heredera.

JUANA LA BELTRANEJA

BELTRÁN DE LA CUEVA

A diferencia de las modas modernas, en el pasado los reyes no se podían casar por cosas tan triviales como el amor o su libre elección. Menos aún si eras mujer y heredera al trono. Los dos nombres que más escalaban en las apuestas eran un portugués, apoyado por Enrique, y un francés, patrocinado por las Cortes. Sin embargo, como demostraría en repetidas ocasiones, esta Isabel era de armas tomar y, en 1469, con apoyo de la nobleza disidente, se concertaba en secreto una boda que iba a cambiar el curso de la historia.

ISABEL DE CASTILLA Y FERNANDO DE ARAGÓN

ESCUDO DE LOS REYES CATÓLICOS

Isabel, de tan solo 18 años, veía por primera vez la cara de quien iba a ser de ahora en adelante su futuro esposo, Fernando, nieto de aquel Fernando de Antequera, heredero del trono aragonés y un año menor que ella. Y los dos muchachos se enamoraron. La boda no fue precisamente tranquila. De incógnito, Fernando marchó disfrazado de criado e incluso realizó las labores correspondientes a su ficticio estatus, sin permiso de su padre, el rey de Aragón y con una dispensa papal más falsa que un duro sevillano. Dispensa que necesitaban al ser ambos cónyuges primos segundos; en esas esferas todo queda en familia. Esos fueron los inicios de aquellos que serían conocidos como Reyes Católicos. A pesar de todo, a estas alturas ya sabrá el lector que la justicia siempre acaba imperando en el mundo por la sencilla y única razón de que los vencedores imponen su propia justicia. Ya conseguirían en un futuro todas las dispensas que requiriesen porque, si algo se les daba bien a los Reyes Católicos, era ganar.

Como era de esperar, en su presente cercano esa encerrona no le sentó muy bien a Enrique que, en un ataque de rabia, volvió a nombrar a su hija Juana legítima heredera del reino. Realmente no sirvió para mucho más que para volver a germinar una nueva contienda civil tras su muerte en 1474, con Portugal y Aragón como concursantes invitados. Finalmente, tras cinco años de sangrientos combates, las tropas castellanas afines a Isabel I, comandadas por su propio esposo Fernando, derrotan a los aliados de La Beltraneja. Un nuevo régimen nace en Castilla.

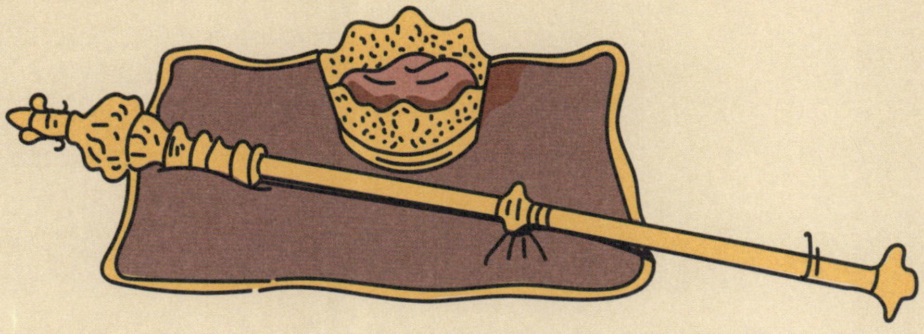

CETRO Y CORONA DE ISABEL I DE CASTILLA

A la mui alta et assí esclarecida princesa doña Isabel, la tercera deste nombre, Reina i señora natural de España et las Islas de nuestro Mar. Comiença la gramática que nueva mente hizo el maestro Antonio de Lebrixa sobre la Lengua castellana.

Gramática de la lengua castellana,
Antonio de Nebrija

ISABEL I DE CASTILLA

Por su parte, tras la muerte de su padre Juan II, Fernando de Aragón hereda en 1479 una corona no mucho mejor que la castellana, pues la guerra civil finalizada en 1472 había desgastado el reino. Desde entonces Fernando e Isabel gobernarían conjuntamente los dos reinos, unidos bajo una política común. Isabel era quien reinaba en Castilla mientras que Fernando hacía lo propio en Aragón. Isabel se encargaría de la política interior, finalizar la Reconquista y marcar los primeros compases de la aventura americana, mientras que la política exterior tuvo un marcado acento aragonés, defendiendo con todo el poder de la unión los viejos objetivos de los aragoneses, sobre todo catalanes, en Italia y heredando también sus enemigos. El tradicional enemigo de los condados catalanes pasaría a convertirse en la gran némesis del nuevo Estado que se iba fraguando, siendo a partir de ese momento nuestras contiendas con Francia algo más que intensas.

Marcando el rumbo, a los mandos del timón, no obstante, teníamos a los mejores pilotos que Europa podía aportar. Por un lado, Fernando, el mejor político de su tiempo, aquel que hombres de la talla de Maquiavelo consideraron como el perfecto modelo de príncipe, pragmático, juicioso, ingenioso, astuto, sabio y sin escrúpulos. Y por otro lado Isabel, que tampoco le iba precisamente a la zaga.

Los años siguientes marcarían el principio de la historia de España como nación y la creación del primer Estado moderno europeo, casi un siglo por delante de muchas otras potencias coetáneas que tuvieron que formarse, en mayor medida, precisamente para soportar el empuje español. Pero aún habremos de esperar. En estos primeros compases el absolutismo regio comienza a afianzarse. La España unida tan solo es una aspiración futura, pero ya se han empezado a dar los pasos en la dirección adecuada.

FERNANDO II DE ARAGÓN

Capítulo 53

Monta tanto

CARDENAL CISNEROS

Aunque ambas coronas habían logrado unirse, cada reino mantuvo sus instituciones con extremo celo, funcionando cada una de manera autónoma. Esto provocaría numerosos problemas en el futuro y enquistamientos insolidarios que aún en día arrastramos. Y es que, tanto los Reyes Católicos como los que seguirán, acabaron, en lugar de centrarse en unificar, dando más predominio a la zona castellana que a la aragonesa. Las razones fueron lógicas. Por un lado, demográficas, pues Castilla con 6 millones de almas frente al millón de aragoneses poseía muchos más territorios, que se fueron acumulando con el descubrimiento de América. Por otro, logísticas, pues la tradición constitucional castellana era cuanto menos exigua, lo que permitía a los reyes hacer y deshacer a su antojo. Sin punto de comparación con la Corona aragonesa que mantenía con firmeza su estructura feudal con tres parlamentos separados donde cada decisión real se convertía en un complejo tira y afloja entre el monarca y los representantes aragoneses, catalanes y valencianos. Un lastre que impedirá la normalización completa del Estado moderno. Lo malo de ser los primeros es que no se puede aprender de los errores del resto.

CORONAS DE CASTILLA Y ARAGÓN EN LA PENÍNSULA EN 1492

En aquel momento los monarcas se veían en la cubierta de un navío a la deriva, desarbolado y carcomido. Las guerras civiles habían desangrado al pueblo, que pasaba hambre, en las arcas reales había más polvo que oro, el clero disfrutaba de su corrupción y la nobleza estaba más acostumbrada a mandar que a obedecer. Un Estado, en definitiva, más acostumbrado al desgobierno y las trifulcas internas que al orden y la paz. Ambiciosos y pragmáticos, los reyes

FERNANDO DE ROJAS

comenzaron su labor con la nobleza. Castigaron duramente a los disidentes, les arrebataron su poder a casi todos y recompensaron holgadamente a los leales. No había que perderse el apoyo del estamento más poderoso, por lo que la nobleza, a pesar del poder perdido, ganó tierras, mantuvo privilegios y comenzó a copar los altos puestos del ejército y las camarillas del nuevo Estado. Muere el noble medieval y nace el moderno. Tan eficaces serían estas medidas que nunca más, a pesar de los duros momentos que la Corona pasaría a lo largo de los siglos, la nobleza volvería a conspirar para obtener el trono.

Tragicomedia
de Calisto y Melibea nueuamēte reuista y emendada cō addicion delos argumētos de cada vn auto en principio. la qual cōtiene de mas de su agradable y dulce estilo muchas sentēcias filosofales: y auisos muy necessarios pa mācebos: mostrādo les los engaños q estan encerrados en siruiētes y alcahuetas.

LA CELESTINA O TRAGICOMEDIA DE CALIXTO Y MELIBEA

Comienza a surgir la magna figura del Cardenal Cisneros, otro de los padres del Estado. Gracias a su ayuda se consiguió "nacionalizar" la Iglesia, permitiendo obtener a los reyes un control sobre ella semejante al del papa, y la serie de reformas que Cisneros impulsó en ella supusieron una transformación institucional anterior a la reforma protestante, que ayudó a la Iglesia española a capear el temporal que habría de venir.

A nivel del Estado, este se organizó en dos círculos, uno en torno a los reyes, que absorbían la mayoría de los poderes, y otro en los municipios, donde los nuevos corregidores o gobernadores civiles elegidos por los reyes debían desempeñar sus órdenes. Un equilibrio de poderes territoriales, semifederalista, que permitió unir fácilmente las diferentes culturas en una empresa común. Lástima que el objetivo final de todo Estado federal, la definitiva unión, se alargara tanto en el tiempo.

MARQUÉS DE SANTILLANA

A nivel cultural España no se quedó atrás. Se comenzaban a dar los primeros pasos de lo que acabaría conformándose como el Siglo de Oro de las artes y las letras españolas (1492-1681) que, gracias a jocosos historiadores, su denominación no refleja su duración. El Marqués de Santillana, Jorge Manrique o Ausiàs March darían los primeros pasos. Se escribe el *Tirant lo Blanch* y el *Amadís de Gaula*, las mejores obras de caballerías,

Como la gente fue sossegada, Darioleta se levantó y tomó a Helisena así desnuda como en su lecho estava, solamente la camisa y cubierta de un manto, y salieron ambas a la huerta, y el lunar hazía muy claro. La donzella miró a su señora, y abriéndole el manto, católe el cuerpo y dixo riendo: "Señora, en buena hora nasció el cavallero que vos esta noche havrá".

Amadís de Gaula

CALIXTO Y MELIBEA

y aparece *La Celestina de Fernando de Rojas.* El mismo Cardenal Cisneros es ejemplo de ello con su mecenazgo de una gran biblia políglota o el trabajo de Juan Luis Vives o Antonio de Nebrija, que escribiría la primera gramática del castellano, la primera, también, de una lengua vulgar.

De las brumas de la convulsa Edad Media ibérica nace con fuerza un Imperio cuyos hombres y su singular idiosincrasia han sido forjados con el duro acero de una cruzada, que dura ya ocho siglos, y templados con las cálidas aguas de la convivencia y relativa tolerancia entre culturas. Sin considerar esto, es imposible entender cómo una nación de alrededor de 8 millones de habitantes se lanzó a la imposible aventura de ocupar el lugar hegemónico del planeta.

AUSIÀS MARCH

Se acerca 1492 con el Descubrimiento de América que pospondremos al capítulo 62, paciencia. Luego el fin de la Reconquista con la toma de Granada, episodio del que ya hemos hablado. La expulsión de los judíos y la primera *Gramática de la lengua castellana* por Antonio de Nebrija. Jo, qué año.

Capítulo 54

Nadie espera a la Inquisición española

Ya asentados en casa y con los dominios asegurados, Isabel y Fernando se lanzaron a terminar el legado histórico que les había sido encomendado por lo que, a partir de 1480, declararían la guerra al último bastión musulmán en la Península, dando comienzo a una larga guerra que culminaría en enero de 1492, cuando ambos reyes se encandilan de las maravillas de la Alhambra en una Granada reconquistada. Pero la unificación de España (a falta de Navarra en 1512) no sería lo único importante en ese año trascendental de nuestra historia.

MINORÍA JUDÍA

La cuestión judía se venía alargando desde hacía un siglo. Aunque la minoría judía nunca se pudo reponer de los pogromos de 1391. Su poder y riqueza era relativamente escaso, la mayoría de los judíos pertenecían a simples clases profesionales o artesanado con cierta especialización, aun así eran vistos como un problema para unas gentes como las de entonces para las que la unidad nacional no se asentaba en la lengua o la raza, sino en la fe. Además, por si fuera poco, se sospechaba que los que se habían convertido al cristianismo para escapar de la violencia antijudía en secreto practicaban actividades judaizantes. Para solventarlo los Reyes Católicos implementaron el Tribunal del Santo Oficio en Castilla. La

TOMÁS DE TORQUEMADA

institución inquisitorial, sin embargo, no es un invento español como mucha gente piensa. Pero muy a nuestro pesar la gente la asocia con España por culpa de la propaganda protestante antiespañola. La Inquisición de hecho nace en Francia en 1184 para combatir la herejía de los cátaros.

El 1 de noviembre de 1478 el Papa Sixto IV promulgó la bula *Exigit sinceras devotionis affectus*, por la que quedaba constituida la Inquisición para la Corona de Castilla. Años más tarde la institución también se estableció en la corona de Aragón.

En 1492 además se decide coger el toro por los cuernos y expulsar de los territorios de la Corona a todos los judíos que no quisieran convertirse. No está claro el alcance real de la medida. Como hemos dicho antes, desde las revueltas antijudías de 1391 en diferentes ciudades de Castilla, Aragón y Navarra el poder y la riqueza de la minoría judía era escaso, por lo que el mayor perjuicio fue ocasionado a largo plazo, al privarnos de los financieros judíos en una España siempre necesitada de préstamos y que se veía obligada a devolver todo el oro y la plata llegados de América a las arcas genovesas, holandesas o alemanas en vez de a otras españolas. Como sea, la medida fue aplaudida por toda Europa como signo de modernidad, pues previamente muchos otros países ya habían realizado actos similares. De hecho, los orígenes de la Leyenda Negra española se remontan a Italia, donde sus habitantes despreciaban a los españoles por su sangre marrana, es decir, por la convivencia entre judíos, moros y cristianos. Resulta muy curioso cómo la propaganda conseguiría retorcerse siglos más tarde hasta acusar a los españoles de intolerantes por estos sucesos.

De todas formas, durante estos primeros años la Inquisición se dedicó profusamente a la cuestión judaizante. Son los años más negros de la institución y donde ocurrieron la mayoría de las muertes, algunas centenares, auspiciadas por fray Tomás de Torquemada, el prototipo del malvado inquisidor. El hombre pudo actuar con total libertad, pues muchos

AUTO DE FE

INQUISICIÓN

ESCANEA ESTE CÓDIGO QR CON TU MÓVIL PARA ACCEDER AL VÍDEO EN YOUTUBE

de esos supuestos "judaizantes" no eran más que enemigos políticos de Fernando el Católico en su posterior contienda por el poder con su yerno Felipe I el Hermoso. Peones en un gran tablero de ajedrez. Porque una cosa son las cuestiones de la Fe y otras las de la política, aunque muchas veces acaben por darse la mano.

¿Solo unos cuantos cientos? Sí. Podemos encontrar una extensa bibliografía extranjera, y nacional, que afirma que dicha institución causó desde centenares de miles hasta estrambóticas cifras de decenas de millones de muertes solo en España. Con los datos en la mano, es lógicamente imposible que tales cifras se alcanzasen en un país cuya población no superó los 10 millones de habitantes hasta finales del siglo XVIII. Incluso la muerte de decenas de miles hubiera supuesto un auténtico genocidio. En la actualidad las cifras que manejan los especialistas coinciden en situar los condenados a muerte entre 3.000 y 5.000 personas. Menos de un 2% de los encausados murieron quemados en la hoguera. Pocos muertos en materia de fe si los comparamos con la caza de brujas alemana, las matanzas de protestantes en Francia, las atrocidades de Calvino en Ginebra o el exterminio de católicos en Inglaterra. En Alemania unas 25.000 mujeres fueron condenadas a muerte por brujería, cuando aquí la caza de brujas fue un fenómeno muy residual. Probablemente, el mayor daño que la Inquisición causó fue el hondo envenenamiento social que acostumbró a España a la infame costumbre de sospechas, delaciones y calumnias provocadas por la envidia.

JUANA LA LOCA

FELIPE EL HERMOSO

Resulta que todo iba bien en el reino: se había descubierto un nuevo continente en 1492, en Italia un castellano, Gonzalo Fernández de Córdoba, conquistaba la Península en favor de los intereses catalanes en aquel territorio y Fernando anexionaba Navarra a la corona castellana. Marchaban tan idílicamente las cosas que no podían durar y así, en 1504, la reina Isabel muere dando comienzo a una intrincada batalla por la sucesión en el trono.

Suele elogiarse la política matrimonial de los reyes con sus hijas, aunque muy bien podría ponerse en entredicho, pues provocaron nuestra mayor desgracia: dejar que el nuevo Estado cayera en manos extranjeras. La muerte del heredero de todos los territorios ibéricos, el príncipe don Juan, provocó que la corona recayera en la imposibilitada Juana, conocida popularmente como "La Loca". Esto provocó un enfrentamiento entre su marido, Felipe el Hermoso, y su padre, Fernando el Católico por el control del territorio que a punto estuvo de separar los destinos de ambos reinos. A este peligro hay que sumarle que Fernando se había casado nuevamente con una francesita: Germana de Foix.

Cuando se hayan terminado los procesos y se hayan establecido las sentencias, los inquisidores fijarán un día festivo para celebrar el auto de fe; se comunicará la fecha a los canónigos y a las autoridades municipales y, si se da el caso al presidente y a los auditores del tribunal de justicia, para invitarles a asistir a la ceremonia. Los inquisidores procurarán que no empiece demasiado tarde, a fin de que la ejecución de los relajados pueda llevarse a cabo de día y sin incidentes.

Instrucciones, Inquisidor General Fernando de Valdés

Por si eso fuera poco, el resto de enlaces tampoco acabaría muy bien. El acercamiento con los portugueses, la tan ansiada y deseada unión ibérica, apenas conseguiría una frágil unión en el futuro que contribuiría más a separar que a unir. ¿Y qué decir del matrimonio de Catalina con el rey Tudor (Enrique VIII)?

En fin, en 1516 tras la muerte de su padre "el Hermoso" y su abuelo "el Católico" confluyen en un jovencísimo Carlos I todas las responsabilidades de un grandioso Imperio. Por herencia materna Castilla y Aragón, con sus territorios americanos e italianos. Y, por la paterna, todas las posesiones austriacas y borgoñonas de los Habsburgo. Así llegaron al poder en España (ya comenzaba a llamarse así a esos territorios) aquellos que serían conocidos gracias a nuestra habitual inventiva como los Austrias. Ellos, para servir a sus intereses familiares europeos, acabarían empantanando España en interminables guerras y conflictos que nos dejarían tantas hazañas de gloria como la más oscura de las ruinas.

Llegan los momentos más gloriosos del Imperio y aquellos que sentarían las bases de su postrera caída.

FUNERAL DE FELIPE I

TRAS LA MUERTE DE LA REINA

ESCANEA ESTE CÓDIGO QR CON TU MÓVIL PARA ACCEDER AL VÍDEO EN YOUTUBE

Capítulo 55

La suerte austriaca

CARLOS V

De repente, bajo los blasones de un único hombre se agruparon territorios de tan diversa índole que parecía casi imposible. De la noche a la mañana tierras ibéricas, americanas, italianas, borgoñonas y alemanas acabaron bajo la batuta de un único rey. Gentes totalmente diferentes entre sí, unidas por nada más que la figura de un mismo monarca y una misma fe. En un suspiro, y sin dejar margen de maniobra al resto de reinos, que debieron de asistir ojipláticos al suceso, Carlos heredaba un Imperio que transcurría de Andalucía a Austria, de Bélgica a Sicilia, y con unas posesiones ultramarinas de dimensiones aún sin determinar. En definitiva, un imperio en el que ya casi no se ponía el sol. Así, los reinos que no eran ya enemigos de cualquiera del sinfín de territorios que acababa de acaparar la Corona, no tardaron en sumarse a la lucha de la inmensa hidra que acababa de conformarse en Europa. Muchos lugares conflictivos donde gastar los hombres y recursos de España.

Porque sí, para nuestra desgracia, con una España ya unificada territorialmente tras la Reconquista, que empezaba a dar sus primeros pasos en eso de convertirse en un Estado moderno, con América a nuestro frente y con Italia fuertemente asegurada en nuestra retaguardia, a punto de convertirnos en la mayor potencia de Occidente con nuestro prometedor Imperio mundial, en lugar de dedicarnos a terminar de asentar la unidad en casa, y realizar la ansiada unión con Portugal con la mirada girada hacia el futuro, el Atlántico, llegó el fatídico traspaso dinástico que nos hizo volver la vista atrás y meternos en un polvorín europeo que llevaba un milenio de guerras, donde no se nos había perdido nada y donde íbamos a perderlo todo.

CORONACIÓN DE CARLOS V

Pero bueno, el primer rey que nos dio la dinastía de los Austrias, a pesar del prognatismo congénito, tampoco estuvo mal. Un hombre inteligente, glotón, culto, bebedor, de gran memoria, aficionado a las mujeres y con habilidad para los idiomas. Una de sus famosas citas "Hablo español con Dios, italiano con las mujeres, francés con los hombres y alemán con mi caballo", independientemente de su autenticidad, nos trasmite el carácter que caracterizó al hombre. Pero para ello aún habría de trascurrir algún tiempo.

DESEMBARCO DE CARLOS EN ASTURIAS

El joven Carlos de 17 años que desembarcó en Tazones no era más que un extranjero en tierras desconocidas, acompañado de un extenso séquito que venía con la aspiración de llenar su bolsa y copar los más importantes cargos administrativos. El mismo monarca tampoco se quedaba muy atrás, pues una de las primeras peticiones que el flamante nuevo rey realizó a las diferentes Cortes fue la de recaudar fondos, por lo que castellanos y aragoneses tuvieron que aflojar la pasta sin mucho entusiasmo. El símbolo de la corrupción se encontró en el principal consejero del emperador, Guillermo de Croy, señor de Chiévres, castellanizado rápidamente por Chevres. Este tipejo ordenó retirar de la circulación la moneda de oro llamada ducado de a dos y nuestro pueblo que jamás ha perdido su lengua mordaz empezó a cantar sus miserias: "Sálveos Dios, ducado de a dos, que el señor de Chevres no topó con vos".

Así como estaban las cosas, con los españoles sintiéndose cada vez más desplazados, cuando Carlos volvió a España buscando sufragar los cuantiosos gastos que le estaban ocasionando los sobornos necesarios para acceder al trono del Sacro Imperio, las Cortes se mostraron aún menos receptivas. Le costó al flamenco amenazas y sobornos para que fuesen adelante los presupuestos, algunas cosas nunca cambian, pero, al final, consiguió lo esperado. Sin embargo, muchas ciudades se negaron a seguir siendo exprimidas a impuestos por un tipo que apenas hablaba 4 palabras de castellano. Castilla entonaba ya el cántico de la rebelión. Así, mientras Carlos (ahora V de Alemania) marchaba a Aquisgrán para recibir un Sacro Imperio, España se alzaba en armas.

PADILLA

En Castilla empezaron a circular los pasquines: "Tú, tierra de Castilla, muy desgraciada y maldita eres al sufrir que un tan noble reino como eres, sea gobernado por quienes no te tienen amor". Los representantes de algunas ciudades, que recibieron el nombre de comuneros, constituyeron una milicia y buscaron destronar al advenedizo extranjero para devolver la corona a su madre, Juana la Loca, que vivía recluida en Tordesillas. Su estandarte llevaba el color rojo de Castilla. Luego la II República que quiso recordar a los comuneros, lo confundiría con morado, porque ni siquiera para elegir banderas se hicieron las cosas con acierto.

En el otro lado, en la Corona de Aragón y principalmente en Valencia, surgía a la par otra insurrección que sería conocida como la de las germanías. Sin embargo, esta no estuvo fuertemente comandada y se dedicó en mayor medida a los saqueos, a los asesinatos y a las violaciones hasta que, para alivio de los propios valencianos, fueron derrotados en Orihuela.

MALDONADO

Los nobles castellanos, viendo el ejemplo de sus vecinos, preocupados por el cada vez mayor cariz revolucionario que los comuneros iban adquiriendo, pusieron sus barbas a remojo y defendiendo sus intereses de clase, constituyeron un ejército a las órdenes de Carlos V que derrotaría a los rebeldes en la Batalla de Villalar. Y es que, contrario a lo que se dice, la conciencia de clase no es un invento reciente; los poderosos siempre han tenido muy en cuenta cuáles son sus intereses.

JUAN BRAVO

Padilla, Bravo y Maldonado, los principales caudillos comuneros, fueron decapitados y con ello el poder real se vio robustecido. De todas maneras, Carlos había visto ya las orejas al lobo así que comenzó un proceso de castellanización puesto que para algo Castilla era el territorio más dócil y con menos leyes propias. Se estableció en España, se empapó de sus leyes y costumbres, cambió a los extranjeros por nativos y aprendió castellano, y no sabemos si también hablaba catalán en la intimidad como haría nuestro presi José María Aznar.

Don Carlos por la gracia de Dios Rey de Romanos Emperador Semper Augusto. Doña Joana, su madre, y el mesmo Don Carlos por la mesma gracia Reyes de Castilla, de León, de Aragón, de las dos Sicilias, de Jerusalén, de Navarra, de Granada, de Toledo, de Valencia, de Galicia, de Mallorcas, de Sevilla, de Cerdeña, de Córdoba, de Córcega, de Murcia, de Jaén, de los Algarbes, de Algezira, de Gibraltar, de las Islas de Canaria, de las Indias islas y tierra firme del Mar Océano. Condes de Barcelona, Señores de Vizcaya e de Molina, Duques de Atenas e de Neopatria, Condes de Rosellón e de Cerdeña, Marqués de Oristan e de Gorciano, Archiduques de Austria, Duques de Borgoña de Bravante.

Edicto del emperador contra los comuneros en Worms

Y como nos recuerda Arturo Pérez-Reverte con muy buen criterio en *Una Historia de España*, en este tiempo se confirmó la lengua castellana como la más importante del Imperio, de forma totalmente natural, pues el concepto nacionalista de lengua-nación no surgiría hasta siglos más tarde. Tanto en Europa como en España, las lenguas vernáculas se fueron introduciendo lentamente en la religión, la literatura, la administración y la justicia, no mediante imposiciones forzosas, como algunos tratan de insistir, sino mediante el pesado paso del tiempo. Por razones obvias para la mayoría, una lengua de uso general para todos los territorios de un país facilita bastante la vida tanto a los gobernantes como a los gobernados. En el caso de España esa lengua pudo ser cualquiera de las autóctonas: catalán, gallego, vasco pero el peso de Castilla y la *Gramática* de Nebrija, que dotaba a la lengua de una solidez y consistencia de las que las demás carecían. Por eso, de manera natural se acabó haciendo hueco el castellano. Lo mismo pasaba en el Sacro Imperio, donde el alemán le ganaba la partida al checo, en Francia, donde se arrinconaba al bretón, el vasco y el occitano, o en Inglaterra, donde el inglés le ganaba la partida al galés o al irlandés. Sin embargo, no está de más recordar que a diferencia de otros países como Inglaterra o Francia, que habían prohibido el resto de idiomas, ni siquiera en tiempos de Olivares hubo imposición del castellano ni en Cataluña ni en ninguna otra parte. Al final, era una cuestión de lógica como evidenció el catalán Lluís Pons al publicar en castellano su *Libro de las grandezas de Tarragona* (1572), donde simplemente usaba la lengua más usada en todos los reinos.

Lo mismo haría Rosalía de Castro siglos más tarde, cosa que muchos de los suyos nunca le perdonaron.

CARLOS V

ESCANEA ESTE CÓDIGO QR CON TU MÓVIL PARA ACCEDER AL VÍDEO EN YOUTUBE

Capítulo 56

La Unión Europea

BATALLA DE PAVÍA

Una vez solucionados los problemas internos, el flamante emperador Carlos V pudo volver a dirigir su vista a Europa, donde, poco a poco, iba ensanchando su gran Imperio. Como siempre, el principal enemigo de nuestras armas era el francés, y ciertamente nunca habría otra época más favorable para nuestros intereses y más perjudicial para los suyos. Tras merendarle Carlos el título de emperador, Francisco I, rey de Francia, se empeñó en combatirle. Nuestro monarca y el francés se enzarzaron en Italia buscando terminar las sucesivas guerras que venían dándose entre los franceses y los distintos reinos ibéricos por el control del territorio. La cosa fue una bicoca para nuestros modernos tercios y, tras la Batalla de Pavía (1525), donde incluso el rey francés fue capturado y encerrado en la madrileña Torre de los Lujanes, los españoles nos aseguramos el Milanesado y buena parte de la extensión de la bota italiana.

FRANCISCO I

SACO DE ROMA

En este tiempo comienzan a gestarse los primeros ramalazos de la Leyenda Negra. Que comenzase en Italia es normal, pues es la primera expansión imperial española y todos los imperios han tenido las suyas. En esos años de guerras los franceses se aliaron con el mismo Papa de Roma. Por ellos se produce el Saco de Roma de 1527. Al más católico de los monarcas no le tembló el pulso a la hora de lanzar su ejército contra la Ciudad eterna. Aunque este ataque fuera perpetrado en su mayoría por alemanes e incluso otros italianos, y no fuera tan diferente a otros realizados por las tropas francesas, daría un fuerte impulso a la misma. Lo singular de la Leyenda Negra antiespañola, por lo que sobresale en comparación, es por su violencia, duración (llega incluso a nuestros días) y variedad de temas, pues se transforma, no muere (si al principio los españoles eran "marranos", por su sangre judía y mora, después serían intolerantes por expulsarlos aunque lo hicieran del mismo modo que el resto de naciones), se mezcla con temas actuales y presenta, en una proporción mayor que ninguna otra, una alta participación de críticos nacionales. Las consecuencias en nuestro imaginario colectivo son terriblemente graves. Con

ERASMO DE ROTTERDAM

la concepción de nuestro país como un Estado atrasado y anclado en la Edad Media, se llega casi a la peligrosa conclusión de que un periodo como el Renacimiento se produciría a pesar de que España estuviese a los mandos de Europa. Como si hubiésemos sido un auténtico lastre para el progreso. Y que Dios ampare a los que se atrevan a pensar en dicha España como motor, o al menos como promotor, del Renacimiento. ¡Qué blasfemia!

Para entender lo mencionado anteriormente es imprescindible la magnífica obra *Imperiofobia y Leyenda Negra*, de Elvira Roca Barea. Un ejemplo. Dice Elvira en su libro que para que nos hagamos una idea: en 1937, el historiador Karl Julius Belloch publicó una historia de la población de Italia en la que, entre otras cosas, refleja la demografía de la Península itálica durante el Renacimiento. Es realmente interesante comparar la demografía de los reinos hispano-italianos con el resto. La población de Nápoles y de Sicilia aumentó considerablemente. Como es fácil de comprender, normalmente altos crecimientos demográficos llevan aparejadas notables tasas de prosperidad en la sociedad. Un panorama radicalmente distinto ofrecen los territorios no sometidos al Imperio (Florencia, Venecia...).

La cosa es que Carlos consiguió reconciliarse con el Sumo Pontífice y, aunque parezca increíble, el mismo Papa tuvo que tragarse un sapo y coronarle emperador. Ese Imperio europeo, una Universitas Christiana, (universalidad del cristianismo) era una idea principalmente erasmista, una Europa unida por su religión y bajo la batuta del emperador Carlos V, una Europa fuerte que podría enfrentarse a cualquier enemigo y ampliar sus fronteras. Erasmo de Rotterdam piensa que Carlos V es el mejor posicionado para llevar a cabo su proyecto paneuropeo y el emperador, influenciado por su consejero y por el poder que obtendría, hace suya la idea. Sin embargo, a este proyecto utópico pronto le empezarán a surgir sapos. Los erasmistas, y el propio Carlos, aunque parezca mentira, rechazaban la idea de la anexión violenta de reinos iguales. Las ideas suelen ser más bonitas de lo que la realidad impone.

SITIO DE ARGEL

Sin embargo, la idea de una Europa unida, como nunca deja de demostrarse, es siempre a la vez demasiado nueva y demasiado vieja en cada época. Y el rey Carlos, al ser extranjero y como no podía ser de otra manera antepuso los intereses europeos a los de España. Finalmente todos los sueños se vendrían abajo con el nacimiento de las primeras irrupciones nacionalistas y el triunfo de la fragmentación sobre la unidad. El protestantismo serviría como detonante de tal aspiración. Pero no pongamos el carro antes que el caballo. Dicha ambición no fracasaría

El bien y el mal, la prosperidad y la adversidad, la gloria y pena, todo pierde con el tiempo la fuerza de su acelerado principio.

La Celestina*, *Fernando de Rojas

porque apareciese el protestantismo, sino que el protestantismo surgiría para que ese proyecto no se coronase. Enemigos universales para un Imperio universal. Demasiados.

Resulta irónico que fuesen los españoles, los primeros que habían dado los pasos en la construcción de un primitivo Estado, los únicos dispuestos a seguir a ese emperador extranjero en aquella loca aventura. Bien parece que nadie es profeta en su tierra. Al fin y al cabo siempre está bien perseguir nuestros sueños, pues "¿Qué es la vida? Una ilusión, una sombra, una ficción, y el mayor bien es pequeño: que toda la vida es sueño, y los sueños, sueños son".

Pero en este momento de nuestra historia, la España del emperador Carlos mantenía a América a un lado, reformando las leyes de Indias para hacerlas mucho más humanitarias; al otro Europa y allá en su frente Estambul, es decir, el Imperio turco, con los que no parábamos de batirnos en el Mediterráneo. Los únicos capaces de mirarnos de cerca y de desangrarnos en el mar con sus piratas y corsarios, aunque no en tierra, pues nuestras tropas lograron frenar el imparable avance otomano en Viena.

Nos las prometíamos muy felices con este único enemigo, que de vez en cuando se aliaba con los pérfidos franceses para tocarnos las castañas, pero después de tanta alegría algo debía de torcerse. Y en ese entonces, como veníamos adelantando, comenzó a hacerse notar un oscuro sacerdote alemán que recibía el nombre de Martín Lutero, criticando los excesos de la Iglesia católica con el tráfico de indulgencias a cambio de dinero para redimir los pecados y acortar el tiempo en el purgatorio antes de alcanzar el reino de los cielos. Nadie quería pasar por el aburrido trámite del purgatorio. Menudo rollazo. Y encima llega un tipo como Lutero para contarnos que todas estas cosas no eran más que un cuento chino. Que lo único importante es la palabra de Dios y las sagradas escrituras. Fuera de ahí no hay nada.

MARTÍN LUTERO

Capítulo 57

La Alemania nacional

Con la llegada de Martín Lutero se produjo un debate que puso patas arriba a la cristiandad. La reacción de Roma no se hizo esperar. El Papa condenó firmemente las tesis de Lutero, con un efecto contraproducente que solo consiguió darle más publicidad al alemán. No solo se enfrentó con el Papa, sino que el recién coronado emperador Carlos V quiso poner en orden los asuntos con Lutero que tuvo que comparecer en 1521 en la Dieta de Worms. El emperador le exigió a Lutero que se retractara de sus doctrinas, pero Lutero solo reconocía la palabra de las Sagradas Escrituras. Convirtió la Biblia en el único criterio para determinar cualquier asunto relacionado con la fe. Lutero era un hereje y como tal fue declarado proscrito. Sin embargo los protestasntes contaron con una arma muy poderosa recién inventada: La imprenta. En Europa se empezaron a producir anualmente millones de copias de las ideas reformistas y de panfletos antiespañoles.

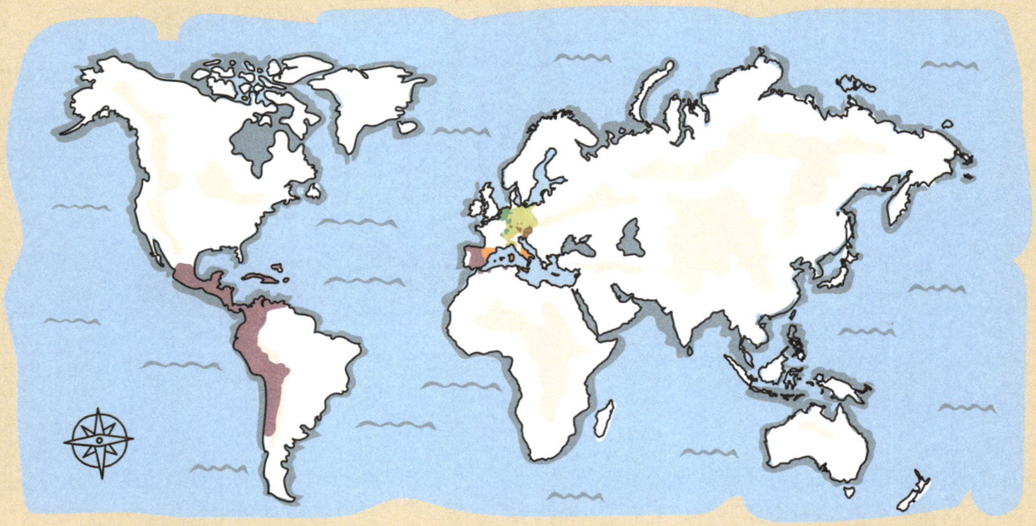

IMPERIO DE CARLOS I DE ESPAÑA Y V DE ALEMANIA

El Imperio de Carlos, como creo que ha quedado claro, no era nada más que un endeble conglomerado heterogéneo de pueblos y regiones separadas por largas distancias entre sí donde el mayor elemento aglutinador era la fe. Y como la fe mueve montañas, religión y política se fundieron y confundieron para entrelazar tan complejo entramado.

Dentro de todos esos territorios, había uno especialmente problemático: el Sacro Imperio Romano Germánico. Conformado por un gran conglomerado de naciones, gobernadas cada una por sus

LUTERO ENFRENTÁNDOSE A CARLOS V

respectivos príncipes, era un territorio tradicionalmente levantisco. Ya en el siglo XV, incluso a comienzos del XVI, fuertes levantamientos populares se habían ido produciendo por todo el Imperio e incluso otros hombres (Juan Hus, Juan Wiclef...) se habían lanzado a protestar contra la corrupción y la decadencia de la Iglesia católica. Todos estos movimientos fueron aplastados sin miramientos por parte de los príncipes alemanes. Pero la rebelión de Lutero es diferente a todas ellas; frente a él se encuentra Carlos V a la cabeza de un Imperio dispuesto a tomarse en serio a sí mismo. Los príncipes alemanes, celosos de su soberanía, no están precisamente cómodos bajo el mandato del emperador más poderoso desde los tiempos de Carlomagno o de Federico I Barbarroja, tanto en riqueza como en poderío militar. El emperador no necesita a los príncipes para imponer su poder. Por si fuera poco una nueva amenaza se cierne sobre las poderosas oligarquías locales: Carlos sabe que está en su poder modificar las viejas y feudales estructuras políticas que los sostienen y, de hecho, el emperador sueña con erigir un proyecto universal sustentado en la fe, una auténtica recreación del Imperio romano que no era exactamente el proyecto cristiano de Erasmo. Porque por entonces la monarquía universal y la Universitas Christiana era un concepto discutido y discutible.

Los príncipes alemanes comprendieron que tan solo si eran capaces de dirigir el malestar de las rebeliones contra la figura del emperador podrían llegar a conseguir hacerle frente. Por eso Lutero es tan útil y conveniente: la ruptura religiosa que ocasionará la Reforma Protestante no significa únicamente el fin del vínculo espiritual entre las gentes del Imperio, también equivaldría a cortar de raíz uno de los pocos nexos de unión entre los diferentes pueblos y un golpe de muerte a aquella Universitas Christiana que perseguía el emperador con todas las naciones cristianas viviendo en paz y armonía. Así cazaban dos pájaros de un tiro: por un lado señalaban a un enemigo exterior, lo que provocaría que se organizara un movimiento nacionalista que afianzaría su posición en la élite, y, por otra parte, podrían obtener para sí la fortuna que la Iglesia atesoraba. Sin embargo, cualquier expolio siempre ha requerido, y sigue requiriendo, una ideología que lo justifique para que sea más fácilmente aceptado. Esas dos ideas, pues, se repetirán hasta la saciedad en la mayoría de la propaganda luterana: el catolicismo es un poder extranjero, por lo que defender a los rebeldes significa defender a Alemania frente a quienes la humillan, y los bienes de la Iglesia han sido obtenidos por el robo de los extranjeros al pueblo, por lo que es lícito restituirlos. "Quien roba a un ladrón...". Lutero, que era profundamente antisemita se encargaría de difamar a los españoles por su sangre impura mezclada con la de los judíos, y comenzaría a extender el tradicional antisemitismo alemán que tantas tragedias traería en el futuro.

Lutero había creado una nueva Iglesia. Aunque las sagradas escrituras fueran lo único trascententaI y ya no era necesaria una casta sacerdotal mediadora que pudiese malinterpretar la palabra escrita, ni Lutero dejó de ser clérigo, ni disminuyó el número de ellos. Simplemente se formó un nuevo cuerpo sacerdotal, solo que ahora ese cuerpo de pastores servía únicamente al señor del territorio que era el que le daba de comer, y no a un papa extranjero y a un emperador de intereses afines. Los nuevos estados modernos que se iban conformando necesitaban tener más independencia de la Iglesia católica romana. Pronto dejarían de adoptar los viejos postulados e inventarían los suyos: es aquí donde se forja el vínculo entre España y el Anticristo y donde la Leyenda Negra antiespañola daría un nuevo salto cualitativo que uniría a los nacionalismos alemán, holandés e inglés.

El rey de Inglaterra Enrique VIII también desvinculó sus lazos con Roma y fundó la Iglesia anglicana. La causa fue que el rey quería anular su matrimonio con Catalina de Aragón, hija de los Reyes Católicos y tía de Carlos V. El Papa de Roma se opuso a la anulación de su matrimonio. La respuesta del monarca inglés fue romper con el catolicismo y erigirse como jefe supremo de una nueva Iglesia, la Iglesia de Inglaterra. La Iglesia anglicana guarda muchas similitudes con la católica, pero no depende de Roma. Tras la muerte de Lutero el pensamiento de Juan Calvino cobró fuerza y se hizo mayoritario entre los reformistas. Calvino era un seguidor de las ideas de Lutero y convirtió la ciudad de Ginebra en un Estado teocrático de corte totalitario. Los pastores se convirtieron en policías de la moral y los viajeros comprobaban asombrados cómo en aquella ciudad no había robos, ni prostitutas, ni asesinatos, ni lujos, ni alcohol, ni bailes, ni vicio de ningún tipo.

Muchos príncipes alemanes apoyaron la unidad política y religiosa del Imperio por lo tanto se produciría una guerra civil entre alemanes donde al final unos se impusieron sobre los otros, por mucho que el burdo relato nacionalista se haya empeñado en presentarlo como una guerra donde todos los alemanes se unieron bajo una única bandera. Mientras que los católicos trataban de unir, los protestantes buscaban dividir. Y como es sabido es siempre más fácil destruir que construir. Finalmente,

Ya que Dios os ha conferido esta gracia inmensa de elevaros por encima de todos los reyes y príncipes de la cristiandad, con un poder que hasta ahora solo ha poseído vuestro predecesor Carlomagno, estáis en el camino de la monarquía universal, en la que reuniréis a la cristiandad bajo un solo cayado.

Canciller Gattinara

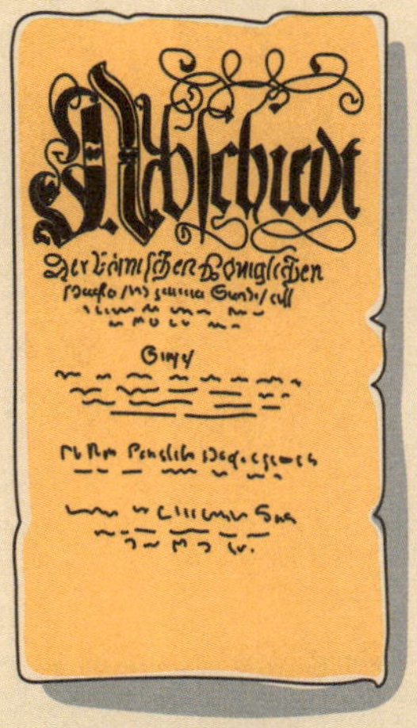

PAZ DE AUGSBURGO

a pesar de victorias aplastantes como la de Mühlberg en 1547 contra los príncipes protestantes que habían formado la Liga Esmalcalda (una liga de príncipes protestantes), Carlos V tuvo que ceder y acabó firmando la Paz de Augsburgo en 1555 que también se ha llamado la "Paz de las religiones". Que se utilicen estas palabras o las de "libertad religiosa" para hablar de dicha paz o para hablar de la Reforma Protestante en general no deja de ser una broma de mal gusto. Cada príncipe podría elegir la religión a practicar en sus estados. Pero poca tolerancia religiosa suponía que todo aquel que no acatara la religión de su señor debía abandonar sus territorios. Y poca libertad religiosa ofrecieron las iglesias protestantes en contraposición a la católica. Las persecuciones de disidentes provocarían ríos de sangre derramada. Aun así, la Iglesia católica se puso las pilas y tras la Reforma de Lutero vino en 1545 la Contrarreforma con el Concilio de Trento.

Tras la "paz", el Imperio quedaba dividido entre católicos y protestantes. Los príncipes que asumieron el poder certificarían el destino de su nación, un destino que no sería el mejor de todos, pues Alemania no volvería a levantar cabeza hasta bien entrado el siglo XIX. Abatido por las circunstancias, Carlos, totalmente acabado, abdicaría en su hijo Felipe en 1555 para retirarse con los pies inflados por la gota al monasterio de Yuste. Allí pasó los últimos años de su vida. Fue un rey ausente, pues no pasó más de 16 años de sus 40 de reinado en la Península. El primer monarca que reinó a la misma vez sobre Castilla y Aragón, pero que no hizo ningún progreso para completar la unión entre ambos reinos. Mientras el resto de Europa caminaba hacia la unidad nacional, España era más España fuera de España que dentro de España. De todas formas ya se habían sentado las bases con la Reconquista, con los Reyes Católicos y con Carlos I de España. La verdadera unión llegaría pronto. Ahora son los tiempos de Felipe II.

ABDICACIÓN DE CARLOS V

Capítulo 58

¿Un rey prudente?

FELIPE II

Felipe II empezó su reinado en 1556. No heredó el título imperial ni las tierras alemanas, que fueron cedidas a su tío Fernando, aunque sí que recibió, junto a todos los territorios hispánicos, las otras posesiones europeas de su padre. Entre ellas los Países Bajos, una región estratégica que le daría muchos problemas en vida. Si estos territorios hubieran pasado a manos de la rama propiamente austriaca de los Austrias, fácilmente podríamos habernos olvidado de Europa y habernos centrado en las Indias. Pero no sería el caso. Felipe, el nieto de los Reyes Católicos, no solo sostuvo la misma política imperial y católica de su padre, sino que la amplió. Con el dinero de Castilla, naturalmente, y de América, aunque la plata que llegaba de las Flotas de Indias apenas daban abasto para sufragar tan ruinosa empresa.

MARÍA I DE INGLATERRA

Aunque en sus dominios no se ponía el sol, durante todo su reinado España sufriría tres bancarrotas, ahondando todavía más en la inmensa deuda que su padre le había legado. Se utilizarían miles de argucias para recaudar dinero y se abrumó a impuestos al pueblo llano. Pero tantas guerras y sobornos impidieron que España apenas viera algo del dinero que ella misma generaba o traía desde América, teniendo que recurrir el Estado constantemente a los banqueros genoveses o alemanes. La situación, como nos cuenta el excelso Quevedo, no cambiaría con el transcurso del tiempo: "Nace en las Indias honrado, donde el mundo le acompaña; viene a morir en España, y es en Génova enterrado. Y pues quien le trae al lado es hermoso, aunque sea fiero. Poderoso caballero es don Dinero".

Excepto en política, poco más se parecía el hijo al padre, salvo en el característico maxilar adelantado y los labios caídos. Menudo, pálido, rubio y de ojos azules, nunca aprendió idiomas aunque era bastante culto. Aficionado a la música, al arte, al ocultismo y al coleccionismo compulsivo. A diferencia de su padre, que se intentaba comportar como uno de esos caballeros de las novelas, Felipe era un burócrata, un hombre al que se le ha descrito como una persona tétrica, pues siempre vestía de negro, era taciturno, distante, frío, indeciso y tímido, responsable, trabajador, muy religisoso y celoso de sus generales más capaces. Aunque fuera la persona más poderosa que se paseaba sobre la Tierra. Aun así Felipe era un tipo atractivo, que con su barba disimulaba el prognatismo mandibular típico de los Austrias, además era aficionando al sexo aunque lo ocultara. Y disfrutaba de las fiestas y de los bailes, por lo tanto no era un muermo. Tampoco fue gran amigo de los viajes. Frente a la corte itinerante de Carlos V, Felipe II decidió instalarla en un sitio fijo. Al principio se intentó que fuera Toledo, sin embargo, como anécdota curiosa, debido a la incomodidad que para la mujer del rey, Isabel de Valois, suponía dicho emplazamiento se acabaría optando por la pequeña villa de Madrid. Resulta curioso cuanto menos que la capital de España la decidiera una francesa.

Desde su sobrio despacho en El Escorial, Felipe II lo controlaba todo. Gastaba días enteros en su oficina, revisando personalmente centenares de informes y haciendo el trabajo que les hubiera correspondido a consejeros, secretarios y ministros. Era enemigo de la improvisación. Juntando estas características a su inseguridad crónica, España se convirtió en un Imperio burocrático que hacía todo más lento y tedioso ya que, aunque se aumentó el número de virreyes y gobernadores, estos no disfrutaban precisamente de mucha autonomía, pues el rey pretendía que la inmensa mayoría de las decisiones pasaran por sus manos.

Felipe II a diferencia de su padre sí que creyó en las alianzas matrimoniales, que no siempre le dieron un buen resultado. Tuvo 4 esposas. Los franceses se sintieron amenazados tras el matrimonio entre Felipe II y la primera de ellas, María de Inglaterra (Bloody Mary), que había derogado la reforma anglicana de su padre. Francia se alió con el papado y los otomanos para intentar asestar un duro golpe. Comunes eran estos pactos entre los cristianísimos reyes de Francia y los otomanos, porque una cosa es la congruencia y otra los intereses geopolíticos, que siempre acaban imponiéndose. Felipe respondió desplegando a los Tercios que acabaron masacrando a los franceses en San Quintín (librada el 10 de agosto de 1557, festividad de San Lorenzo. En recuerdo de esta batalla asoció la edificación del Monasterio de El Escorial, la octava maravilla del mundo) y al año siguiente en Gravelinas, firmando una de las más altas gestas de la milicia española. Presente estuvo el monarca en el campamento para felicitar a los suyos tras la victoria aunque fuera para atestiguar que eso de las batallas no era lo suyo. Nunca más volvería a acudir a una.

CARDENAL GRANVELA

LOS TERCIOS

No, Felipe no fue un pío bobalicón, ni lo que hoy se llamaría, con palabra tan inexacta como despreciativa un "clerical". No lo fue porque siempre tuvo quebraderos con su clero y con sus monjas. Y si no que se lo digan a Santa Teresa, que sintió el frío de su mirada, y sor Juana de la Cruz, que por cuestiones de las Descalzas Reales sostuvo con él terrible lucha.

Jerónimo de Moragas

Tras esto, Francia se partió en dos y el avance de los hugonotes, los protestantes franceses, sumió al país en una cruenta guerra civil entre católicos y calvinistas. Felipe se lanzó a ayudar al candidato católico intentando colocar en el trono a un rey favorable para sus intereses; sin embargo, el candidato protestante, Enrique de Borbón, viendo muy difícil que un calvinista como él se hiciese con el trono lanzó la famosa frase de "París bien vale una misa" y se hizo católico, aglutinando bajo su mando a los posibilistas calvinistas que no querían la dominación española y a los católicos. Felipe no consiguió colocar a su favorito y de esta manera a finales del siglo XVI echaba a andar la dinastía borbónica en Francia.

En los Países Bajos donde el calvinismo arraigaba con fuerza no había sentado muy bien eso del cambio de dueño. Habían pasado de ser gobernados por un rey flamenco y de estar unidos al Sacro Imperio, a ser regidos por nuestro rey, que para ellos era un extranjero. Exacto. El rey Felipe II tuvo el mismo problema de su padre, pero a la inversa. Comenzaba la Guerra de Flandes. Además en Inglaterra había muerto María I y una nueva reina protestante acababa de subir al trono con la firme voluntad de acabar con la hegemonía española; y en el Mediterráneo el turco continuaba con su imparable avance.

MONASTERIO DE EL ESCORIAL

Capítulo 59

Donde nunca se ponía el Sol

Y en eso estábamos, en la España de Felipe II, guerreando en medio mundo. Un Imperio donde no se ponía el Sol, una monarquía universal cuyos enemigos, la Francia católica, la Inglaterra protestante y la Turquía musulmana no hacían ascos para unirse a la hora de enfrentarse a un adversario que dominaba dos continentes, Europa y América, y los tres principales mares, Mediterráneo, Atlántico y Pacífico. Los españoles debían combatir el avance otomano en el Mediterráneo, liderar la Contrarreforma contra los protestantes, sojuzgar las revueltas moriscas, explorar y colonizar un Nuevo Mundo, mantener la estabilidad en Italia y el Vaticano, defenderse de los continuos ataques de Francia y los pérfidos piratas ingleses, descubrir y conquistar nuevas tierras y océanos. Realmente lo sorprendente no es que fracasásemos en alguna de tantas empresas, sino que fuéramos capaces de mantenernos en la cima con éxito durante tanto tiempo.

JUAN DE AUSTRIA

Tanto a nivel externo como interno Felipe II obtuvo grandes éxitos y clamorosos fracasos. El mayor éxito fue el aplastamiento de la sublevación morisca. Los moriscos del antiguo reino de Granada nunca habían logrado asimilarse completamente a la sociedad cristiana y, de hecho, muchas veces funcionaban como una especie de quinta columna que apoyaba a los piratas berberiscos que asolaban el levante mediterráneo. Estas gentes, abrumadas por los impuestos y enfurecidos por un reciente decreto de 1567 que les prohibiría usar su lengua, vestimentas y costumbres, se alzaron en armas en las Alpujarras mientras solicitaban un apoyo otomano en forma de invasión. Finalmente, sin respuesta de los turcos, la rebelión fue violentamente aplastada por el elegante Juan de Austria, medio hermano del monarca y uno de los grandes generales de España.

Se decidió desterrar y dividir por toda España a aquella minoría inasimilable y sospechosa. Al muy católico rey Felipe le debía repugnar ese quiste en sus amados reinos, pero mayor animadversión seguramente le producía renunciar a los impuestos que pagaban y a los trabajos que realizaban en un país donde, entre privilegios, fueros e hidalguías, pocos eran los que contribuían. Por si fuera poco, la nobleza siempre protegió a esta minoría, pues era una mano de obra más barata que la cristiana y más influenciable. Décadas más tarde sería su hijo y sucesor, Felipe III, el que acabaría solucionando el problema expulsándolos del país. Pero ya llegaremos a eso.

SOLDADO CON ESPADA Y RODELA

Otro incidente que quedó a medias fue el conflicto de la Corona con las instituciones de Aragón quienes aprovecharon el refugio del antiguo secretario del rey y traidor Antonio Pérez en sus territorios para intentar hacer valer al rey sus fueros en un momento en que el absolutismo regio cada vez tomaba más fuerza. Felipe intentó burlar la inmunidad mediante la Inquisición, una de las pocas instituciones comunes, pero Aragón se levantó en armas y el rey tuvo que enviar tropas para sofocar la rebelión. Oportunidad histórica perdida, pues aunque se solucionó la revuelta no se aprovechó el momento para eliminar los fueros, siendo estos confirmados aunque reformados más favorablemente hacia el monarca.

DUQUE DE ALBA

Las sombras llegan ahora. Primero con su descendencia, pues su primer hijo y heredero, el príncipe Carlos, resultó un engendro enfermizo, un Quasimodo enloquecido producto de tantos experimentos endogámicos. Si lo normal para cualquiera de nosotros es contar con 8 bisabuelos y 16 tatarabuelos, el heredero del mayor Imperio del mundo tan solo poseía 4 bisabuelos y 6 tatarabuelos. Intentó asesinar al Duque de Alba y conjurarse contra su mismo padre antes de fallecer encarcelado. Una tragedia personal. Sin embargo, dicho suceso sería aprovechado por la propaganda orangista contra la Casa Real. Incluso siglos más tarde Giuseppe Verdi compondría la música para una ópera con un libreto basado en el drama del alemán Friedrich Schiller.

Y Flandes sería el ejemplo de que una mentira mil veces repetida acaba convirtiéndose en una verdad. Tras una década de propaganda, el traidor Guillermo de Orange y los suyos, apoyados por los calvinistas, lograron alzarse en rebelión aprovechando el descontento de muchas ciudades por una nueva organización administrativa en el seno de la Iglesia. Felipe II opta por la mano dura y sustituye a su hermana Margarita de Parma, que no parece solventar la situación, por el Duque de Alba

BANDERA DE
LA CRUZ DE BORGOÑA

para practicar una política mucho más férrea. Tras los episodios de iconoclasia ocurridos en 1566, en donde los calvinistas asaltaron las iglesias católicas y quemaron imágenes santos, se crea el Tribunal de los Tumultos. Son decapitados cientos de rebeldes, entre ellos los condes Egmont y Horn, dos fieles hombres del rey. Pronto la propaganda elevó el número de muertos de unas 1.000 personas a centenares de miles. Cómo será, que en Holanda para dormir a los niños en vez de decirles que viene el coco les dicen que viene el Duque de Alba. Tampoco sentó bien en el bando realista que dos hombres buenos fueran tan injustamente ajusticiados. Se dice que el rey pensaba, después de aplicar el puño con el Duque, marchar él mismo a Flandes pero, entre unas cosas y otras, Felipe II nunca puso pie en esos territorios.

En descargo del Duque de Alba podemos decir que, si bien es cierto que su ley era dura, era ley, sin lugar para el arbitrio. Y sus métodos fueron mucho más benignos que los empleados por los Tudor en Irlanda o los franceses en sus guerras de religión. Comparando estos últimos ejemplos resulta increíble que haya sido Alba el elegido como arquetipo de crueldad. De hecho, sus *Ordenanzas Criminales* fueron un código tan avanzado a su tiempo que constituyeron la base del sistema penal en los Países Bajos durante los siguientes dos siglos y medio después de su independencia. Aunque la mentira más cruel, una vez más, ha sido aceptar la mentira nacionalista que sitúa el conflicto como una guerra de independencia.

De los 54.000 soldados que poseía el Duque de Alba en 1573, solo 8.000 eran españoles por 30.000 flamencos. En 1581, Alejandro Farnesio el otro gran general presentaba 6.000 españoles por 50.000 holandeses. Por lo tanto, muy pocos españoles estaban combatiendo por entonces en la Guerra de Flandes Pero en esta guerra civil los nativos no eran únicamente mayoritarios entre los soldados, sino también entre los capitanes. El Duque de Aremberg, el Conde de Bossu, Claude de Barlaymont, Anton Schetz, Enrique van der Bergh, Omer Fourdin y tantos y tantos otros. También eran holandeses los jueces del Tribunal de los Tumultos. Es una auténtica mezquindad que el nombre de tantísimos holandeses que lucharon por la Monarquía Hispánica haya sido borrado tanto de la historia de sus países de origen como del nuestro propio.

Por el contrario, como nos cuenta la genial Elvira Roca Barea, en el bando rebelde la presencia extranjera siempre fue constante y algunas veces en números mayores que los propios holandeses. Miles de extranjeros se enrolaron en las tropas orangistas y lo más probable fuese que hubiera más extranjeros en el bando rebelde que españoles en el bando real, que ya hemos dicho que no eran muchos. Además, muy probablemente hubo un mayor número de holandeses apoyando al bando realista que al orangista.

En reclusión la conducta de Don Carlos empeoró. Trató de matarse dejando de comer durante semanas. Luego se tragó uno de sus anillos creyendo que los diamantes eran venenosos.

Henry Kamen

PROPAGANDA PROTESTANTE CONTRA EL DUQUE DE ALBA

Sin embargo, no había ninguna solución al problema. Las potencias enemigas de España, Inglaterra, Francia y el resto de protestantes, buscaban dañarnos como mejor pudiesen y para los nacionalistas holandeses nunca podría haber paz porque la parte contraria tenía lo único que ellos querían: el poder. Nunca cederían.

Dice Roca Barea: "El nacionalismo necesita siempre un enemigo, ya que no sabe construir en positivo, hacia arriba y hacia delante, sino hacia atrás y hacia abajo. Busca la fragmentación, ya que el control de lo pequeño es siempre más fácil que el de lo grande".

JUAN
DE AUSTRIA

ESCANEA ESTE CÓDIGO QR CON TU MÓVIL PARA ACCEDER AL VÍDEO EN YOUTUBE

Capítulo 60
Tercios, la infantería legendaria

La fuerza militar más sorprendente y admirable de nuestra historia, uno de los grandes ejércitos de la historia, eso fueron los tercios españoles. Resulta inconcebible que un país con unos recursos tan limitados y con una demografía tan paupérrima en comparación con otras potencias de la época pudiera posicionarse a la cabeza de la hegemonía mundial durante tanto tiempo. Una fuerza militar única no por sus medios o número, habitualmente inferior al enemigo, sino por un estilo, un espíritu y unas tácticas de combate heredadas de las enseñanzas de Gonzalo Fernández de Córdoba, el padre de nuestra infantería, que sostuvieron la supremacía española durante los siglos XVI y XVII.

Frente a la creencia más extendida, los tercios no eran una unidad exclusivamente compuesta por españoles. La corona de Carlos I y sus descendientes abarcaba territorios alemanes, borgoñones, italianos, flamencos... que aportaron un nutrido porcentaje de soldados para el Imperio. Es cierto también, no obstante, que se intentará progresivamente hispanizar los tercios, aunque no los ejércitos, que siguieron siendo mayoritariamente no hispánicos, tanto por razones prácticas de comunicación como por la moral, pues los soldados españoles presentaban una esencia única y singular, eran una minoría pero siempre fueron considerados la élite y el soporte principal. En la Europa de aquellos tiempos resultaron decisivos en la mayoría de los combates. Por eso nunca incurriremos en un error diciendo "Tercios españoles".

Mientras que en el resto de Europa los ejércitos están compuestos por diferentes nobles y sus sucesivas levas forzadas, los españoles se alistaban voluntariamente en los tercios, el germen del primer ejército moderno. Sin embargo, a diferencia de los lansquenetes alemanes o los condotieros italianos, que también luchaban bajo las insignias de la Monarquía Hispánica, el oro no era lo que movía a aquellos que se enrolaban. La paga en los tercios no era especialmente buena, y muchas veces se pagaba tarde y mal, los saqueos eran escasos y sujetos a estrictas normas. No, lo que mueve a los españoles en aquellos momentos es la gloria, la "fama, honor y vida" que recitaba Calderón. El oro no es el fin, tanto en los campos de guerra de Europa como en la aventura americana coetánea en el tiempo, tan solo es un medio para alcanzar el grado de señor. Y ese sentido del deber fue lo que permitió durante tanto tiempo crear tales ejércitos de voluntarios.

Así, bajo las banderas del aspa de San Andrés y la insignia de la cruz lucharán nobles y villanos, ricos y pobres, héroes y rufianes, intelectuales y labriegos. También intelectuales, pues en la milicia combatirían Garcilaso, Moncada, Lope, Cervantes, Calderón y tantísimos otros, diferenciándoles definitivamente de sus contemporáneos europeos en el manejo de la pluma, pues estos casi nunca empuñarían la espada. Plagados de hidalgos segundones estuvieron los tercios, venidos desde todo el territorio español, de ilustres señores, de labriegos buscando un futuro mejor y de esforzados sacerdotes, todos ellos hijos de tantos siglos de Reconquista, todos ellos igualados en el campo de batalla pues, a diferencia de otros ejércitos, aquí tanto el más noble como el más humilde lucha en el fango sosteniendo las picas en una singular democracia, donde todos son honorables caballeros de los tercios y ese honor tan solo existe por servir bajo las mismas banderas del rey. Por eso nace tan potente vínculo entre el pueblo español y su ejército, pues, en definitiva, eran lo mismo.

LOS SOLDADOS DE LOS EJÉRCITOS DE FLANDES

Para mantener cohesionada tamaña amalgama, fijémonos en lo que nos cuesta incluso a día de hoy: se implementó un fuerte espíritu de cuerpo (por algo palabras como "camarada" tienen su origen en los tercios), que se acompañó de una férrea disciplina impensable en cualquier otro cuerpo militar. Los hombres que se alistaban bajo las banderas de San Andrés y el sonido del tambor lo hacían sabiendo que no era para una batalla o cierto conflicto, sino

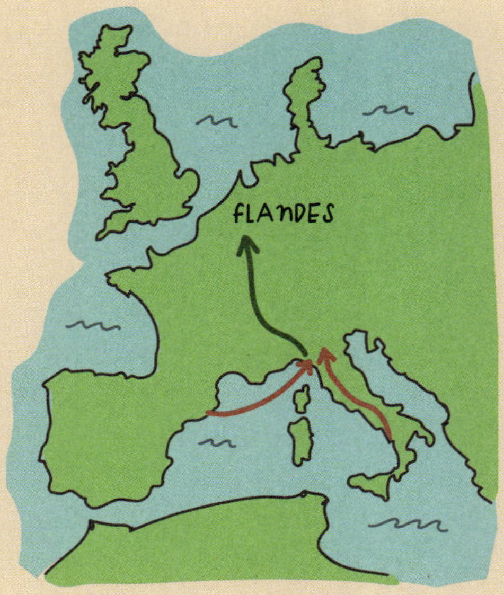

EL CAMINO ESPAÑOL

para pasar a formar parte de una nueva forma de vida, la ética del caballero medieval trasplantada a los nuevos tiempos. Una forma de vida encuadrada por una disciplina tan estricta que los impelía no solo en el ámbito militar, sino también en todos los aspectos de la vida y el honor, pues la monarquía católica no podía guerrear como los protestantes, como bárbaros, pues ellos debían ser los garantes de las correctas esencias y los enemigos, en su mayoría, no eran nada más que súbditos nacidos de sus dominios. Tan firme era la disciplina que incluso cuando los soldados se amotinaban, estos no caían en la anarquía a usanza de otras tropas, sino que practicaban una "desobediencia organizada" donde elegían a sus propios representantes, pues hasta los procedimientos de los mismos motines estaban firmemente regulados. Tan alto era el sentido del honor que, en ocasiones, los soldados accedían a posponer el motín por la llegada de los enemigos de la Corona o las promesas de sus capitanes.

Todo esto permitió en dos siglos de existencia crear algo tan único como el Camino Español, o que se desarrollase el Tercio del Mar, la primera infantería de marina del mundo, o el Tercio de Arauco, que ayudó a sostener el Flandes americano. Por eso se ganaron batallas como la de Ceriñola, donde 4.000 franceses cayeron por 100 españoles, o Gaeta, donde ocurrió otro tanto de lo mismo y que, junto con la segunda Batalla de Seminara, provocó que los tercios barrieran al ejército francés, considerado entonces como el mejor del mundo. Lo mismo ocurrió en Bicocca, donde más de 3.000 franceses se dejaron la vida por solo una baja española, y no por arma enemiga, sino por una coz de una mula, o Pavía, donde los soldados conmovidos porque sus capitanes quieren

TRES UNIDADES INICIALES: NÁPOLES, SICILIA Y LOMBARDÍA

> **España mi natura,**
> **Italia mi ventura**
> **¡Flandes mi sepultura!**
>
> *Copla anónima*

poner de su bolsillo las pagas que adeuda la Corona salen a luchar contra los franceses inflingiéndoles una de sus mayores derrotas militares.

O los 11 locos de Mühlberg, que bajo el fuego de los mosquetes y las culebrinas propiciaron la aplastante derrota de la Liga Protestante. O la heroica tragedia de Castelnuovo, donde los 3.000 hombres del Tercio de Sarmiento fueron asediados por 50.000 turcos y, aunque los cañones enemigos hicieron polvo las fortificaciones, aún pudieron llevarse por delante a 24.000 enemigos antes de caer hasta el último de ellos. O San Quintín o Gravelinas, donde nuestros ejércitos sufrirían un 5% de bajas contra las más del 80% de los franchutes. O Jemmingen, donde 30 soldados resistían contra 4.000 protestantes sabiendo que si fallaban las compuertas las presas se abrirían y arrasarían al refuerzo de 2.000 hombres que acudía a su encuentro. Unos hombres que también conocían la situación. O Lepanto, donde la infantería de marina también se cubriría de gloria en la "más alta ocasión que vieron los tiempos". O Gembloux, Steenbergen, Nördlingen o Albuch, donde pequeñas tropas avasallaron a grandes ejércitos protestantes casi sin sufrir bajas. O el milagro de Empel. O la derrota de Rocroi, donde lo que quedaba de 5 tercios españoles aguantarían, todas las envestidas francesas aunque la batalla estuviese perdida únicamente porque habían recibido la orden de aguantar; y aguantaron.

Y nada de esto hubiera sido posible sin los hombres que conformaron estos tercios, sin el Gran Capitán, Alejandro de Farnesio, Don Juan de Austria, Ambrosio de Spinola, Fernando Álvarez de Toledo III Duque de Alba, Cristóbal de Mondragón, Luis de Requesens, el Cardenal-Infante, el Marqués de Pescara, Julián Romero, Lope de Figueroa, Alonso de Contreras, Francisco de Sarmiento, Johann Tserclaes conde de Tilly, Manuel Filiberto, Juan del Águila, Antonio de Leyva, Álvaro de Sande, Julián Romero, Sancho Dávila, Diego García Paredes, Marcos de Isaba, Sancho de Londoño, Francés de Álava y tantos y tantos otros.

TERCIOS

ESCANEA ESTE CÓDIGO QR CON TU MÓVIL PARA ACCEDER AL VÍDEO EN YOUTUBE

Capítulo 61

Y se lio la de San Quintín

A nivel exterior, tras darle la de San Quintín a los franceses, Felipe II también se encontró con sus altos y bajos. Uno de los altos fue "La más alta ocasión que vieron los siglos pasados, los presentes, ni esperan ver los venideros". Se dice que la victoria en la Batalla de Lepanto (1571) fue estéril, pues aunque Juan de Austria y Álvaro de Bazán al mando de la Santa Alianza consiguieron aplastar a la flota turca esta volvió a repararse con rapidez manteniendo su amenaza sobre los cristianos. También se reprocha a Felipe II haber perdido la oportunidad de no haber continuado con la campaña. Como si las relaciones con los venecianos no fueran ya lo suficientemente tensas y España no estuviera enfangada en otra multitud de frentes. Sin embargo, los otomanos aprendieron la lección. Los siguientes sultanes se orientarían hacia oriente y, aunque nunca hubo un verdadero tratado de paz, una interesada tregua se mantuvo entre ambos bandos durante los siglos siguientes.

BATALLA DE LEPANTO (1571)

ÁLVARO DE BAZÁN

El mayor golpe de suerte fue heredar Portugal y su Imperio en 1580. Su madre, Isabel, era princesa de aquel país y después de que su sobrino, Sebastián I, muriera sin descendencia era el mejor situado para ascender al trono. Tras sobornar a la nobleza y llamar al Duque de Alba, pudo hacerse con el territorio sin apenas resistencia. La poca que hubo fue desbaratada en las Azores por Álvaro de Bazán, un tipo que no perdió ninguna batalla en su vida y que en la Batalla de la isla Terceira aplastó a la escuadra francesa que apoyaba al Prior de Crato, el otro aspirante al trono luso, que lo duplicaba en número. Esta batalla certificaba la supremacía española no solo a nivel terrestre, sino también a nivel naval, lo que nos permitiría convertirnos en los dueños del océano casi sin oposición durante décadas. Sin embargo, la nobleza portuguesa nunca llegaría a aceptar a un rey español.

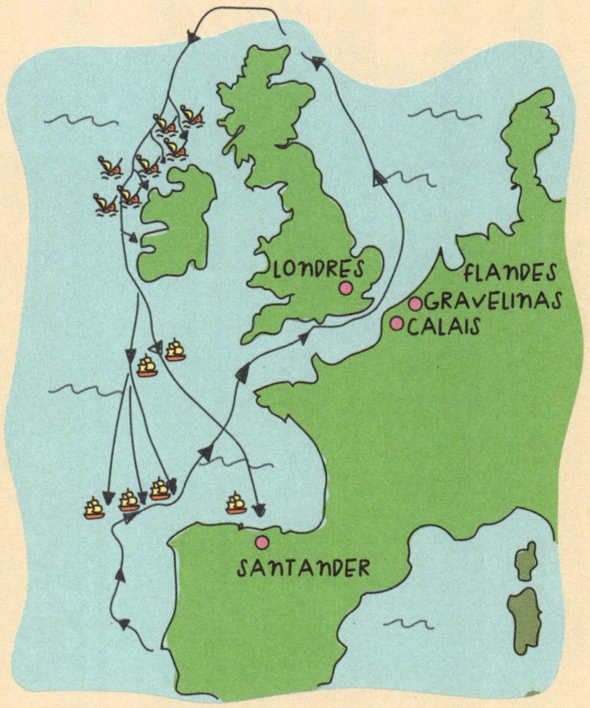

RUTA DE LA "ARMADA INVENCIBLE"

El mayor fracaso fue en 1588 contra los ingleses con la derrota de la Grande y Felicísima Armada, renombrada más tarde por la pérfida Albión como "Invencible" para mayor escarnio. Resulta paradójico, o no tanto, que tal nombre haya echado aquí más raíces que en ningún otro sitio. De hecho aunque el invento fuera inglés a día de hoy allí se la conoce como la "Spanish Armada". La invasión fue diseñada como un intento de frenar el apoyo inglés a los rebeldes holandeses, acabar con los piratas británicos y ayudar a la minoría católica del país que estaba siendo brutalmente perseguida.

El plan era bueno, pero pronto comenzaron a surgirle contratiempos y adoptarse malas decisiones. El mejor almirante de nuestra historia, don Álvaro de Bazán, murió antes de poder comandar la expedición y se impuso al

ISABEL I DE INGLATERRA

TRATADO DE LONDRES (1604)

Duque de Medina Sidonia, a pesar de sus propias protestas al reconocer su ignorancia en tales aspectos, como almirante en jefe. Después estaban las difíciles comunicaciones entre la armada y las tropas que debían recoger en Flandes para transportar a Inglaterra, un desastre. La gran envergadura de los barcos que no podían acercarse a los puertos flamencos, la casualidad de que el propio Felipe había aconsejado reforzar las defensas contra una posible invasión durante el tiempo en que fue rey de Inglaterra y la nefasta decisión de mandar la flota a Inglaterra en otoño. Una concatenación de malas decisiones que llevaron la firma de un "imprudente" Felipe II, a pesar de que buena parte de la historiografía haya intentado cargarle el muerto al Duque de Medina Sidonia, que al menos tuvo la decencia de protestar por su incapacidad antes de ser nombrado. Una actitud ejemplar que muchos de nuestros líderes políticos podrían adoptar.

DUQUE DE MEDINA SIDONIA

La empresa fue un fracaso, después de sobrepasar Calais, en Gravelinas los ingleses lanzaron una serie de barcos incendiados. Nuestra armada se dispersó y acabó rodeando las islas británicas. La climatología hizo que muchos barcos naufragaran en las costas de Irlanda. A pesar de todo la guerra la acabó venciendo España con unas condiciones muy favorables en el Tratado de Londres. El desastre para la armada no fue tan grande, pues la mayoría de los barcos perdidos habían sido naves mercantes confiscadas y no barcos de guerra. Además, a nivel de bajas, tanto los españoles como los ingleses sufrieron semejantes, pues la reina de Inglaterra amontonó a sus soldados en sucios barracones, lo que provocó que cayeran a miles por enfermedad ante las condiciones de insalubridad y falta de alimentación en las que se encontraban. Por si fuera poco, al año siguiente Inglaterra envió a España su propia Contraarmada, más grande que la nuestra, para invadir España empezando por Galicia.

Vívese lo más de información, es lo menos lo que vemos; vivimos de la fe ajena. Es el oído la puerta segunda de la verdad, y principal de la mentira. La verdad ordinariamente se ve, extravagantemente se oye. Raras veces llega en su elemento puro, y menos cuando viene de lejos; siempre tiene algo de mixta de los afectos por donde pasa.

***Oráculo manual y arte de la prudencia,* Baltasar Gracián**

Allí, María Pita y los suyos los echarían de vuelta al mar con 900 bajas por unas 15.000 de los piratas, que también perderían la mayor parte de la flota.

Sin embargo, los ingleses continuarían apoyando en el futuro a los rebeldes y la persecución de católicos se recrudeció. En 1591 se establecería la Real Proclamación contra los Católicos que los asimilaba directamente a traidores de la patria y constituía un sistema vecinal de espionaje y delación, mucho peor que la Santa Inquisición. Así, calle por calle y casa por casa, los católicos fueron barridos de Inglaterra. El anticatolicismo inglés, y de otros países protestantes, se extendería en el tiempo y sería algo normal el echarle la culpa a los católicos de cualquier infortunio. Uno de los últimos pogromos contra católicos ocurrió en 1780 llevando a la muerte a centenares de personas. De hecho las leyes contra los católicos no comenzarían a desaparecer hasta 1829, y la ley que prohibía la estancia de cualquier sacerdote en Gran Bretaña no desapareció hasta 1850. Mientras tanto, los intolerantes españoles habíamos abolido la Inquisición en 1834 y hacía décadas que *de facto* había dejado de funcionar. Sin embargo, los católicos ingleses han sido ciudadanos de segunda hasta hace muy poquitos años.

Pero volvamos a lo nuestro, ya es 1598 y antes de que Felipe III ascienda al trono veamos qué había pasado al otro lado del Océano desde 1492.

Capítulo 62

¡Tierra a la vista!

CRISTOBAL COLÓN

Sin duda alguna, la de Colón es una de las mayores gestas que han conocido los tiempos. Un marinero que marchó directamente hacia lo desconocido, sin saber siquiera si el camino de vuelta le sería propicio. Sin embargo, dicha proeza abriría el camino de una de las epopeyas más fascinantes y ambiciosas de la historia de la humanidad. Tras Cristóbal Colón vino el empuje aventurero de Núñez de Balboa, el genio administrativo de Nicolás de Ovando, el sueño de Ponce de León, el carisma y ambición de Hernán Cortés, la perseverancia de Francisco Pizarro y las aventuras de tantos y tantos otros que son imposibles de nombrar, pero que merecen la máxima admiración por participar en tamaña proeza, desde el más humilde grumete al más importante adelantado.

RECIBIMIENTO A CRISTOBAL COLÓN

DESCUBRIMIENTO DE AMÉRICA

ESCANEA ESTE CÓDIGO QR CON TU MÓVIL PARA ACCEDER AL VÍDEO EN YOUTUBE

FRANCISCO PIZARRO

Pero las raíces de todo esto venían agarrando desde mucho tiempo antes. En el siglo XV, la economía europea había crecido y con ella florecían las ciudades y progresaba el comercio. En particular, dentro de los productos de lujo, la demanda de las ricas especias traídas de la India (pimienta, clavo, nuez moscada) no paraba de crecer, no habiendo ninguna familia europea que se preciase que no hiciera uso, y en algún caso abuso, de tales productos. Sin embargo, en el momento de mayor demanda, la Ruta de la Seda, que había permanecido abierta desde tiempos romanos sería traumáticamente cerrada debido a dos sucesos paralelos: la Caída de Constantinopla (1453), tomada por los otomanos, y la islamización de los tártaros. De la noche a la mañana, la mayoría de los genoveses, venecianos y catalanes que habían dedicado sus vidas al negocio de Oriente se arruinarán sin remedio.

Se necesitaban nuevas rutas, y era *vox populi* que el país europeo que consiguiera obtenerlas en primer lugar podría acabar nadando en la abundancia. Los primeros que lo intentaron fueron los portugueses. Gracias al impulso de Enrique el Navegante comenzaron a bordear África, fundando por el camino numerosas factorías comerciales que les permitían conseguir oro, marfil y esclavos, para llegar de ese modo hasta las famosas Islas de las Especias. Fueron los pioneros y con el monopolio del trayecto, lo que obligó a la España de los Reyes Católicos, pletórica tras la Reconquista, a atreverse a confiar en el plan de un hombre que ya había sido rechazado tanto por Portugal como por Francia e Inglaterra.

La idea no era descabellada. Ya desde tiempos de Aristóteles o de Eratóstenes, que calculó la circunferencia de la Tierra con gran precisión, las altas esferas culturales mantenían que la Tierra era redonda, así que... ¿Por qué no llegar navegando hacia el Atlántico? El principal error de Colón fue matemático, pues según sus cálculos Asia debía estar mucho antes. Tendría suerte, pues se tropezaría con América por el camino. Colón, antes de marchar, había conseguido los títulos de almirante vitalicio, virrey y gobernador de todas las tierras descubiertas, más un diezmo de todas las mercancías con las que se comerciara. Obviamente, los Reyes Católicos no respetaron un acuerdo que le hubiera concedido más poder que el de la mayoría de los países del mundo, aunque bien es cierto que Colón también hizo trampa siempre que pudo para asignarse más privilegios.

NÚÑEZ DE BALBOA

Los primeros años fueron decepcionantes. Sin rastro de Japón, China o India ni del oro o las especias. Tan solo maíz, tomates, patatas y tabaco que tardarían tiempo en ser provechosos. Colón, intentando rentabilizar la inversión, trató de esclavizar a los indios que se iba encontrando, porque aunque aquellas tierras no eran la India, el apelativo de Indias no se lo iba a quitar nadie. Pero Isabel la Católica rechazó su plan que pasaba por ganar dinero con el comercio de esclavos. La principal misión de la corona fue la evangelizadora, con la obligación por parte de los que marchaban a las nuevas tierras de instruir en la religión cristiana a los indios y nunca maltratarles, esclavizarles y mucho menos aniquilarles. Aquí surge otro de los grandes logros de la historia española, pues es la primera vez, y puede que última, que se aplicaron leyes y planes para proteger e integrar a los indígenas como plenos ciudadanos del Imperio. Primero en las Leyes de Burgos de 1512, luego las de Valladolid de 1513, las Leyes Nuevas de 1542 y, finalmente durante unos años el hombre más poderoso de la tierra, Carlos V, paró la conquista para resolver la Controversia de Valladolid de 1551, donde las conclusiones ahí obtenidas, influidas por la Escuela de Salamanca y las doctrinas de *totus orbis* y *ius gentium* de Francisco de Vitoria, serían todo un precedente de lo que sería la Declaración Universal de los Derechos Humanos. Todo esto conformó una anomalía histórica. Eso de que un Imperio en expansión se preocupase en discutir sobre la legitimidad moral y legal de sus conquistas era impensable. Hasta entonces nadie se había planteado nunca que los habitantes de un pueblo conquistado fueran también seres humanos que merecían respeto.

TENOCHTITLÁN

Y eso se debió a dos factores. El primero el nivel cultural de aquella España, tras siglos de poso y conocimiento grecolatino dejados por la dominación árabe y por el trasiego de sabiduría en monasterios y universidades. El segundo fue la Iglesia católica, pues muchos de los que con más ahínco defendieron a los indígenas fueron los sacerdotes. El resto de iglesias protestantes ni siquiera llegaría a considerar la cuestión. Y es que siglos antes de que los padres de la Declaración de Independencia estadounidense escribieran relajadamente sentados en sus plantaciones de esclavos esa máxima de "Sostenemos que todos los hombres son creados iguales e independientes", en la escuela de Salamanca del siglo XVI español ya había hombres, como el jesuita Francisco Suárez, que habían escrito: "Todos los hombres nacen libres por naturaleza, de forma que ninguno tiene poder político sobre el otro".

La galleta que comíamos ya no era más pan sino un polvo lleno de gusanos que habían devorado toda su sustancia. Además, tenía un olor fétido insoportable porque estaba impregnada de orina de ratas. El agua que bebíamos era pútrida y hedionda. Por no morir de hambre, nos hemos visto obligados a comer los trozos de cuero que cubrían el mástil mayor a fin de que las cuerdas no se estropeen contra la madera.

Diario de a bordo, vuelta al mundo de Magallanes y Elcano

Pero bueno, como todo el mundo sabe del dicho al hecho hay un trecho. Los indios ciertamente no eran esclavos de nombre, pero al dividir las nuevas tierras conquistadas en encomiendas, a cada conquistador le correspondían con ellas un puñado de indios para trabajarlas. Y por mucho sentido humanitario que tuvieran los reyes y el Consejo de Indias a la hora de legislar, el tradicional "Se acata, pero no se cumple" estuvo presente en algunos casos. Pero también muchos conquistadores acabaron muy mal por sobrepasarse y no cumplir la ley. El régimen no era mucho más cruel que el del campesinado en la propia Península, o que en cualquier parte de Europa, y por supuesto mucho menos inhumano que el de sociedades tiránicas como la mexica. Pero para unos indios no habituados a tales trabajos, dicho esfuerzo resultó mortal. Y no es un eufemismo. Los indios, desolados por su nueva situación, incluso se dejaban morir o se negaban a engendrar descendencia. Tampoco contribuyeron las enfermedades traídas de Europa. La peste, la viruela, la gripe o el sarampión se cebaron con los indios provocando una auténtica epidemia y una devastación nunca antes vista. Tampoco se salvaban los españoles, pues la malaria, el dengue o la leishmaniosis hicieron estragos con ellos. Un gran porcentaje de los hombres y mujeres que llegaban al Nuevo Mundo morían por culpa de tales enfermedades.

Aun así, algo tan incierto como la muerte no iba a frenar el caudal de españoles que marchaban a América en busca de fortuna, honor, evangelización y gloria. Poco a poco, estos hombres pendencieros, justos, nobles y villanos fueron mezclándose con los nativos. El famoso mestizaje. España fue un imperio generador que compartió idioma, religión y tecnología con las sociedades intervenidas.

Capítulo 63

Un nuevo mundo

HERNÁN CORTÉS

En 50 años, un país de menos de 8 millones de almas, que a la misma vez mantenía una guerra en Europa y otra en África contra las potencias más poderosas de ambos continentes, había derrotado a las dos entidades más poderosas de América y sentaba las bases del más longevo Imperio ultramarino de la historia a pesar de la oposición de medio hemisferio.

La concepción que se tenía de América cambió tras la caída del Imperio mexica (o azteca) en manos españolas y la llegada de los primeros barcos cargados de plata, oro y piedras preciosas a la Península. Resulta increíble cómo tan solo un puñado de españoles pudieron poner de rodillas a naciones que dominaban sobre cientos de miles de súbditos, aunque las debilidades que los acabarían condenando eran profundas y la astucia de los conquistadores les permitió sacar partido.

ENCUENTRO DE CORTÉS CON MOCTEZUMA

Lejos queda la imagen idílica que algunos tratan de imponer sobre el periodo precolombino en América. Como podréis suponer, los imperios no se forjan a base de abrazos y sonrisas y los mexicas no eran una excepción. El Imperio era poco más que una federación de ciudades sometidas y aglutinadas por el miedo

AMÉRICA

HERNÁN CORTÉS SELLANDO ALIANZAS

común al emperador de Tenochtitlán, que exigía tributos en forma de dinero y sangre. La religión era uno de los elementos más importantes del Imperio, y esta era especialmente cruenta. Huitzilopochtli, el dios del Sol, necesitaba alimentarse diariamente para poder completar su lucha durante la noche y poder llevar el amanecer al nuevo día. No había alimento que lo saciara más y lo preparase mejor para tal empresa que los apetitosos corazones humanos, pues en la sangre se encontraba la energía vital de la que el dios obtendría su fuerza. Los mexicas se emplearon con ahínco en proporcionarle tan magro alimento, pues, como es sabido, el Sol siempre estaba sediento de sangre. Según quedó recogido, solo en el año 1487 hasta 80.000 personas fueron sacrificadas en conmemoración de la apertura del gran templo.

LA NOCHE TRISTE

En semejante régimen autoritario dominado por la religión nunca podía existir paz, pues entonces no habría más guerreros ni prisioneros sacrificados, lo que acarrearía la destrucción del mundo por parte del Sol. Y si no había enemigos externos, se les buscaba en el interior. Los

Amigos y compañeros: de aquí para el norte, hacia Panamá, hay hambre, desnudez, tormentas de agua, pobreza y muerte; hacia el sur hay riquezas, donde está el Perú. Que cada cual elija lo que más conviene a un castellano bravo; en cuanto a mí, voy hacia el sur.

Francisco Pizarro, en la isla del Gallo

conflictos y revueltas eran algo normal en el Imperio e incluso bajo los años de reinado de Moctezuma, el último gran señor de Tenochtitlán, casi todas las provincias sometidas intentaron, al menos una vez, deshacerse del duro yugo azteca. No es de extrañar que a la llegada de Hernán Cortés muchos de los caciques locales quisiesen unirse a él en esa particular guerra de liberación. Y ahí se despierta el genio, el carisma y el talento del conquistador, capaz únicamente con el vigor de sus palabras y la fuerza de su sueño de agrupar a tantos diferentes: militares, nativos, aventureros, rufianes, clérigos y cronistas, cada uno en pos de diferentes objetivos, unidos bajo la bandera de un extremeño soñador. Y por supuesto no hay que olvidarse de los grandes artífices de la conquista: los propios nativos americanos, tributarios de Tenochtitlán y a los que Moctezuma tenía sojuzgados.

Y mientras esto sucedía en el nuevo continente, Magallanes viajaba a las islas de las Especias rumbo oeste. Murió en el camino, pero tres años más tarde, otro de sus hombres, Elcano, llegaba a España después de haber completado la primera vuelta al mundo de la historia, dotando a la Monarquía Hispánica de un aumento territorial sin precedentes y el mayor prestigio naval y científico de su era.

Los indígenas también desempeñaron un fuerte papel en la otra gran conquista, la caída del Imperio Inca. Si Cortés dispuso de hasta 900 españoles para enfrentarse a cientos de miles, Francisco Pizarro apenas tenía 167 para luchar contra números similares. Sin embargo, el Imperio se encontraba dividido por una de esas tonterías que a veces se le ocurre hacer a un padre por amor a sus hijos. Al anterior inca se le ocurrió dividir el territorio entre sus dos hijos y para cuando los españoles llegaron el Imperio estaba envuelto en una cruenta guerra civil de la que los nuestros supieron rápidamente sacar partido.

HERNÁN CORTÉS

ESCANEA ESTE CÓDIGO QR CON TU MÓVIL PARA ACCEDER AL VÍDEO EN YOUTUBE

Capítulo 64

Héroes y villanos

EL NUEVO MUNDO

Hasta 200.000 españoles cruzarían el gran océano a lo largo del siglo XVI en busca de conquistas, riquezas y fama en las lejanas indias. Lo que se encuentran no podría estar más lejos de su imaginación: un mundo totalmente ajeno, caluroso y húmedo, donde los metales se oxidan, la pólvora se humedece y las heridas se infectan con facilidad, habitado por gentes extrañas, muchos de ellos caníbales o proclives a los sacrificios humanos, y exóticos animales, tan peligrosos como fabulosos. Pero lo más terrible es la muerte invisible, el hedor de las enfermedades que se lleva incluso hasta el 50% de las nuevas remesas de aventureros que consiguen poner pie por primera vez en el Nuevo Mundo. Sí, allí hay oro, y para algunos fama y prestigio, pero el precio es altísimo.

España no desembarca en América a la vanguardia de ingentes ejércitos plagados de banderas y hombres. No estamos ante una Roma invadiendo Hispania. Los hombres que desembarcan en las playas americanas son voluntarios y, aunque el ejército les es cercano a muchos, su ánimo no es el más acorde para la disciplina militar, ni sus expectativas se ven reducidas a las de la cadena de mando. La conquista no es una invasión colonial como las que practicarían otras potencias, sino que es más semejante a lo visto por los primeros colonos que se asentaban en la peligrosa frontera del Duero para conseguir un futuro mejor durante los primeros compases de la Reconquista.

Algunos, los menos, eran hijos de la nobleza, ricos adinerados que buscaban dorar sus apellidos al servicio de la corona, y al reflejo del oro. Bastantes eran hidalgos menesterosos, sin nada más que la honra para llevarse a la boca, que perseguían el ascenso social que se les negaba en la Península. El resto, los más, no eran más que campesinos y labriegos que preferían morir jóvenes y lejos de sus casas bajo la promesa de un futuro mejor antes que languidecer poco a poco en sus paupérrimas haciendas. La España del siglo XVI ya era la principal potencia del mundo, pero seguíamos siendo pocos (7 millones siendo generosos) y bastantes pobres, pues la guerra dará gloria, pero deja pobreza. Las guerras no se pagan solas, y España siempre está en guerra.

ALMAGRO EN CHILE

ATAHUALPA, ÚLTIMO SOBERANO INCA

Hidalgos y villanos sin fortuna se lanzarán hacia ese territorio que parece guardar promesas infinitas. Pero no solo buscarán dinero, sino, sobre todo, perseguirán la valiosa honra y fama que conforma el motor de la España de la época. Los conquistadores y exploradores serían, ante todo, hijos de su tiempo

LA MATANZA DE CHOLULA

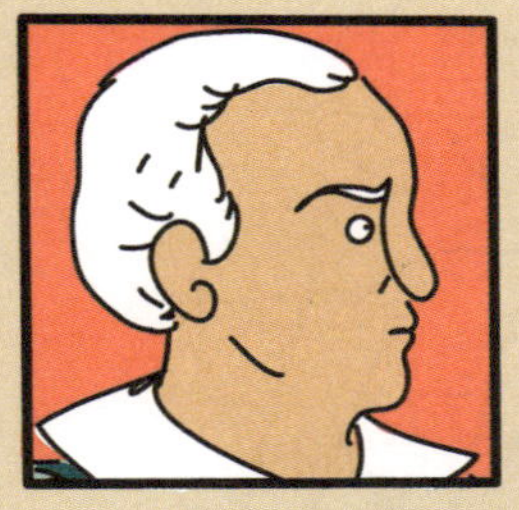

DIEGO DE ALMAGRO

y el objetivo ideal para todo europeo, aquello a lo que debía aspirar, no era más que el ascenso social, el señorío, la nobleza.

Algunos españoles no solo iban a América para fundar prósperas colonias, emprender rentables negocios y convertirse en opulentos magnates por la vía fácil. Más bien cruzaban el charco jugándose el tipo, para dominar a los indígenas si hacía falta, ganar tierras, recoger oro y, con eso, obtener los ansiados títulos que permitirían alcanzar la fama y la posición. Un lugar común es la insaciable sed de oro de los conquistadores, pero normalmente siempre es juzgada desde nuestra visión materialista actual. Aquellos hombres, la mayoría, no buscaban atesorar riquezas sin cuento únicamente para deleitarse. La codicia de aquellos hombres, su avaricia, no era realmente económica, sino social. El español de entonces no quiere ser rico, quiere ser señor. El oro tan solo es el instrumento necesario.

Otros dos factores influirían notablemente. Por un lado la fe, por el otro la fantasía. La conquista de América se puede observar fácilmente como una continuación de la Reconquista peninsular, así se observan en ellas rasgos y características que no se volverían a dar nunca más, ni por otros pueblos ni por la misma España en sus infructuosos futuros intentos africanos. El mestizaje abundó, los frailes recogieron buena parte de la cultura e historia prehispánica y a las poblaciones indígenas se las evangelizaba y dotaba de relativos derechos. La fantasía caballeresca también les influyó. Desde *Amadís de Gaula*, la novela de caballerías se encuentra en todo su apogeo y los colonos americanos serán unos de sus mayores consumidores. Los capitanes buscan emular a Amadís o a Tirant y sus hombres se ven a sí mismos como esforzados caballeros. Por

BATALLA DE OTUMBA

Si no fuese porque estas historias contenían encantamientos (libros de caballerías), hay algunas cosas que nuestros españoles han hecho en nuestros días en estas partes, en sus conquistas y encuentros con los indios, que como hechos dignos ya mencionados, sino también a lo que se ha escrito sobre los doce pares de Francia.

Pedro de Castañeda

MUERTE DE FRANCISCO PIZARRO

eso elegirán denominar algunos lugares con nombres sacados directamente de aquellos libros, como California.

Muchos fueron los que se atrevieron a dar el salto y sus gestas bien podrían estar sacadas de los libros de caballerías de los que eran adictos. Algunos de aquellos que dejaron su nombre escrito en las páginas de la historia fueron Hernán Cortés, Francisco Pizarro, Gonzalo Pizarro, Alonso Dávila, Pedro de Alvarado, Hernando de Soto, Hernández de Córdoba, Pedro de Mendoza, Cristóbal Colón, Américo Vespucio, Vicente Pinzón, Fernando de Magallanes, Alonso de Ojeda, Juan Díaz de Solís, Juan de la Cosa, Francisco de Coronado, Pedro de Valdivia, Gonzalo Jiménez Quesada, Juan Sebastián Elcano, Álvaro Núñez Cabeza de Vaca, Pedrarias Dávila, Francisco de Orellana, Francisco de Vázquez, Miguel López de Legazpi, Lorenzo de Aldana, Juan de Grijalva, Alonso de Ojeda, Diego de Almagro, Bernal Díaz del Castillo, Ruy López de Villalobos, Domingo Martínez de Irala, Inés de Suarez, Álvaro de Saavedra, Nicolás de Ovando, Andrés de Urdaneta...

GONZALO PIZARRO

ESCANEA ESTE CÓDIGO QR CON TU MÓVIL PARA ACCEDER AL VÍDEO EN YOUTUBE

Capítulo 65

Oro que va y viene

Como ya anotamos, para encontrar en la historia un proceso civilizador semejante a lo que los españoles hicieron en América hay que remontarse a la antigua Roma imperial y después al Imperio de Alejandro Magno. De igual forma que el Imperio Romano forjó una Europa en base a su idioma, su filosofía y su ley, España también implantó en América un nuevo sistema inspirado en su idioma, su fe y su derecho. Y fuimos los únicos. Los territorios, virreinatos españoles no eran meras factorías. El modelo virreinal español fue muy diferente del posterior modelo colonial inglés.Los reinos españoles eran idénticos en todo el Imperio, todos presentaban un modelo integrador común. Las instituciones, con sus pequeñas particularidades, eran iguales desde Perú hasta Filipinas, desde Chile hasta México.

En Estados Unidos, Australia o Canadá, el indígena era directamente exterminado. Mientras en la India ha persistido la costumbre de quemar a las viudas hasta prácticamente nuestros días,

GRAN EXPEDICIÓN POR EL AMAZONAS

TOMA DE CUZCO

en Nueva España los sacrificios humanos se erradicaron hace 500 años, pues desde la Península se preocupaban de implantar un modelo común. Para la Leyenda Negra los exterminadores de pueblos somos nosotros pero en la civilizada Australia en 1962 ya no se mataba inmisericordemente a los aborígenes, pero hasta esta fecha no se les dio derecho de voto y seguían siendo tratados como salvajes o como si fueran parte de la flora y la fauna. Y sí, sí que hubo por parte del Imperio español terribles matanzas, pero nunca hay que ocultar que muchos nativos, muchísimos, participaron en la conquista y contribuyeron a crear el Nuevo Mundo que se estaba formando. El mestizaje era algo común y favorecido. Incluso Hernán Cortés tuvo dos hijos mestizos.

El esfuerzo de la corona por poner orden en aquellas tierras fue encomiable y la preocupación que siempre se tuvo por proteger al indígena fue algo muy novedoso. Las leyes por supuesto se trasgredían, muchas no se acataban y corruptos y advenedizos siempre han existido. Pero para ello existía la ley, y muchas veces todo el peso de la ley cayó sobre ellos. Los nativos ganaron juicios y los conquistadores se resistieron como gato panza arriba cuando se aplicaron las Leyes Nuevas en 1542. Potentados como Gonzalo Pizarro no acabaron bien al oponerse a la Corona. Terminó decapitado. Todas estas instituciones perseguían la integración de las sociedades. Intente el lector buscar leyes o disposiciones semejantes en el resto de imperios o en los democráticos Estados Unidos tras su independencia.

Durante el asalto final a Tenochtitlán, junto a los 500 españoles de Cortés marchaban otros 200.000 indígenas dispuestos a seguirlo; Jiménez de Quesada tenía bajo su mando a 50 españoles y 15.000 nativos, mientras se adentraba por territorio desconocido, y Cuzco fue tomado por los menos de 200 españoles de Pizarro y 30.000 naturales de la zona. El mayor error es tratar al indio como si fuese uno solo. Esa interpretación la caricaturiza muy bien Iván Vélez. Una lectura "que sitúa en el centro de la escena resistente al «indio», un sujeto tan inexistente como idealizado, tan arcádico, que solo resulta asumible por mentalidades infantiles capaces de creer en el mito del buen salvaje". El Imperio español desbordó las columnas de Hércules y se extendió desde el Cabo de Hornos hasta Alaska, del Atlántico al Pacífico; y por supuesto estaba habitado por miles de tribus enemigas entre sí. Pactar con los indios no era imposible, solo había que querer hacerlo. Un despliegue como el español en una geografía tan extensa solo fue posible gracias a las alianzas con una serie de pueblos, como los tlaxcaltecas, enfrentados a sus opresores mexicas. Para esos pueblos Cortés era un libertador.

La colonización fue un asunto que la Corona delegó en las compañías mercantiles. Sin embargo, nuestros reyes se tomaron muy en serio la colonización de América que fue un asunto de Estado. Al igual que los romanos, el español, como imperio generador (distinción del filósofo Gustavo Bueno frente al imperio depredador), fue un imperio de ciudades. No se construían factorías coloniales, se edificaban ciudades. Hasta 500. Todas con su estructura administrativa y girando alrededor de su iglesia, de su pequeño cabildo y de su mercado central. En México todavía está en funcionamiento el Hospital de Jesús que fundó Cortes y muchas de las universidades hispanoamericanas son anteriores a muchas universidades europeas. Hasta 20 centros de educación superior se fundaron antes de la independencia. Ni portugueses ni holandeses llegarían a abrir universidades en sus imperios. En 1538 se funda en Santo Domingo la primera universidad en el Nuevo Mundo. En 1551 se crea la Universidad de San Marcos en Lima, y dos años después la de México. Harvard no llegaría hasta 1636 cuando toda Hispanoamérica ya estaba llena de universidades a imagen de las de Alcalá de Henares y Salamanca.

En definitiva, incriminar al Imperio español en cualquier fracaso que pueda existir hoy en América sería tan ridículo como si nosotros culpásemos por poner los pies en nuestra Península a fenicios, griegos, romanos, suevos, vándalos, alanos, godos, omeyas, almorávides, vikingos....

La relación entre la Península y el Nuevo Mundo fue un continuo toma y daca, en la que ambos lados aprendieron y se engrandecieron. Un tesoro vino hacia un lado y otro de igual valor fue devuelto. Poca de la plata que transportaba la carrera de Indias, desgraciadamente, quedó en España, pero la lengua, las tradiciones y la fe, las raíces culturales de Grecia y Roma, que los hombres de aquel tiempo, con sus miserias, lacras y contradicciones, exportaron a América siguen hoy vivas entre sus gentes. Como defendía el nobel mexicano Octavio Paz, "No todo fue un horror: sobre las ruinas del mundo precolombino los españoles y los portugueses levantaron una construcción histórica grandiosa que, en sus grandes trazos, todavía está en pie. Unieron a muchos pueblos que hablaban lenguas diferentes, adoraban dioses distintos, guerreaban entre ellos o se desconocían. Los unieron a través de leyes e instituciones jurídicas y políticas pero, sobre todo, por la lengua, la cultura y la religión. Si las pérdidas fueron enormes, las ganancias han sido inmensas. Para juzgar con equidad la obra de los españoles hay que subrayar que sin ellos -quiero decir: sin la religión católica y la cultura que implantaron en nuestro país- no seríamos lo que somos. Seríamos, probablemente, un conjunto de pueblos divididos por creencias, lenguas y culturas distintas".

Natural es preguntarse por qué fue el gobierno de las colonias españolas tratado de inhumano y cruel, en tanto que un complaciente silencio rodea la historia de las colonias inglesas en Norteamérica.

Teodoro Esquivel

Es precisamente un yanqui, Charles F. Lummis quien en 1983 hizo la mejor defensa del imperio español, perfecta para concluir este capítulo: "Una de las cosas más asombrosas de los exploradores españoles -casi tan notable como la misma exploración- es el espíritu humanitario y progresivo que desde el principio hasta el fin caracterizó a sus instituciones. Algunas historias que han perdurado, pintan a esta heroica nación como cruel para los indios; pero la verdad es que la conducta de España en este particular debiera avergonzarnos. La legislación española referente a los indios de todas partes era incomparablemente más extensa, más comprensiva, más sistemática, y más humanitaria que la de Gran Bretaña, la de las colonias y la de los Estados Unidos todas juntas. Aquellos primeros maestros enseñaron la lengua española y la religión cristiana a 1.000 indígenas por cada uno que nosotros aleccionamos en idioma y religión. Allá por 1575 -un siglo antes de que hubiera una imprenta en la América inglesa- se habían impreso en la ciudad de México muchos libros en 12 diferentes dialectos indios, siendo así que en nuestra historia solo podemos presentar la Biblia india de John Eliot; y tres universidades españolas tenían casi un siglo de existencia cuando se fundó la de Harvard. Sorprende por el número la proporción de hombres educados en colegios que había entre los exploradores; la inteligencia y el heroísmo corrían parejas en los comienzos de colonización del Nuevo Mundo".

CONQUISTADOR

Capítulo 66

Cambio de tercio

FELIPE III

El 13 de septiembre de 1598 Felipe II abandonaba el mundo dejando a su hijo el gobierno más poderoso, extenso y complejo del mundo. Y no lo hizo de buen grado; "Dios, que me ha dado tantos reinos, me ha negado un hijo capaz de regirlos" se lamentaba a sus consejeros. Demasiado enfocado en la paja, el monarca se olvidó por completo de la viga. Su inseguridad, sus ansias de control, le habían llevado a dirigirlo todo bajo su persona. Incapaz de delegar en sus subordinados nunca le enseñaría a gobernar a su propio hijo. Así, cuando a Felipe III le llegó la hora, este ignoraba completamente cuál era el oficio regio. Las palabras proféticas, y tal vez arrepentidas, de su padre, "me temo que lo han de gobernar", acabarían cumpliéndose cuando Felipe III prefirió suplir su ignorancia con el apoyo de otra persona sobre la que pudiera descargar la ingrata tarea de gobernar el extenso entramado en el que se había convertido el Imperio de los Austrias.

En aquel tiempo, lejos de como lo percibimos a día de hoy, el cambio de siglo y el advenimiento de un nuevo monarca se acogió con alegría y festejos: arte, opulencia, vicio, virtud, corrupción, integridad, derroche, mesura, críticas y propuestas se sucedían. España estaba en la cúspide de su hegemonía, entre los siglos XVI y XVII, entre el Imperio que había dominado el mundo y el que se vería amenazado, entre el poderoso rey caballero y el temido rey prudente, el impotente rey Planeta y el patético Hechizado. Pero si, como hemos visto, las luces de los Austrias mayores (Carlos I y Felipe II) no fueron tan deslumbrantes, la oscuridad de los menores (Felipe III, Felipe IV y Carlos II) tampoco fue tan ominosa.

Lejos de las carencias mentales que algunos le han querido achacar, lo cierto es que Felipe III tuvo un rápido desarrollo en la lectura, escritura y matemáticas e incluso llegó a dominar una buen cantidad de lenguas e instrumentos como la viola de gamba. Sin embargo, la inseguridad que había heredado de su progenitor, reforzada por la poca confianza puesta en su persona por la Corte, e incluso por su propio padre (llegó incluso a firmar que tras su muerte hubiera un periodo previo de regencia, aunque después se arrepentiría), acabó haciendo una profunda grieta en su autoestima. Notable el contraste: mientras que a su padre la inseguridad le había empujado a acaparar en su persona todos los asuntos de Estado, Felipe III respondió a la gobernanza con desidia y apatía. No es que el hijo ni siquiera quisiera intentar emular a su padre, parecía que se hubiese propuesto contradecir toda su figura. Donde uno había sido austero, trabajador hasta la obsesión y autócrata, el otro era derrochador, irresponsable y su dejadez llegaba hasta el extremo.

Tanto es así que, en un gesto sin precedentes en la monarquía española, el rey delegaría el poder en un ministro principal: el llamado Valido. Pero ni en esa rara muestra de decisión el rey acertó. Su elección recaería en Francisco Gómez de Sandoval y Rojas, marqués de Denia, posteriormente ascendido a la condición de duque de Lerma. Es bien sabido que la corrupción es una de las condiciones más antiguas del ser humano, pero pocas veces hemos podido observar en España, y ha habido muchas, una trama administrativa del calado de la que montó el susodicho valido. Además el monarca hizo oídos sordos de todos los rumores palaciegos que apuntaban al duque como el artífice de la corrupción.

EL DUQUE DE LERMA

Poco a poco Lerma fue acumulando tal cantidad de cargos y prebendas que, *de facto*, era más monarca

PALACIO DE LERMA, CERCA DE VALLADOLID

que el propio rey. Y que su proceder no iba a ser a favor del pueblo se demostró cuando acabó metiendo en la corte a sus propios parientes y amiguetes. Algunas cosas nunca cambian. Pero lo peor de este bellaco no eran sus ansias de riqueza, sino su falta de escrúpulos. Con la avidez del pobre que teme volver a dicha condición cometió salvajadas sin cuento, escenificadas todas ellas en el traslado de la capital del reino. En 1601, al no tener Madrid las condiciones higiénicas para albergar a la corte, se decidió trasladar la capital a la ciudad de Valladolid.

Prontamente la ciudad acometió las reformas necesarias para dar cabida a toda la gente que se tuvo que trasladar creando un buen número de puestos de trabajo e inversión. Hasta aquí todo normal, si no fuera porque "casualmente" el propio Lerma había comprado tiempo antes unos cuantos terrenos a precio de saldo en la capital vallisoletana, y se dedicó a venderlos cuando el precio del suelo se elevó por las nubes. Nada de especulación, pensaría él, solo una diferencia de dinero entre el precio de compra y el de venta. Pero eso no fue lo peor. También se hizo construir un gran palacio, para tener su Escorial a las afueras de Valladolid y en 1606, cuando no llevaban allí ni cinco años, se reutilizó la misma excusa y se reemprendió el regreso de la corte a Madrid, permitiendo a los que pusieron a la venta sus propiedades hacerse de oro, y sí, entre ellos estaba Lerma, hombre previsor y visionario como pocos. Atrás quedaba una Valladolid arruinada, colmada de edificios a medio construir y otros tantos vacíos y en desuso. Y sin un duro. Parece que su estancia en Valencia le enseñó al Duque un par de cosas sobre el pelotazo urbanístico. Ni siquiera somos capaces de innovar.

Y si al menos hubiera sido corrupto pero capaz, de alguna nos habríamos librado. Pero como hemos visto los males nunca vienen solos. La incompetencia del valido en materia política era conmovedora, de las que solo dejan ganas de llorar. España, una gigantesca mole, seguía marchando más por la inercia del salto anterior que por cualquier otra acción, pero su creciente tambaleo borracho, guiado en muchas ocasiones

El diablo tiene nueve hijas, a las que ha casado: a la simonía... con los clérigos seculares.
A la hipocresía... con los monjes.
A la rapiña... con los caballeros.
Al sacrilegio... con los campesinos.
A la simulación... con los alguaciles.
Al fraude... con los comerciantes.
A la usura... con los burgueses.
A la pompa mundana... con las matronas.
Y a la lujuria, a la que no ha querido casar, pero que ofrece a todos como amante común.

Edicto del Emperador contra los comuneros en Worms

MEDIO CROAT DE FELIPE III

por otras potencias europeas, hacía cada vez más evidente lo que nos esperaba. Así, entre corrupción, incompetencia y pelotazos inmobiliarios llegó un momento en que la situación se tornó insostenible, obligando a Felipe III a deshacerse del duque. Este se marchó por una puerta giratoria al senado de la época, la curia cardenalicia, y con el aforamiento bajo el brazo acabaría marchándose de rositas mientras el gentil pueblo español le cantaba en su despedida: "Para no morir ahorcado, el mayor ladrón de España, se viste de colorado".

La corrupción, la expulsión de los moriscos y la mala economía (que ahora narraremos) provocaba que Hacienda ingresara unos 10 millones de ducados anuales mientras el Estado gastaba sus buenos 70. Lo normal, como nos podría parecer a todos, sería eso de reducir gastos, pero los políticos seguían prometiendo que tanto gasto era bueno para la gente. Tanto se habían españolizado los Austrias que habían interiorizado a fondo eso de "sostenella y no enmendalla".

Y así estábamos cuando en 1618 nos daría por meternos en una nueva guerra. Pero primero, uno poco de economía y de cultura.

Capítulo 67

Entre buscones, quijotes y lazarillos

Felipe II ya había esquilmado España bajo su reinado gastándose todo el dinero que tenía, y el que no, para mantener los intereses de los Austrias; y con sus sucesores no mejoraría la cosa. La economía española se sustentaba principalmente en dos pilares: la tierra y la plata, la agricultura castellana y la minería americana. La ostentación de las clases dirigentes, el derroche barroco de la Iglesia, la administración burocrática del Estado, los ejércitos que se movilizaban por Europa y las flotas que recorrían por entero el orbe, todo el Imperio y sus proyectos, se erigían sobre las espaldas de los campesinos castellanos y los mineros americanos.

Sin embargo, a partir de 1600 la cosa cambió. El mayor desarrollo de las economías americanas hacía que estas demandasen ya más productos manufacturados, que la Península no podía desarrollar. Las materias primas que exportaba Castilla eran ya insuficientes, por lo que el comercio y los ingresos que dejaba en tierra comenzaron a decaer. Y como siempre vienen dadas de dos en dos, a esto se sumó que las poderosas minas comenzaban a dar señales de agotamiento y cada vez una mayor cantidad de capital se quedaba en América en vez de cruzar el charco. No quedaron muchos castellanos para quejarse pues, correlativamente, entre 1596 y 1602, una gran peste inauguraría un siglo de recesión demográfica llevándose por el camino a 500.000 almas.

También existían en España los Estatutos de limpieza de sangre, donde la gente debía probar que su linaje estaba limpio de moros y judíos si perseguían llegar a medrar. Los cristianos viejos, aunque fueran incompetentes e inútiles, eran preferidos a otros más capaces e inteligentes, pero por cuyas venas corría esa sangre corrupta. Como si siendo pocos pudiéramos dilapidar así tanta cantidad de recursos humanos. El pueblo llano aceptó con entusiasmo las nuevas prácticas; no tenían nada que perder. Los señalados no eran ellos, pues los conversos se habían mezclado con la aristocracia y la burguesía por lo que, de pronto, el más bajo villano descubría que, a pesar de carecer de la honra del linaje o el brillo del oro, disponía de un valor mucho más preciado: la pureza de sangre.

LAZARILLO DE TORMES

La España multirracial y tolerante daría paso a la tradicionalista y suspicaz, donde hasta la libertad, el pensamiento y la cultura comenzaban a ser vistos de manera sospechosa. El "viva las cadenas" comenzaba a formarse en el ambiente mientras España se cerraba al mundo, y los buenos cristianos acataban los dogmas que se impartían desde los púlpitos y altares. Ahogándonos en agua bendita y con las universidades muchas veces discutiendo sobre el sexo de los ángeles en lugar de sobre ciencia y progreso, España pasó de ser la vanguardia del saber occidental (en Salamanca se aceptaban estudiantes de ambos géneros, se practicaban disecciones al cuerpo humano, se discutía sobre la legitimidad de la conquista y se enseñaba el universo de Copérnico) a ir apartándose

EXPULSIÓN DE LOS MORISCOS DE GRANADA EN LA REBELIÓN DE LAS ALPUJARRAS

FELIPE III

de ese camino. Teólogos y pintores destacaron. Tenemos a Velázquez, que no es poca cosa, pero en Europa nacían Harvey, Galileo, Huygens, Pascal y Descartes. Nosotros aun así teníamos al inventor Jerónimo de Ayanz que diseñó una máquina de vapor un par de siglos antes de que James Watt perfeccionase la máquina de Newcomen. Mientras la ciencia y la filosofía florecía en Europa, en España destacaban la fe y las artes; cuestiones de suma importancia, pero que poco a poco provocaron que nos fuésemos quedando atrás.

Llamamos Siglo de Oro a la España de los Austrias precisamente porque, paradójicamente o tal vez no tanto, la literatura, la pintura y la mística, tal vez abonadas por tanta miseria, alcanzarían las cumbres más altas. Una cultura que reflejó en sus cuadros y escritos la envidia, el oportunismo, la desvergüenza, la picaresca, la golfería y la corrupción alentada desde el mismo trono que acabarían por convertirse en nuestras señas de identidad. Así, el ejemplo a seguir, el héroe literario a emular, era el pícaro truhan y no el valiente, el honorable, el sabio o el honrado. Lázaro de Tormes, el buscón Pablos o Guzmán de Alfarache reflejaban el día a día de aquella sociedad camino de la ruina; una sociedad donde los hidalgos preferían morirse de hambre antes que trabajar, los lazarillos abundaban por doquier y cualquier excusa era buena para saltarse un trabajo que pronto adquiriría todo tipo de connotaciones despectivas. Aunque sobre todos ellos, es justo recordarlo, volaría montado sobre su flaco rocín un único héroe hidalgo de noble corazón, sueños desmedidos y sabia locura.

DIEGO VELÁZQUEZ

Nunca otra nación pudo presentar tal cartel como esa España contradictoria. Quevedo, Cervantes, Góngora, Lope, Tirso y demás se saludaban al cruzar la esquina o llevaban sus cuitas personales hasta las tabernas tras salir de los viejos corrales de comedias.

CERVANTES

Aunque, volviendo a la economía, se equivocan todos los que piensan que el país no podía caer más bajo. Es bueno recordar que las cosas siempre pueden ir a peor y no hay nadie mejor que los españoles para lastrarnos nuestro propio camino. En 1609, justo cuando se firmaba la Tregua de Amberes con las Provincias Unidas de los Países Bajos, el gobierno de Felipe III tomó la decisión de expulsar a los moriscos de España (1609-1613). Tras la revuelta de las Alpujarras los moriscos habían sido dispersados por todo el territorio, sin embargo, el paso del tiempo no había conseguido que se integraran con el resto de la sociedad.

> **¡Cuántos deben de haber en el mundo que huyen de otros porque no se ven a sí mismos!**
>
> ***Lazarillo de Tormes, anónimo***

LOPE DE VEGA

Resistiéndose a la cristianización y a la hispanización permanecían utilizando estructuras paralelas, con sus líderes, con su propia lengua, sus distintas costumbres y su diferente religión.

El fervor religioso, la pureza de sangre y la intransigencia religiosa se juntaron con las razones de Estado, pues bien es cierto que se temía a una población (la morisca) cuya patria espiritual estaba fuera de España y de la que se sospechaba que lo mismo ocurría respecto a su lealtad política; una especie de quinta columna que funcionaba en connivencia con los piratas berberiscos. Su expulsión no benefició a nadie, ni a las finanzas públicas, ni a los nobles señores ni a la propia Inquisición, y nadie la había pedido, pero la Corte se empeñó en que una sociedad debería ser más homogénea, o todos moros o todos cristianos. Y los reyes preferían lo segundo.

FRANCISCO DE QUEVEDO

BUFÓN DE LA CORTE

Henry Kamen cifra en 300.000 los expulsados que abandonarían la Península, un pequeño porcentaje de la población española, aunque el porcentaje fue mucho más abultado en zonas de Aragón y Levante, donde el desastre económico fue demoledor. Puede parecer un número relativamente pequeño, pero hay que considerar que entre los moriscos no había nobles, hidalgos, soldados ni sacerdotes por lo que el hachazo a la población activa fue significativamente mayor.

Capítulo 68

Cada cual, Sancho, es hijo de sus obras

CONDE-DUQUE DE OLIVARES

Tras la repentina muerte de Felipe III en 1621 su joven hijo, contaba con solo 16 años, se hace cargo de los designios de España y el Imperio sin apenas experiencia política, dominado por la inmensa voluntad de su viejo mentor, Gaspar de Guzmán, conde de Olivares. Felipe IV es un personaje sumamente complejo. Desprestigiado por muchos ya que durante su reinado el Imperio perdería la hegemonía mundial, considerado dentro de los Austrias menores, otro podría haber sido su destino si hubiera nacido antes. Profundamente religioso aunque amigo del vicio y las fiestas, también era inteligente y nunca se dejaría gobernar como su padre; aunque su figura se vería eclipsada por su valido, el gran hombre del siglo XVI español. Su reinado, uno de los más largos y decisivos de nuestra historia, fue una tragicomedia dividida en dos actos. La primera mitad con el conde-duque de cabeza de cartel y la segunda como la tragedia de un pueblo y un rey que iniciaron su andadura en la cúspide del mundo bajo sueños de grandeza y que acabaría despeñándose por el precipicio.

El conde-duque de Olivares se dedicó a mandar, no a robar como sus antecesores en el cargo y, con más voluntad que acierto, buscó implementar profundas reformas e intentó modernizar el país para subsanar sus graves fallas y conseguir mantenerlo en cabeza en una lucha por la supremacía entre las potencias de la época. Sus proyectos, aunque similares a los que estaban realizando las naciones que próximamente se harían con el dominio del mundo, eran demasiado modernos y avanzados para nuestro país y, sobre todo, para las oligarquías regionales. Por si fuera poco Olivares, terco, con una ambición desmedida, cruel e impaciente con los necios y soberbio, nunca se distinguió por poseer las sutilezas necesarias para dedicarse a la política.

FELIPE IV

Pero así como sus defectos eran perfectamente visibles, también lo eran sus habilidades: profundamente inteligente, con una gran visión de futuro y capaz de mostrar magnanimidad; arduo trabajador al servicio de su rey, lo hacía desde primeras horas de la mañana hasta altas horas de la noche. Capacitado como pocos para el gobierno absoluto, mucho más que la mayoría que lo ha ostentado, no dudaba en ejercerlo. Si algo se escapaba a su entendimiento no perdía tiempo en buscar cómo dominarlo, como fue el caso de las finanzas de la Corona. Lástima que su impaciencia, su gran defecto, provocase que buscara soluciones rápidas a entresijos que merecían proyectos mucho más elaborados y continuados en el tiempo.

Reformador a nivel interior, era profundamente conservador a nivel exterior. De hecho, su principal obsesión sería siempre el teatro de operaciones internacionales y la mayoría de las reformas programadas en el interior tan solo eran un medio para permitir la perpetuación de España como potencia mundial. Lástima que ahí sus errores fueran clamorosos.

Uno de sus principales desaciertos fue reanudar la interminable Guerra de Flandes, aunque en su descargo los halcones holandeses también estaban deseando volver a los viejos tiempos de las picas y el olor a pólvora de los arcabuces y cañones. Pero allí fue a morir otra vez el león hispano que, aunque de lejos permanecía fiero, de cerca se veía cómo sus dientes perdían cada vez más filo y se iba desangrando lentamente por una multitud de heridas. Aunque, ¿qué se debería haber hecho? Es cierto que, simplificando, abandonar Flandes hubiera facilitado mucho las cosas, pero la vida rara vez resulta tan sencilla. Para el Imperio abandonar Flandes a su dramática suerte no solo hubiera afectado negativamente a su reputación, sino que podría favorecer la consolidación de potencias hostiles centroeuropeas que impedirían que España pudiera acceder a los mercados del norte y recabar la tan necesaria madera

COMIENZO DE LA GUERRA DE LOS TREINTA AÑOS

usada para sus barcos transoceánicos.

SOCORRO DE GÉNOVA POR EL MARQUÉS DE SANTA CRUZ

También se encargaría de incluirnos de lleno en la Guerra de los Treinta Años. Aunque nuestras tropas habían estado presentes en la victoria imperial de la Montaña Blanca, a partir de ese momento los ejércitos de la monarquía se desplegarían por todo el Sacro Imperio para ayudar a sus parientes austriacos. Una verdadero acto de fe de los españoles el ayudar a mantenerse a sus primos que se lo acabarían devolviendo tiempo más tarde cuando, tras décadas de combates ininterrumpidos, firmarían la paz con sus enemigos y dejándolos solos contra todos ellos, capitaneados por una fresca Francia que aprovechaba su oportunidad de entrar en la lid y devolvernos todo lo pasado. Pero aún queda algún tiempo para eso.

De primeras todo parecía irle bien al valido. 1625 fue el *annus mirabilis* de la monarquía como lo define el gran historiador John H. Elliott. Nuestras tropas comandadas por generales de la talla de Ambrosio Spinola o el conde de Tilly, consiguieron victorias en escenarios clave de Europa y América: el Sitio de Breda, la Defensa de Cádiz, la Recuperación de Salvador de Bahia o el Socorro de Génova fueron gestas que permitieron hacer temblar al mundo bajo el poderío hispano y reforzaron la imagen e influencia del conde-duque. ¿Quién dijo decadencia?

Muy felices nos las fiábamos, pero pronto nos habríamos de volver a quedar sin dinero. Tan mala era la intendencia que el ejército debía comprar materiales de guerra a los mismos comerciantes holandeses que más tarde utilizarían esos mismos fondos para atacarlos. Uno podía pasarse la vida entera en el ejército sin ver un buen sueldo y algunos generales, como Spinola, llegaron a pagar de su bolsillo a las tropas para que continuaran combatiendo. Más tarde, España se lo pagaría marginando en la distancia a quien sería el mejor comandante del siglo XVII y condenándolo a morir en desgracia. Una costumbre muy española.

Tan necesitadas estaban las finanzas de la Corona que comenzaron a venderse a manos llenas documentos que permitirían a los religiosos legitimar a buena parte de

RENDICIÓN DE BREDA

Tenga V.M. por el negocio más importante de su monarquía, el hacerse Rey de España; quiero decir Señor, que no se contente V.M. con ser Rey de Portugal, de Aragón, de Valencia, Conde de Barcelona sino que trabaje y piense con consejo mudado y secreto, por reducir estos reinos de que se compone España, al estilo y leyes de Castilla sin ninguna diferencia, que si V. M. lo alcanza será el Príncipe más poderoso del mundo.

Instrucción de 1624 a Felipe IV, conde-duque de Olivares

AMBROSIO SPINOLA

sus hijos bastados. Unos necesitaban el dinero y los otros querían sexo, *quid pro quo*. Incluso en la literatura quedaría plasmada la imagen del Don Juan que escalaba las paredes de los conventos para encontrar a su amada de aquella noche.

Posar la mirada en la Iglesia española de la época era lo mismo que hacerlo sobre un saco de contradicciones. Dentro de ella se encontraba la iglesia de la Inquisición, la del perdón, la de la depravación, la solidaria, la de la ostentación y la adalid de la cultura y el misticismo. ¿Cómo podía ser posible mantener tamaña heterogeneidad? Fácil, todo era una cuestión de números. Alrededor de un 20% de la población se dedicaba a los quehaceres religiosos. Así, mientras el resto se mataba a trabajar o moría guerreando, muchos llegaban a la Iglesia como una forma de escapar de la miseria y el hambre o como un trampolín para ascender dentro de la escala social. Sabiendo tal situación no es sorprendente que la moralidad se resintiese en el seno de la institución y que la misión de Cristo fuese apartada. Pero no sería justo olvidar que, a pesar de tantas barbaridades, otros sectores de la Iglesia reaccionaron y clamaron por reformas, favoreciendo el progreso de la cultura o marchándose en misiones para ayudar y evangelizar a los hombres de todo el globo. Personas como San Ignacio de Loyola, San Francisco Javier, Santa Teresa de Jesús o San Juan de la Cruz habían ayudado a mantener con vida el verdadero mensaje del cristianismo.

A pesar de todo, dejando al margen a la santa Iglesia, decía Sancho Panza: "Tanto vales cuanto tienes y tanto tienes cuanto vales. Dos linajes solo hay en el mundo, que son el tener y el no tener" y el conde-duque era de los primeros.

Capítulo 69

Café para todos

"No dudes que el dinero es todo en todo. Es príncipe, es hidalgo, es caballero, es alta sangre, es descendiente godo", bien afirmaba Lope de Vega. Al principio el conde-duque intentó acabar con la corrupción sistemática heredada del reinado anterior, pero no era algo sencillo destetar a tantos gentilhombres del delicioso néctar de oro que exudaba un cada vez más exhausto Estado: acabarían volviéndose contra él y ni siquiera el rey podría protegerlo. Procuró también tratar de europeizarnos, esto es, reeducar por entero a la sociedad para que los españoles abandonaran sus prejuicios sobre el trabajo y las clases dirigentes apreciasen el comercio a semejanza del resto de países occidentales. Como podréis sospechar, no lo consiguió, pues la utopía no le llegó siquiera a mitigar la rémora que suponía la limpieza de sangre que se acentuó durante esos años.

Sin poder alcanzar ninguno de sus objetivos, hastiado, el valido apartó sus ojos de las espaldas de los campesinos castellanos y los dirigió a la periferia. Aragón, Nápoles, Flandes... ninguno de dichos territorios contribuía a la causa imperial en una proporción equivalente a su verdadero peso en el Imperio pues, aunque bien es cierto que los castellanos se beneficiaban de todas las conquistas, también lo hacían de todas las cargas y derrotas. Castilla se hallaba exhausta y quebrada. Siempre con el eterno problema de la financiación autonómica. Olivares se echó entonces sobre sus hombros la magna tarea de transformar España en un Estado moderno al estilo de los que pronto tendrían que dominar el mundo; es decir, una administración centralizada, poderosa y eficaz, derribando los fueros medievales e implicando a todos los súbditos por igual en las cargas, y también los beneficios, comunes del reino.

El problema es que España no es Francia o Suecia, aquí se funciona de otra manera. Café para todos, sí, pero unos querían un café asiático, otros un Belmonte, los de allá uno al tizón, los de más cerca un manchado, en la meseta café con leche, en el norte un ebaki, en Barcelona un carajillo, en Nápoles un espresso, en levante un bombón y en el centro un café largo. Poco hemos cambiado desde entonces. Y por una vez, Olivares pecó de escrupuloso. En vez de hacerlo a las bravas y unificar el sistema a base de espada (a semejanza de la poderosa Francia del cardenal Richelieu, el de los mosqueteros) intentó que las mismas cortes se aplicaran una especie de harakiri aprobando una Unión de Armas en la que todos los "Reinos, Estados y Señoríos" de la Monarquía Hispánica contribuirían en hombres y en dinero a su defensa. Había que arrimar el hombro, pero el proyecto era demasiado ambicioso y adelantado a su tiempo. Las cortes aragonesas y valencianas aceptarían a regañadientes, las catalanas, correosos como de costumbre res de res.

Habíamos dejado aparcada la Guerra de los Treinta Años, así que es bueno retomarla. Con más arrestos y coraje que dinero, los tercios se habían batido bien y habían conseguido derrotar primero a los príncipes alemanes, segundo a los daneses financiados por Francia y más tarde a los suecos igualmente financiados por los franceses. La conquista del Palatinado, la derrota de los daneses en Lutter y, sobre todo, luego Lützen donde murió el rey Gustavo II Adolfo de Suecia o la humillante derrota del ejército sueco en Nördlingen. Los suecos venían con el halo de invencibles pero no les había tocado enfrentarse a un tercio hispano comandado por el cardenal-infante Fernando de Habsburgo. Todo esto salía por un pico, pero Olivares parecía muy subidito. Entonces vino el mayor error del conde-duque: declararle la guerra a los franceses

Como es de suponer Olivares no quedó muy satisfecho con la negativa de los catalanes, por lo que ideó un inteligente, y sucio, truco para arrimar el ascua a su sardina: si Barcelona no iba a la guerra, la guerra iría a Barcelona. Y allí mandó a los tercios con una misión clara: abrir un nuevo frente contra los franceses por los Pirineos, así los locales estarían obligados a luchar. Pero claro, los catalanes nunca han sido tontos así que se olieron el pastel. Además tampoco les sentó muy bien eso de tener que soportar al ejército, pues por aquellos tiempos la intendencia militar se hacía sobre el terreno que pisaban y los soldados querían comer, poco le importaban si las butifarras que se llevaban a la boca se las habían cogido a amigos o a enemigos.

CARDENAL-INFANTE FERNANDO DE HABSBURGO

Pero aquí estamos en 1640, con los gastos triplicando a los ingresos, y con esa solidaria Unión de Armas promulgada hace ya unos años, con Castilla agotada, la hacienda sin recursos y el conde-duque exprimiendo hasta la última gota creando nuevos impuestos y devaluando la moneda. Con este

PAZ DE WESTFALIA

escenario todas las regiones de España parecía que se ponían por primera vez de acuerdo en algo: en rebelarse. Habíamos llevado la guerra contra el francés a Cataluña y no había sentado muy bien que los tercios del rey camparan por ahí a sus anchas. Entre tropelía y tropelía, no tardó en correr la sangre, concretamente en el día conocido como el Corpus de Sangre con los segadores levantando sus hoces y extendiendo la anarquía. Los oligarcas y parte del clero (siempre presente en todas las salsas y especialmente en la del nacionalismo) no dudaron en apoyar a los campesinos.

Las rebeliones más graves fueron las de Cataluña y Portugal. Los rebeldes en Cataluña aceptaron la propuesta de Pau Claris y se dieron prisa en investir a Luis XIII de Francia como conde de Barcelona y pasarse a su bando. Gracias a una minoría radical los catalanes pasaban a ser franceses. ¡Si los viejos reyes de Aragón y los condes de Barcelona levantasen la cabeza! Poco ojo tuvieron, cambiaron una monarquía relativamente autocrática y de corte federalista por la que sería la nación más dura y centralista que nacía en Europa, la Francia de Luis XIV, del rey Sol. En el otro lado, la nobleza lusa alentada por ingleses, franceses y holandeses colocó como rey al duque de Braganza (alguien a quien podrían manipular más fácilmente) y se marcaron como objetivo la independencia. Lo de Portugal fue funesto, pues habrían de venir 28 años de guerra hasta que Madrid aceptó lo inevitable. No podía mandar tantas tropas a tantos sitios a la vez. En Aragón el duque de Híjar, en Navarra también sonaban los tambores de guerra; Nápoles y Sicilia patas arriba, Andalucía con el duque de Medina Sidonia buscando su propio reino. Incluso Galicia amagó, pero siguieron fieles a su estilo y la cosa se quedó ahí. La cosa no pintaba nada bien.

Mientras tanto, y como siempre, los ingleses seguían acosándonos en medio mundo y trataban infructuosamente de penetrar en la América española. Y finalmente llegó lo inevitable. Los invencibles tercios

> **Son los catalanes aborto monstruoso de la política. Libres con señor; por esto el conde de Barcelona no es dignidad, sino vocábulo y voz desnuda. Tienen príncipe como el cuerpo alma para vivir y como este alega contra la razón apetitos y vicios, aquellos contra la razón de su señor alegan privilegios y fueros.**
>
> ***Francisco de Quevedo***

perdieron su aureola en Rocroi, más simbólica que real, pues el fin de los tercios que se ha propugnado no casa con un ejército que seguiría ganando batallas durante muchas décadas más. Pero el simbolismo también es importante.

Expulsado Olivares del gobierno, con la Paz de Westfalia (1648) se cerraba la Guerra de los Treinta Años, con Francia cortando el bacalao. España perdía las Provincias Unidas de los Países Bajos y su dominio en Flandes quedaba muy debilitado. La lucha con Francia continuaba y aunque España recuperaría Cataluña, gracias tanto a la sublevación popular de aquellos catalanes que buscaban regresar a España, como por la sangrienta rebelión que le acababa de estallar a Francia en la Fronda, los viejos buenos tiempos de predominio hispano habían llegado a su fin. En tierra, Francia se hacía definitivamente con las riendas mientras que en los mares Inglaterra poco a poco iba tomando la delantera. En 1659 España sellaba su conflicto con Francia con la Paz de los Pirineos en la que perdíamos el Rosellón, el Conflent, el Vallespir y una parte de la Cerdaña.

La decadencia, como había reflejado Quevedo, ya es evidente para todos. "Miré los muros de la patria mía, si un tiempo fuertes, ya desmoronados, de la carrera de la edad cansados, por quien caduca ya su valentía".

ELS SEGADORS EN EL CORPUS

Capítulo 70

El Hechizado

CARLOS II

Los tercios, fieles a su leyenda, habían sabido morir en Rocroi y continuaron ganando batallas, aunque también perdiendo otras, dejándose sangre y dinero, la bolsa y la vida en la contienda. Sin embargo, poco a poco, en guerra con media Europa y odiada por la otra media, se nos puso el sol en Europa. Y en esas subiría al trono en 1665 uno de los mayores esperpentos de la historia de España, la más degenerada y patética víctima de la política endogámica de los Austrias.

Su padre se había casado con su sobrina y él era el fruto de esa relación. Con 5 de 8 bisabuelos descendientes directos de Juana la Loca, dentro de él se conjugaban muchas de las taras y deficiencias de sus ancestros. Físicamente era un enclenque, apenas se tenía en pie. Con constantes desarreglos intestinales hubo que amamantarlo hasta los 4 años. Por si fuera poco era debil mentalmente y algo corto de entendederas. Más cerca de la muerte que de la vida durante los 39 años que consiguió, sorprendentemente, mantenerse vivo, sus enfermedades, su deficiente educación y su temperamento le impedirían realizar cualquier acto de gobierno. Para colmo de males su esterilidad acabaría degenerando en uno de los más temidos problemas de cualquier régimen monárquico: la cuestión sucesoria. Es muy posible que este último hecho fuese el que terminase de deformar su imagen hasta tales extremos que se pensó que estaba "Hechizado", en una cultura que creía ampliamente en tales supercherías. El rey tenía muchos problemas, sin duda, pero otros se encargaron de exagerarlos. Así lo describiría el secretario del nuncio del Papa "no puede enderezar su cuerpo, sino cuando camina, a menos de arrimarse a una pared, una mesa u otra cosa. Su cuerpo es tan débil como su mente. De vez en cuando da señales de inteligencia, de memoria y de cierta vivacidad, pero no ahora; por lo común tiene un aspecto lento e indiferente, torpe e indolente, pareciendo estupefacto. Se puede hacer con él lo que se desee, pues carece de voluntad propia".

Ahora España ya no declaraba guerras, se las declaraban a ella; y suficiente hacía con defenderse. Sin un rey fuerte, a semejanza del resto de gobiernos centralizados, el Imperio descendió a la segunda división de potencias mientras Francia e Inglaterra intentaban cebarse con sus restos.

Aun así, esta situación venía germinándose desde hacía casi un siglo. A nivel social, la guerra, el hambre, las epidemias y la expulsión de los moriscos habían hecho reducir la siempre paupérrima población española en un siglo donde estaba al alza en el resto de potencias. A nivel político, la táctica de delegación de los sucesivos gobiernos había provocado que el absolutismo regio de los reyes católicos y los primeros Austrias se resquebrajara permitiendo que el poder real fuera perdiendo fuerza y que los reyes acabasen teniendo que negociar con los grupos oligárquicos regionales en lugar de exigir obediencia. Una vuelta a la Edad Media que había provocado que la mayor parte del poder real del país recayera en las oligarquías locales.

Con la corona reducida a una farsa, dos grandes grupos se encargaron de llenar el vacío de poder. La aristocracia alcanzó su máxima realización y se convirtieron en los verdaderos dueños de aquel entramado. El único poder capaz de desafiarlos y servirles de contrapeso fue la misma Iglesia. Unos promovían a los validos y otros imponían a sus confesores reales, primer ministro y sacerdote, los dos puntos neurálgicos del poder en la España de Carlos II. Mientras media España se moría, la otra media intentaba tomar los hábitos. Frente a la tendencia decreciente de la demografía del país, la población eclesiástica no hacía nada más que aumentar. Pero si crecían en número no puede decirse lo mismo de su sabiduría, conocimiento o piedad, al menos para la mayoría. Su omnipresencia, la habilidad que siempre ha tenido el clero en mojar en todas las salsas, su seguridad política y sus amplios privilegios, comenzarían a provocar un cierto anticlericalismo en parte de la sociedad que no haría más que extenderse con el paso de los siglos.

Aun así, la Iglesia, con todo su fasto y boato, no podía competir con la nobleza que había convertido al país en una especie de monarquía aristocrática donde los grandes de la nación se reunían para convocar o deponer gobiernos sin siquiera el advenimiento real. Grupos partidistas acabaron formándose dedicados a mirar más por sus propios y cerrados intereses locales, que por los de toda la nación. Pero no todo tenía que ser tan malo.

A partir de 1680, con los gobiernos de Medinaceli y Oropesa, el país recuperó poco a poco la cordura y comenzaron a darse los primeros pasos de un proceso reformador que culminaría con el cambio de dinastía. Se revitalizó la economía, se intentaría realizar una reforma administrativa, se restituyó la confianza en el sistema monetario, aumentando el poder adquisitivo y recuperando las arcas públicas. Se delimitó con claridad uno de los principales problemas del Estado: la burocracia excesiva. Lo que en otro tiempo era motivo de orgullo ahora únicamente suponía un lastre para cualquier proceso de modernización. En otras palabras, España tenía demasiados funcionarios. El progreso únicamente se vio interrumpido por lo inevitable, el problema sucesorio.

JOSÉ FERNANDO DE BAVIERA

Para 1696 nadie en Europa dudaba ya de que el rey moriría pronto y sin descendientes. El problema sucesorio paralizó el país y dominó por entero la vida política, por lo que el pobre Carlos tuvo que vivir sus últimos años entre intrigas, ardides, confabulaciones y conspiraciones de todas clases protagonizadas por la nobleza, la Iglesia y los embajadores extranjeros. España, es cierto, había pasado a un segundo plano, pero aún se relamían todas las potencias al pensar en unir a sus dominios los apetecibles territorios americanos. Es evidente que Carlos II no fue un buen rey, pese a todo consiguió mantener intacto al Imperio frente al poderío de Luis XIV. Además consiguió una de las mayores deflaciones de la historia. El historiador Luis Ribot siempre le echa un capote: «ni tan hechizado ni tan decadente». Y gran razón lleva.

FELIPE DE ANJOU

Al principio se designó como sucesor del "Hechizado" a José Fernando de Baviera, pero los enredos de la fortuna hicieron que el niño nunca pudiera disfrutar de tal honor, pues moriría pronto y con él cambiaba el curso de nuestra historia. Quedaban pues dos firmes candidatos: un francés y un austriaco. Aquel que se hiciera con el trono español convertiría, casi sin oposición, a su país de origen en la potencia hegemónica mundial. Como la Francia del rey Sol era el coco en aquel momento, Inglaterra y Holanda apoyaron al austriaco. Al final, en su último testamento, en noviembre de 1700, Carlos II moría delegando su Imperio al candidato francés, Felipe de Anjou o Felipe V. Terminaba el siglo y daba paso a otro. En el siglo XVII los españoles habíamos comenzado como los señores del mundo y a su fin habíamos quedado relegados a un segundo plano y a las puertas de una nueva guerra civil, para no perder las viejas y sangrientas costumbres a las que tan aficionados somos los españoles.

Parid, bella flor de lis,
que en aflicción tan extraña,
si parís, parís a España,
si no parís, a París.

Copla tradicional

LOS BORBONES

Los ejércitos ya estaban alineados. Por un lado Francia apoyando al francés Felipe y por el otro Austria, Inglaterra y Holanda al austriaco Carlos. ¿Y qué pasó? Pues lo inevitable. Se desató la terrible Guerra de Sucesión que volvió a dividir a los españoles, una guerra a gran escala con batallas navales y terrestres por todo el escenario europeo. Pero eso mejor lo dejamos para el capítulo 72.

Y así llegó el final de los Austrias y el advenimiento de los Borbones, que, como muchos habrán notado, son los que nos siguen aún reinando. Pero antes de contar sus andanzas, mejor despedir a los Austrias con un curioso documento, la autopsia de Carlos II: "No tenía ni una sola gota de sangre, el corazón apareció del tamaño de un grano de pimienta, los pulmones, corroídos, los intestinos putrefactos y gangrenados, tenía un solo testículo negro como el carbón y la cabeza llena de agua".

Capítulo 71

Allende los mares

GALEÓN DE MANILA

Poco a poco, potenciadas por la riqueza minera, las sociedades de la América española comenzaron a mutar, adquiriendo identidad y estilo propio, reinventándose y reinvirtiendo la producción en los virreinatos, transformando las primitivas economías de subsistencia en otras más estables. Un comercio constante y fluido comenzó entre los virreinatos de ultramar, apareciendo con el tiempo una élite oligárquica criolla de comerciantes y terratenientes cuyos intereses empezaron a divergir de los de la Península. Cada vez con mayor poder económico, los colonos ambicionaban también un poder político que les estaba vetado.

CACAO

A partir del siglo XVII América comenzó a vivir más para sí misma, a dar menos a la Península y reducir sus compromisos europeos, aumentando cada vez más el porcentaje de riquezas que permanecían en el Nuevo Continente para invertirlo en la sociedad y en los gastos de su propia administración y defensa. Plantaciones de productos como el cacao hicieron surgir aristocracias criollas que se dedicaron a comprar esclavos negros, ampliar aún más sus propiedades y enriquecerse con la exportación. También hubo una reforma de la armada. Para 1640 el 30% de los barcos de las grandes flotas de Indias surgían de los propios astilleros americanos. La construcción naval supuso una de las industrias más importantes del Nuevo Mundo.

Aunque las rutas que seguían cada año las flotas de indias en su camino eran conocidas, estas, a pesar de la creencia popular, apenas sufrieron pérdidas, y menos aún dichos reveses fueron como consecuencia de manos enemigas. En 1628 una flota holandesa, ayudada por los propios errores de dirección de los españoles, logró hacerse con el tesoro que la española transportaba. Lo mismo ocurriría en 1656 cuando un escuadrón inglés capturó buena parte del tesoro de una flota hispana. Los elementos naturales infligirían daños mayores en las flotas en 1622, 1624, 1631 y 1641. La última Flota de Indias zarparía en 1776, cerrando una de las operaciones navales más exitosas de la historia, pues en los 300 años de travesías solo dos convoyes fueron apresados por las armadas enemigas. Algo semejante ocurriría con el Galeón de Manila, el sistema parejo que unía Filipinas y el mundo asiático con la ciudad americana de Acapulco, instaurado poco tiempo después de que Andrés de Urdaneta consiguiese dar con los vientos que le permitieron "el tornaviaje", la vuelta de Asia a América.

Asia, Filipinas, la carrera aeroespacial de la época; semejante a ir hoy en día a la Luna, un viaje que duraba años en el mejor de los casos y que, para la mayoría, sería sin retorno. La dificultad de transportar colonos hasta aquellas latitudes provocó que a Filipinas solo fueran funcionarios, frailes y mercaderes, que acabaron dejando su huella en Manila, la única ciudad con verdadera marca hispana. No es extraño, pues, que allí el español sea más débil. Mayor sorpresa provoca la extensión y la aceptación del cristianismo que se encargaron de llevar los misioneros.

GALEÓN SANTÍSIMA TRINIDAD

Pero volviendo a América, mientras las remesas de mercancías disminuían cada vez más en dirección a España, rápidamente dos nuevos ejes se fueron conformando. El primero era el de Perú-México, por el que el primero importaba productos manufacturados, joyas y artículos de lujo a cambio de plata, vino y mercurio. El siguiente eje intercolonial era el de Venezuela-México, donde los criollos satisfacían su demanda de chocolate con el prestigioso cacao venezolano. Estas rutas se vieron potenciadas con la llegada de los galeones desde Filipinas y pronto las joyas chinas, la porcelana y la seda fluyeron por el continente.

GUARDACOSTAS CHINO

Que el dicho fray Andrés de Urdaneta vuelva en uno de los navíos que despacharéis para el descubrimiento de la vuelta, porque, después de Dios, se tiene confianza que por las experiencias y plática que tiene de los tiempos de aquellas partes, y otras calidades que hay en él, causa principal para que se acierte con la navegación de la vuelta para Nueva España.

Instrucción, Audiencia de México

Al contrario de lo que ocurría en la Península, la prosperidad, la cada vez mayor integración de los indios y el abundante mestizaje provocaron un fuerte aumento del crecimiento demográfico en los virreinatos americanos, es decir, un aumento de consumidores. Además, la administración española propició que los virreinatos más importantes se encargaran de subvencionar a otros de más reciente creación y de menos desarrollo. Así, a diferencia de lo que ocurría con otras naciones, la América española no era simplemente un apéndice atlántico de la economía de la metrópoli, sino una entidad parcialmente separada de esta con su propio mercado interno en donde las manufacturas europeas eran relativamente escasas frente a las producidas directamente en el Nuevo Mundo. Un segundo Imperio español, independiente de la Península, había nacido.

Madrid y el resto de potencias siempre fueron muy conscientes de este hecho, por eso la ambición inglesa de arrebatarle a la Corona dichos territorios. Como dato curioso, España fue el único país en la historia que permitió crear una Casa de la Moneda a sus territorios de ultramar, dotándoles de la oportunidad de acuñar su propia moneda. También contrastaba a nivel político pues, mientras la Corte andaba sumida en la incompetencia y el desgobierno, en 1680 veía la luz la *Recopilación de Leyes de Indias,* el cuerpo legislativo más completo y avanzado de su tiempo. 6.377 leyes de un espíritu transgresor, humanitario y profundamente adelantado a su época que regiría los destinos de aquella sociedad interracial con un sentido de justicia imposible de encontrar en cualquier otra legislación colonial.

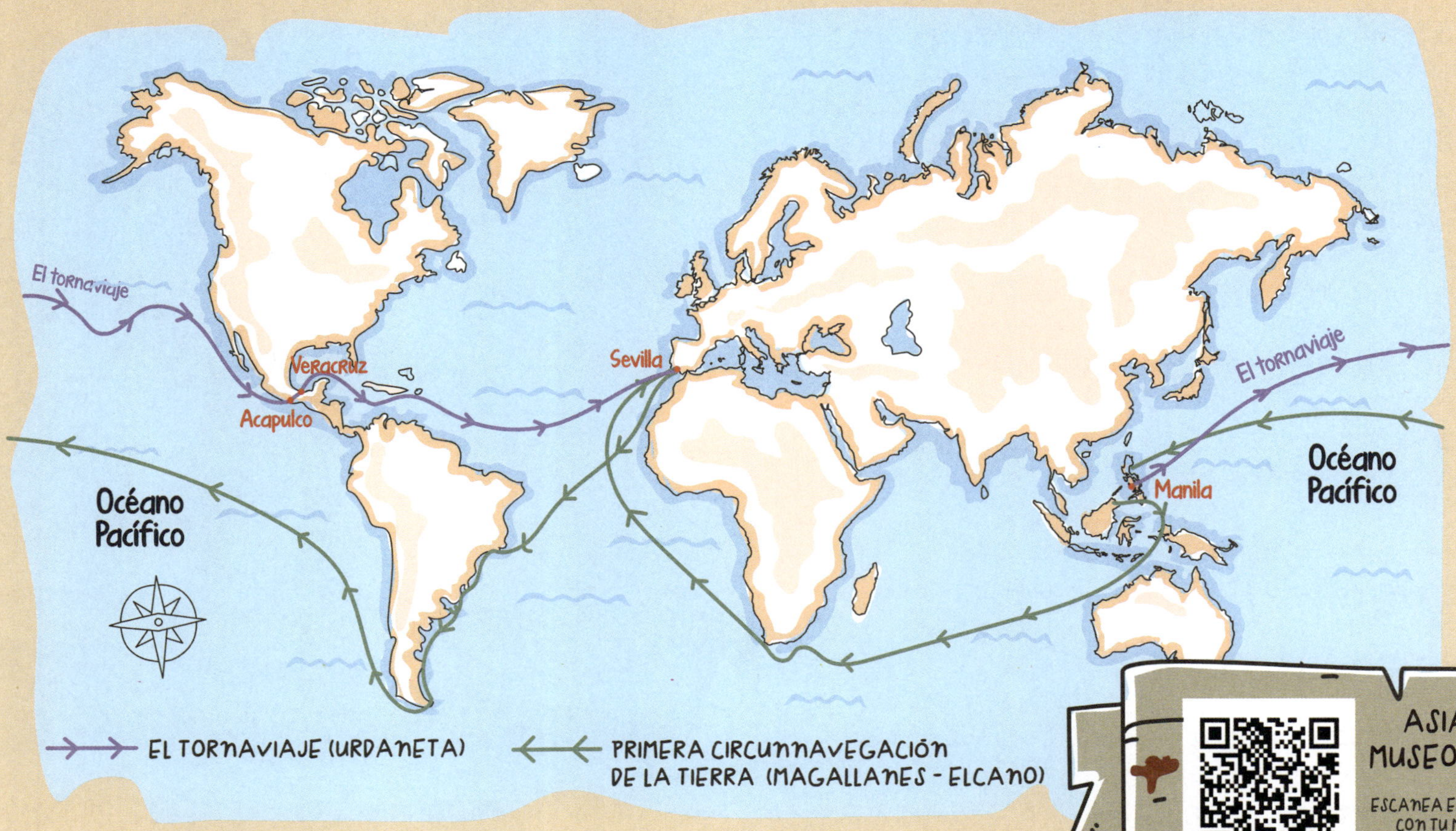

Capítulo 72

Juego de Tronos

FELIPE V

A comienzos de la decimoctava centuria España era una monarquía desesperada en busca de un rey y, al final, el concursante seleccionado se apellidaba Borbón. Había sido educado en la corte de su abuelo el Rey Sol y hablaba más francés que español. Con él llegaron un buen número de funcionarios gabachos dispuestos tanto a acaparar todos los puestos de la corte como a controlar al nuevo monarca. La historia cíclica, la llaman. Si bien es cierto que estos, al contrario que sus antecesores borgoñones, más que a robar llegaron para hacer reformas e intentar reflotar lo rescatable que quedaba en España. Llegaría el llamado "reformismo borbónico". Durante este siglo XVIII esta dinastía construyó una monarquía centralista y absolutista. Sanearon la economía, regeneraron el ejército, expulsaron a los parásitos de la nobleza del gobierno y promovieron a los capaces sin distinción de cuna, bueno más o menos.

No es extraño que fueran los nobles los que más tardarían en apoyar al nuevo monarca en contraste con buena parte de la población que, espoleados por el clero, vieron en Felipe V la nueva savia necesaria para la revitalización del Imperio. Pensamientos precipitados, pues la sangre de la nueva dinastía, que también tendría lo suyo, es que además estaba contaminada con la de los propios Austrias, pues Felipe era, nada más y nada menos, que biznieto de Felipe IV. Futuros problemas acechaban en el horizonte. Pero no adelantemos acontecimientos.

ARCHIDUQUE CARLOS

En España Felipe V comenzaría su reinado sin ninguna oposición, al menos clara. Castilla lo aceptó sin muchas dudas, pero también lo hicieron las cortes barcelonesas en 1701 y las zaragozanas en 1702. No ocurría lo mismo en el extranjero pues Austria, Inglaterra y Holanda se preparaban para la guerra, dispuestas a impedir una temida coalición borbónica europea y por ello reclamaron los derechos del archiduque Carlos al trono hispano. En Italia y Alemania se iniciaban las hostilidades y tan en paz se encontraba España que el Rey se permitió el lujo de acudir al frente italiano dejando el país en manos de su joven esposa, María Luisa de Saboya, y sobre todo de la princesa de los Ursinos, una de esas grandes mujeres olvidadas de la historia, colocada

PROCLAMACIÓN DE FELIPE DE ANJOU COMO FELIPE V, REY DE ESPAÑA

por el abuelo de Felipe, del omnipotente rey francés, para controlar. Sin embargo, demostró estar sumamente dotada para el gobierno, y contribuiría a reformar el reino y a fortalecer la monarquía en España. Pero las cosas estaban a punto de cambiar y, por vez primera en mucho tiempo, España volvería a sufrir las zarpas de la guerra.

En Italia y Flandes las tropas franco-españolas perdían cada día más terreno mientras España solo podía observar impotente ómo únicamente Francia era capaz de maldefender unos territorios que hasta el momento eran considerados como parte fundamental de la Corona. Empantanados en Europa, los aliados aprovecharon la entrada de Portugal en la guerra en favor de los austracistas para hacer valer su hegemonía en las aguas y abrir un nuevo frente de guerra en el levante español. Con el desembarco de los ejércitos austracistas en el levante español llegaría el lobo de la guerra civil a España, que siempre asoma sus orejas.

Es una tergiversación clara asimilar aquellos sucesos con las perspectivas actuales. Apoyar al Austria o al Borbón no era similar a ningún concepto ideológico tal y como se entienden hoy en día, más bien podríamos llamarlo como una mezcla de intereses. Igual de falso es el cuento de que hubo una "guerra de secesión", con un movimiento separatista del este de la Península contra el centro, pues, si bien es cierto que mayoritariamente Aragón apoyó al bando Austriaco mientras que Castilla se decantaba por el Borbón, igual de verdadero es que las sociedades de ambos reinos no eran homogéneas y los catalanes, aragoneses o valencianos defendían, sin menos firmeza que castellanos, vascos o andaluces, la unidad de España mientras trataban de imponer su monarca al resto del país. Lo que hubo es una Guerra de Sucesión,

He juzgado por conveniente, si por esto como mi deseo de reducir todos mis reinos a la uniformidad de unas mismas leyes, usos, costumbres y tribunales, gobernándose igualmente.

Decreto de Nueva Planta, 1707, Felipe V

con "u" y como suele pasar en todas las contiendas civiles, una vez iniciadas las hostilidades unos lucharían por la causa en la que creían, otros buscaban saldar cuentas pendientes, muchos perseguían mejorar su condición y, como siempre, la mayoría permaneció en sus hogares viéndolas venir.

En Valencia todavía sonaban con fuerza los ecos de la rebelión antiseñorial aplastada en 1693. La clase pudiente se decantó por el Borbón y los más apestados de la sociedad, los más, por el Austria, que prometía quitarle a los señoritos sus derechos. Algo parecido, aunque con no tanta intensidad, ocurriría en Aragón y en Mallorca. Los catalanes guardaban todavía el recuerdo de la experiencia de 1640 (Guerra de los segadores) librada junto a Francia, su tradicional enemigo, en la que los franchutes desmembraron y abandonador a Cataluña. Aquello pesaba todavía en la conciencia de muchos. Si a eso se le sumaba el hedor absolutista y centralista de la monarquía francesa en comparación a la experiencia autonomista de la austriaca la decisión resultaba bastante clara.

BARCO BRITÁNICO FRENTE AL PEÑÓN DE GIBRALTAR

En 1704 una escuadra angloholandesa se apoderó de Gibraltar y en la Batalla de Málaga la escuadra francoespañola no consiguió recuperar la plaza, que a día de hoy sigue siendo británica. Con media España luchando contra la otra media, las tropas austracistas arrasan a las borbónicas en casi todos los frentes. El duque de Marlborough (que aquí llamamos Mambrú, sí, el de la famosa canción) derrota a las tropas francoespañolas y Flandes pasa a manos enemigas. Austria fortalecía su hegemonía y hacía retroceder a los ejércitos franceses en Italia. Para colmo Madrid cae y los ejércitos de Carlos con él al frente entran en la capital.

Es 1706 y Felipe V observa cómo su Imperio recién conseguido va camino de perderse sin remedio.

Capítulo 73

Guerra civil

Poco a poco el signo de la guerra comenzaría a cambiar. El bando austracista tuvo que abandonar Madrid ante la activa resistencia de la población y, en 1707, la decisiva Batalla de Almansa propició que Valencia fuera recuperada por los Borbones. A los pocos meses también caería Aragón. Tan fuerte era en aquel momento la causa borbónica, que ese mismo año se promulgaban los primeros Decretos de Nueva Planta en Valencia y Aragón, eliminando así los fueros locales. El sino de la guerra ya se había decantado y aunque

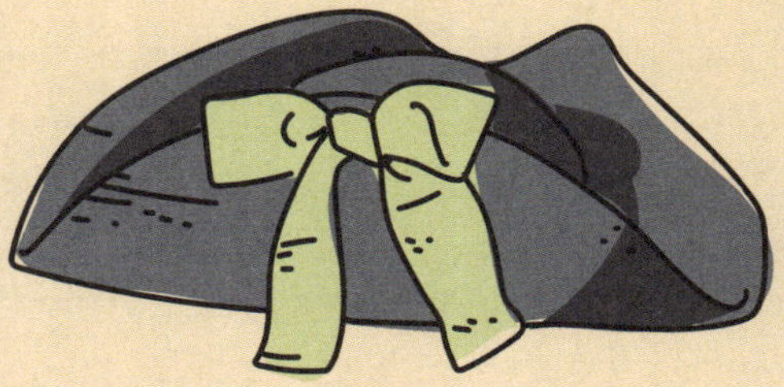

SOMBRERO AUSTRACISTA

Sin embargo, hay gente que en los momentos de adversidad da todo lo que tiene, y este parecía ser el caso de Felipe V. El desastre convirtió al rey en un símbolo que ayudaría a fortalecer su apoyo popular, pues, para frenar el desánimo e impedir las deserciones, se dedicó a irse de gira con sus ejércitos, a hablar a las tropas, a reconfortar a sus súbditos y sobre todo a cerrarse en banda a las proposiciones de paz que venían desde la mismísima Versalles.

El monarca había clamado ayuda y el pueblo estuvo dispuesto a atender su llamada. Miles de voluntarios corrieron a engrosar las filas de los ejércitos borbónicos, se buscaron pertrechos y capital, las autoridades locales colaboraron activamente en la causa y la Iglesia predicó la guerra santa contra los herejes, reforzando la causa católica borbónica en contraposición a los protestantes ingleses y holandeses. Todo esto no es baladí ya que, sin esta gran movilización popular, la guerra hubiera terminado mucho tiempo antes y con resultados bastante diferentes. En Murcia, por ejemplo, el obispo Luis Belluga comandó un ejército propio y llevó la causa borbónica y la guerra de religión al levante español.

MAPA POLÍTICO DE EUROPA EN 1713 QUE REFLEJA EL REPARTO DE TERRITORIOS TRAS EL TRATADO DE UTRECHT

OBISPO LUIS BELLUGA Y MONCADA

un último esfuerzo de los austracistas les permitiría apoderarse otra vez de Madrid en 1710, el rumbo ya había sido establecido. Los acontecimientos se precipitarían en 1711 con la muerte del emperador austriaco y el ascenso al trono del archiduque Carlos, lo que situaba sobre la mesa el fantasma del gran Imperio europeo de Carlos V. Nada más alejado de los planes ingleses y holandeses.

En 1713 se firmaba el acuerdo de Utrecht entre los diferentes contendientes reconociendo a Felipe V como legítimo rey de España y poniendo fin a las hostilidades entre las naciones. A primera vista, Felipe era el claro ganador del conflicto, pero ¿estamos totalmente seguros de eso? España se veía obligada a renunciar a Flandes, Nápoles, Cerdeña, Milán, Sicilia, Menorca y Gibraltar, todos territorios tradicionalmente españoles. Salvo la Península Ibérica (descontando Gibraltar), España perdía el resto de sus posesiones europeas y, exceptuando la querida Menorca, ya nunca más las volvería a recuperar. Además, por si fuera poco, los hijos de la Gran Bretaña consiguieron penetrar en el monopolio americano español al obtener el asiento de esclavos y el derecho de enviar un barco anual a las colonias cargado de productos. Jugoso premio habida cuenta que el bando austracista no perdía nada por haberse probado.

¿Acabado el enfrentamiento? ¡No! Barcelona seguía resistiendo numantinamente al invasor y nimias anécdotas de tratados de paz y huida de todas las potencias aliadas no les iban a hacer variar su posición. Las élites urbanas temían lo que les podría pasar tras su rebelión a semejanza de lo ocurrido a sus camaradas valencianos y aragoneses y, a fin de no perder su posición privilegiada, avocaron a la ciudad a una heroica resistencia hasta su rendición en 1714. Los términos de la rendición fueron duros. Además se aplicaron los Decretos de Nueva Planta quedando abolidas las instituciones propias del Reino de Valencia,

ASALTO DE BARCELONA EN 1714

Atendiendo que la deplorable infelicidad de esta ciudad, en la que hoy reside la libertad de todo el Principado y de toda España (...) dan testimonio a las generaciones venideras, de que han ejecutado las últimas exhortaciones y esfuerzos, quejándose de todos los males, ruinas y desolaciones que sobrevengan a nuestra común y afligida Patria (...) pero así y todo se confía, que todos como verdaderos hijos de la Patria, amantes de la libertad, acudirán a los lugares señalados, a fin de derramar gloriosamente su sangre y su vida por su Rey, por su honor, por la Patria y por la libertad de toda España.

Bando de Barcelona, 11 de septiembre de 1714, Rafael Casanova

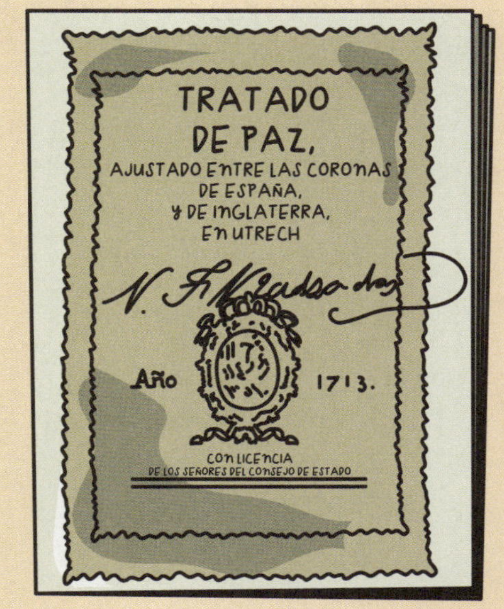

TRATADO DE UTRECHT

del Reino de Aragón, del Reino de Mallorca y del Principado de Cataluña, dejando a Navarra y al País Vasco como las últimas tierras aforadas en España por su fidelidad al Borbón. ¿Cómo respondió el pueblo catalán? Pues bastante bien. No surgieron movimientos de resistencia ni de bandolerismo, pues la rebelión no había sido auspiciada por la masa de la población, sino por las clases altas urbanas que, ciertamente, vieron perdidos sus cortijos políticos tradicionales aunque ganarían a cambio un mercado protegido y el acceso al comercio americano. Por otra parte, es justo recalcar que el embrollo no acaba aquí, pues, contrariamente a la creencia, fue Baleares la última en capitular a las tropas borbónicas, hasta un año más. Por suerte para Felipe V, al otro lado del mar, la América española apoyó de forma masiva y prácticamente sin problemas, la posición borbónica.

Ahora es el turno de Felipe V y uno de los periodos de gobierno más feministas de nuestra historia.

Capítulo 74

Las mujeres del rey

MARÍA LUISA DE SABOYA, PRIMERA ESPOSA DE FELIPE V

Esto no ocurriría tanto por el convencimiento sincero de las capacidades del género femenino como por la incapacidad, la demencia y la hipersexualidad de Felipe V que permitiría que una serie de mujeres se fueran haciendo con las mismísimas riendas del reino. La primera etapa estuvo dominada, como ya hemos dicho, por la saboyana y la princesa de los Ursinos (discreta agente del Rey Sol) pero a la muerte de la primera, la reina, en 1714, fue urgente encontrarle una nueva esposa al monarca. El mayor error en el que incurriría una mente tan preclara como la de Ursinos.

Malinfluenciada por el ladino clérigo Julio Alberoni, la condesa eligió a la italiana Isabel de Farnesio como futura candidata. No era muy hermosa ni su dote en demasía importante, pero tenía fama de algo que la princesa buscaba con más ansia: fácil de controlar. Craso error. La parmesana era de armas tomar y no lo dudó ni un instante. La primera orden que redactó como reina de España fue el súbito destierro de la Ursinos a la que no le concedió tiempo ni de prepararse el equipaje antes de partir a Francia.

PRINCESA DE LOS URSINOS

Así, sin mayor oposición, primero dejaba exhausto al rey para que seguidamente firmara lo que le pusiera por delante y pudiera más tarde dedicarse por entero a dirigir la política con ayuda de Alberoni, que ya había alcanzado la túnica purpúrea. Y esto no hubiese sido tan malo si no fuera porque no dirigía la política del reino, sino la suya propia. Si en la primera parte del reinado de Felipe V España había estado sometida a los intereses franceses, en esta segunda lo estaría a los caprichos de la italiana. Y su voluntad era clara: situar bien a sus hijos. Como estaban, teóricamente, lejos de la línea sucesoria española, la Farnesio se dedicó en exclusiva a conseguir los tradicionales y perdidos territorios hispanos en Italia para sus retoños.

SU SEGUNDA ESPOSA, ISABEL DE FARNESIO CON EL PEQUEÑO CARLOS

Y de esta manera volvimos a enfangarnos en una multitud de guerras italianas, esta vez contra enemigos mucho más poderosos y sin hombres como los que otrora fuera el Gran Capitán. Luchas contra Austria, derrotas contra Francia y humillaciones contra Inglaterra. Pero no se puede decir que no se consiguieran, a pesar de tantas penurias, desgracias y sangre derramada, los objetivos de la guerra: Carlos obtendría Parma, más tarde Nápoles, y Felipe Plasencia y Toscana. Quedaos con el nombre de Carlos para el futuro, pero ahora tenemos que regresar a España.

Tan extendido estaba el convencimiento de que Felipe V sufría un trastorno bipolar (a veces se creía una rana), que a muchos les tuvo que parecer un alivio que abdicara de forma sorpresiva en su hijo y heredero Luis I. El experimento no duraría mucho, unos 8 meses, pues el niño rey moriría pronto, pero conociendo como era, había salido tan rarito como el padre, pero más juerguista y cazador. Tal vez fue su destino, entonces, lo mejor.

LUIS I DE BORBÓN, REINÓ SOLO 8 MESES

Tuvo que volver el cada vez más deteriorado Felipe a hacerse cargo del trono, aunque esto es un eufemismo puesto que quien realmente llevaba en casa la corona era la reina. Y allí marchamos, a nuevas y desastrosas guerras, metiéndonos en todas las ollas europeas, en las guerras de sucesión de Polonia y Austria y en un nuevo pacto de familia con Francia que nos saldría tan mal como todos los demás. Y en el mar poco que hablar. Nuestra anticuada y arcaica armada apenas hacía por mantenerse en pie mientras huía de la poderosa escuadra inglesa que en aquel tiempo "Britannia, rule the waves". Por suerte, esto cambiaría a lo largo del siglo.

Aún habríamos de esperar unas décadas, pero si los siglos pasados habían sido los siglos de la infantería, de los aguerridos tercios, sin perjuicio de grandes almirantes y de grandes gestas en la mar, que también dominamos, el siglo XVIII fue sin lugar a dudas el siglo de la armada española. Son los tiempos de Blas de Lezo y Olavarrieta, el "mediohombre" que en Cartagena de Indias consiguió repeler a una de las mayores escuadras navales que han visto los tiempos. Tan confiados estaban los ingleses con la victoria que incluso acuñaron monedas conmemorativas antes de tiempo. Esta Invencible inglesa, que sí llegó a tierra en 1741, contaba con más de 180 barcos y más de 23.000 hombres.

BLAS DE LEZO

> **Si hubiera estado yo en Portobelo, no hubiera Usted insultado impunemente las plazas del Rey mi Señor, porque el ánimo que faltó a los de Portobelo me hubiera sobrado para contener su cobardía.**
>
> *Blas de Lezo y Olavarrieta*

Enfrente, los españoles solo disponían de 3.000 hombres y de 6 navíos. Pues bien, los de Albión tuvieron que largarse con el rabo entre las piernas. Gran gesta, última del gran almirante Blas de Lezo que se dejaría la vida en tamaña empresa. Antes de morir les espetó a los ingleses: "Para venir a Cartagena es necesario que el rey de Inglaterra construya otra escuadra mayor, porque esta solo ha quedado para conducir carbón de Irlanda a Londres".

ANTONIO BARCELÓ

También comienza a destacarse en esas lides un jovencísimo Antonio Barceló, terror del Mediterráneo, que mucho daría de que hablar en el futuro.

Pero estamos en 1746 y Felipe V, el primer Borbón español, acaba de pasar a mejor vida.

SITIO DE CARTAGENA

BLAS DE LEZO

ESCANEA ESTE CÓDIGO QR CON TU MÓVIL PARA ACCEDER AL VÍDEO EN YOUTUBE

Capítulo 75

Barcos y locos

FERNANDO VI

Fernando VI es ese rey desconocido opacado entre los reinados de su padre, Felipe V, y hermanastro, Carlos III, marginado a apenas una nota a pie de página. Fernando, como todos los Borbones del siglo XVIII, tenía la sana indolencia de nuestros reyes ilustrados: cargado de buenas intenciones, pero su pereza no le dejaba implementarlas, aunque sí encargárselas a terceros. El pobre no heredaría lo mejor de su padre (ninfomanía, dependencia de una mujer dominante y fuertes ataques de locura) aún así, bajo su reinado España viviría algunos de los mejores años del siglo.

Tras tantos años de guerras y desastres, los 13 años del reinado de Fernando se caracterizarían por la paz y el desarrollo interno gracias, sobre todo, a la llegada al poder de algunos de nuestros más grandes ilustrados. Fundadas las reales academias (Lengua, Historia, Medicina...) poco a poco fueron escalando puestos funcionarios eficaces que al principio serían vilipendiados y marginados por la vieja nobleza por no ser de alta cuna y que, sin embargo, serían seleccionados por características tan poco habituales como sus capacidades.

Dos de los grandes de este tiempo fueron José de Carvajal y Lancaster y Zenón de Somodevilla, marqués de la Ensenada. Si en los tiempos de Felipe V la actividad gubernativa se había limitado a buscar la hegemonía del Estado, el nuevo gobierno buscaba convertir a este en un instrumento eficaz y en una fuerza viva. Se ordenó la Hacienda pública, se controló a los poderes locales, se planificaron proyectos pensados para obtener beneficios a largo plazo, se ampliaron las obras públicas, la construcción de carreteras, puentes y sistemas de riego, se diseñaron empresas que superaron el marco de una provincia individual y se defendieron las ciencias y las artes. Pero sin lugar a dudas, las grandes medidas de Ensenada fueron dos: la reforma fiscal y la marina.

JOSÉ DE CARVAJAL

Ensenada propugnó la creación de un impuesto único sobre la renta que permitiría revolucionar todo el sistema fiscal del país y propició un cambio estructural permanente que posibilitaría solucionar o paliar buena parte de los problemas que aquejaban a la administración y el tesoro. Su influencia en el rey le facultaba empezar la primera fase del proyecto: la compilación del mayor censo de población y posesiones del siglo XVIII de la población española. El catastro de Ensenada, nombre con el que se le conocería, se redactaría en toda Castilla y apenas sirvió para poco más que para aportar alegrías a los historiadores, pues los grandes grupos de poder, los más perjudicados por la medida, acabarían presionando y protestando para que la

MARQUÉS DE LA ENSENADA

aplicación del impuesto se pospusiera, primero, y se abandonara, definitivamente, poco después.

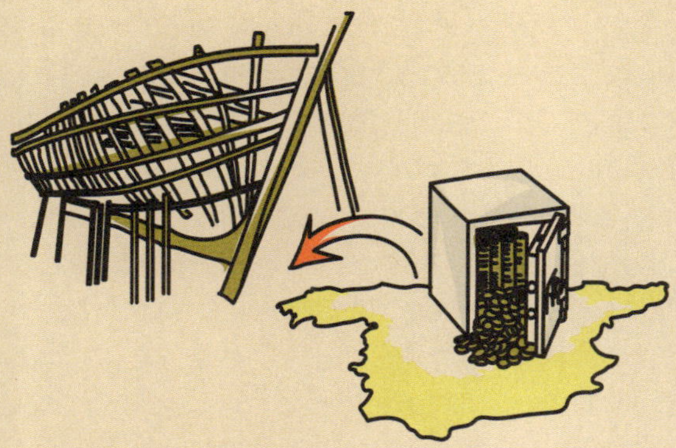

REFORMA FISCAL Y DE LA MARINA

Su otra gran ambición sería la armada. España ya no podía aspirar a disputar el dominio de los mares como antaño, pero sí a poseer una de las mejores flotas del mundo, lo suficientemente poderosa como para disuadir a cualquiera de atacarla directamente pues, con la ayuda de otra nación, fácilmente podrían acabar con la escuadra agresora. Este objetivo ocupó todas las acciones de Ensenada, al que dotó de la mayor preferencia, pues la marina era un eje fundamental para una potencia cuyo territorio se extendía por millones de kilómetros cuadrados y tenía presencia en todos los mares del planeta.

> **Yo no diré que pueda V.M. en pocos años tener una marina que compita con la de Inglaterra, porque, aunque hubiere caudales para hacerla, no hay gente para tripularla; pero sí que es fácil tener V.M. el número de bajeles que baste para que, unidos con los de Francia, se prive a ingleses del dominio que han adquirido sobre el mar.**
>
> ***Instrucción a Fernando VI,***
> ***Zenón de Somodevilla, Marqués de la Ensenada***

EL SANTÍSIMA TRINIDAD EN COMBATE

Este empeño no le sentó muy bien a Inglaterra, el poder hegemónico del momento, que no cejó hasta que se produjo el descrédito y la destitución del marqués de la Ensenada. Con la ayuda de los propios nobles españoles, claro. Carlos III continuaría, sin embargo, con la producción de barcos pero de poco serviría pues su hijo, Carlos IV, la dejaría en tan mal estado que Trafalgar tan solo supondría la puntilla que necesitarían los ingleses para hacerla trizas y acabar con ella para siempre.

Pero Fernando VI acaba de morir sin sucesión, por lo que le toca el turno a su hermanastro, Carlos III. Tantas guerras italianas para que al final el hijo de la Farnesio acabe en Madrid.

Capítulo 76

El mejor alcalde de Madrid

CARLOS III

Y aquí estamos, con otro hijo de Felipe V, que también sería rey, ya van 3. Un monarca ya entrado en años, con experiencia en su profesión (venía de reinar en Nápoles), sano física y mentalmente, de vida personal ejemplar y comedido en sus dispendios. Toda una excepción en un siglo que le valdría una fama y un prestigio un tanto sobreestimado por parte de los historiadores. Aunque tal vez también contribuiría el que se dedicase durante su reinado a mejorar Madrid. Por algo ha sido llamado "El mejor alcalde de Madrid". Lo mismo le ocurrirá probablemente a Ruiz Gallardón que aunque dejó la capital endeudada hasta las trancas la gente le recordará porque en su mandato vimos crecer las 4 torres, además de soterrar la M-30 y realizar el bonito y colosal parque de Madrid Río.

Carlos III, por otra parte, no era precisamente un ilustrado. No gustaba del hábito de la lectura, ni prácticamente de cualquier otro pasatiempo cultural, prefiriendo la caza a cualquier otra actividad. Dos veces al día la practicaba y estaba tan apegada a ella, y a su rutina, que ni siquiera el fallecimiento de uno de sus hijos le haría modificar su tradición.

Más que un rey, Carlos III parecía un aburrido y competente funcionario, como un presidente del gobierno gallego: sereno, prudente, puntual, constante, misma comida, mismos cubiertos, sentido común y con una única ambición, juntar un buen equipo de gobierno (Esquilache, Floridablanca, Aranda, Campomanes, Olavide...) que pudiera solucionar los apuros del país. Él y su mujer conformaban tanto un perfecto matrimonio burgués de hábitos rutinarios y frugales que a la muerte de la reina, tras 20 años de continuo matrimonio, cuenta la anécdota que el rey declaró: "Este es el primer disgusto que me da".

CONDE DE FLORIDABLANCA

Otra anécdota es que en estos tiempos, concretamente en 1785, tras un concurso para elegir un nuevo diseño, se adoptaría la actual bandera española, la rojigualda, de rayas rojas y amarillas con la franja central el doble de ancha. No hay ni que decir que esta bandera no es un invento franquista aunque la bandera no se alzaría como la oficial del reino (eso llegaría en 1843, con Isabel II) pero sí que la adoptaría la armada, pues el vivo color de la enseña era más distinguible que el blanco que correspondía a la casa de Borbón. Un color que, por cierto, era bastante similar al de muchos otros estados de la época lo que no paraba de acarrear muchos quebrantos de cabeza.

PUERTA DE ALCALÁ

Aun así, volviendo al gobierno de la nación, los afamados ministros ilustrados, alentados por las vacas gordas del reinado anterior y el constante crecimiento demográfico y económico, perseguían volver a situar a España en su legítimo lugar como una de las naciones más poderosas de Europa, recuperando para ello su prestigio y su poder. ¿Cómo lograr tamaña

PASEO DE LAS DELICIAS

MARQUÉS DE ESQUILACHE

hazaña? Mediante los dos grandes objetivos de todo gobierno conservador: orden, economía y reformas. Poco a poco se buscó eliminar los viejos hábitos medievales que lastraban la economía. España estaba llena de hidalgos y señoritos que no querían ensuciarse las manos, por lo que un real decreto llegó a predicar que el trabajar no era algo deshonroso. Buenas intenciones, lástima que la sociedad no estuvo a la altura.

El Motín de Esquilache es considerado como el mayor fracaso del intento de europeizar España. Esquilache era un italiano que había venido con Carlos desde su etapa en Nápoles y al que el rey situó en el gobierno con una clara misión: reformar y modernizar el reino. Las reformas no serían muy del agrado del pueblo, que las acabaría aceptando a regañadientes, pero el colmo llegaría cuando al ministro le dio por intentar cambiar la indumentaria tradicional madrileña, de capas largas, por otra más acorde a las nuevas modas que venían de Europa. Los alguaciles, que eran unos "mandaos" se dedicaron a parar a la peña para cortarles el sombrero y la capa.

MOTÍN DE ESQUILACHE

Todo tiene un límite, y el del pueblo madrileño fue precisamente ese. Una turba exaltada colmó las calles amenazando con un motín de tal calibre que hasta el mismísimo Carlos III tuvo que salir al balcón del palacio a calmar los ánimos y prometer la vuelta atrás de las reformas emprendidas. El pueblo mantenía sus vestimentas y Esquilache se marchaba por la puerta de atrás.

Sí, españoles; ved aquí el mayor de todos los beneficios que derramó sobre vosotros Carlos III. Sembró en la nación las semillas de luz que han de ilustraros, y os desembarazó los senderos de la sabiduría.

Elogio a Carlos III, Gaspar Melchor de Jovellanos

Tampoco hubo mucha más fortuna en lo económico. El problema estaba identificado: las grandes extensiones de fincas en desuso que se extendían por toda Andalucía y la Meseta. Una reforma agraria era necesaria de forma urgente, pero ninguno de los grandes ministros ilustrados se atrevió a jugarse la carrera en el empeño de tal plan. Luchar contra los grandes nobles terratenientes o la poderosa Iglesia suponía, todavía en aquella época, la forma más fácil de alcanzar un rápido suicidio político y así, a pesar de los débiles intentos reformistas y el regalismo de la corona, un gigantesco patrimonio agrícola permanecería todavía durante décadas pésimamente administrado. Tampoco en la industria halló España consuelo, pues a excepción de unos pobres intentos regionales (textiles en Cataluña, hierro en el norte y pesca en Andalucía) el resto de España continuaba siendo un erial industrial.

ESTATUA DE CARLOS III EN EL JARDÍN BOTÁNICO

Y aun así, estos fueron los años buenos...

CARLOS III

ESCANEA ESTE CÓDIGO QR CON TU MÓVIL PARA ACCEDER AL VÍDEO EN YOUTUBE

Capítulo 77

Iglesia e ingleses

Desde que en 1522 se había fundado la Compañía de Jesús, la orden de San Ignacio de Loyola no había dejado de incrementar su influencia y acrecentar su poder. Su mano, gracias a numerosos confesores y asesores, alcanzaba a muchas de las personalidades de más alto rango de muchos de los gobiernos católicos y su reputación de agentes extranjeros, ya que debían fidelidad únicamente al Papa, los situaba como una poderosa organización no controlable cuyas operaciones se realizaban dentro de unos reinos cada vez más absolutos sin el beneplácito de sus soberanos. Algo que no gustaba nada a los reyes.

IGNACIO DE LOYOLA

SÍMBOLO DE LOS JESUÍTAS

Portugal sería el primer reino en expulsarlos de sus fronteras y rápidamente les seguiría Francia. En España también había muchos sectores que les tenían especialmente tirria. A los laicos ilustrados no les hacía mucha gracia el inmenso poder que mantenía la Orden a nivel de institutos de enseñanza y muchos grupos religiosos, como los agustinos o los dominicos, tampoco les perdonaban los tiempos en que los jesuitas prácticamente mantenían en monopolio el confesionario real y el control de los nombramientos y la política eclesiástica. Tampoco ayudaba la relajada interpretación que la Orden hacía de la rígida moral católica imperante.

CAMPOMANES

Decidida ya su suerte, Campomanes se encargó de redactar el plan para su expulsión. En secreto se preparó una extensa intriga que culminó con la llegada de tropas a todas las casas jesuitas de la Península a medianoche con la misión de expulsar a todos los religiosos de sus camas y mandarlos camino a Cartagena, donde serían embarcados y desterrados. Un punto importante en todo esto fue dejar claro que las acciones del gobierno nunca tuvieron nada que ver con la religión, sino que se trataba únicamente de una lucha de poder mucho más terrenal y nada teológica.

Con la expulsión de los jesuitas España completaba casi definitivamente la subordinación de la Iglesia al Estado, pues hasta la Inquisición se convirtió en uno de los muchos órganos de este. Se podría haber eliminado, pero la institución todavía mantenía una aureola de represión que bien le iba a un monarca absoluto. En un gobierno autocrático nunca sobran ese tipo de métodos. Sin embargo, el Santo Oficio estaba en las últimas. La Inquisición de Toledo, una de las más importantes del reino, atendía únicamente 3 o 4 casos anuales frente a los más de 200 de sus mejores tiempos. En cuanto a penas de muerte, tan solo 4 serían aplicadas en este siglo: 1714, 1725, 1763 y 1781.

SELLO DE LA INQUISICIÓN

JESUÍTAS SIENDO OBLIGADOS A EMBARCAR

SAMBENITO

Si en el interior todo iba bien, dentro de lo que podía caber, a nivel exterior la cosa no marchaba de la misma manera. Carlos III, en busca de un mayor poder en el mapa global, optó por el camino fácil y firmó con Francia el tercer Pacto de Familia, pensando que la combinación de las armadas podría hacer palidecer la supremacía naval inglesa. Justo en el peor momento, pues la unión nos obligó a intervenir en la Guerra de los Siete Años, para cuando la balanza ya había caído hacia el lado británico. Se perdió la guerra y con ella La Florida, aunque bien es cierto que los franceses nos cederían la Luisiana como compensación. Por otra parte tras la expulsión de los Jesuitas, nuevos misioneros franciscanos como Fray Junípero Serra evangelizarían la Alta California, fundando a lo largo de la costa muchas misiones. Algunas se convertirían en importantes ciudades como San Francisco o Los Ángeles.

BERNARDO DE GÁLVEZ

La rebelión de las 13 colonias inglesas de Norteamérica en 1775 supuso la oportunidad de recuperar parte del terreno perdido. Como España y Francia son enemigas de Inglaterra ayudaron a los colonos rebeldes. Los españoles apoyaron con dinero a los rebeldes norteamericanos desde el inicio. Incluso tropas españolas llegarían a combatir en territorio americano bajo el mando de Bernardo de Gálvez, en Pensacola, una batalla decisiva para los Estados Unidos de América.

INDEPENDENCIA DE ESTADOS UNIDOS

Usando de la suprema autoridad económica que el Todopoderoso ha depositado en mis manos para la protección de mis vasallos y respeto de mi Corona: he venido en mandar que se extrañen de todos mis dominios de España e Indias, Islas Filipinas y demás adyacentes, a los Religiosos de la Compañía.

Pragmática Sanción de 1767, Carlos III

Acabada la guerra, España recuperaría de nuevo La Florida y Menorca, aunque no Gibraltar. Desde el punto de vista teórico España acababa de conseguir dar un golpe en el tablero americano. Con la pérdida de la inmensa mayor parte del territorio inglés tras la independencia de los Estados Unidos, España se convertía en la gran potencia europea de la zona ampliando aún más el terreno controlado y reafirmando su poder imperial con la creación de un nuevo virreinato: el de Río de la Plata. Por otra parte el ejemplo estadounidense sería extremadamente nocivo para los intereses españoles conforme se iba incrustando en el imaginario de la clase dirigente criolla. Además, la guerra fue especialmente cara para el país, pues trajo una fuerte crisis económica que provocó la carestía de alimentos con la consiguiente alza en los precios.

BATALLA DE PENSACOLA

Pero a todo esto Carlos III, justo tras haber salido a cazar, como de costumbre, se sintió morir y corrió a recibir los últimos sacramentos. Estamos en diciembre de 1788, llega Carlos IV.

Capítulo 78

La España de Godoy

CARLOS IV

Más que el momento de Carlos IV lo fue de aquellos que lo rodearon. Al hombre, tan bobalicón como lo retrató Goya, le hubiera venido mejor el puesto de criado o pinche en las cocinas o salones de palacio que el trono. El monarca no solo había heredado poder, sino también problemas, muchos problemas. Los grandes retos políticos que se habían intentado llevar a cabo, la modernización y el encumbramiento de España, no acababan de llegar a buen puerto y, por si fuera poco, en su vecina Francia comenzaba a germinarse un avispero que asombraría al mundo; demasiado para un niño en un cuerpo de hombre. Pero pronto encontraría alguien que estaría dispuesto a tirar de las riendas. Lo casarían con su prima María Luisa de Parma que además de fea era ambiciosa y ninfómana. Que una mujer dominase al Borbón no era nada nuevo, pero esta caía especialmente mal a los españoles por la fama que arrastraba de coleccionar amantes. Fueran o no ciertas estas afirmaciones, la verdad es que ella nunca se preocuparía de desmentirlas e incluso se encargaría de situar en el grado más alto, hasta emparentar con la Familia Real, al más conocido de sus favoritos, el antiguo Guardia de Corps Manuel Godoy.

GODOY

Carlos IV comenzaría su reinado con aires de continuidad, manteniendo a los ministros de su padre y llamando a las Cortes para que lo ratificasen como legítimo rey, a su hijo Fernando como príncipe de Asturias y que se rechazase la francesa ley sálica de sucesión (excluía a las mujeres) que Felipe V había introducido a su llegada a España. Más o menos lo habitual cuando se producía un cambio de monarca, pero el ejemplo que estaban mostrando los Estados Generales en Francia era algo inquietante para cualquier otro soberano europeo, por lo que las Cortes fueron clausuradas sin que se llegasen a promulgar las leyes ya aprobadas. Cuidado con esto porque traerá cola.

Y es que desde 1789 la guillotina en el país vecino no daba abasto; despachando primero a la nobleza y al clero, e incluso al Rey, y luego a todo el que pasaba por allí. ¡Revolución republicana! ¡El orden natural de las cosas revertido de la noche a la mañana! Todas las cortes de Europa tiritaron al mismo tiempo y olvidaron las mutuas afrentas para unirse a la batuta de la guerra que enarbolaba la siempre oportunista Inglaterra contra su tradicional enemigo. Tamaña afrenta a la realeza, y ejemplo, no podía quedar impune. España, sin la tutela francesa que la había acompañado durante todo el siglo, se descubría de repente huérfana.

Floridablanca, buscando preservar a España de las peligrosas ideas revolucionarias de "libertad, igualdad o muerte" (lo de fraternidad sería una idea progre que vendría mucho después) cerró España a cal y canto mediante la censura, el ejército y hasta la misma Inquisición. Se buscaba prevenir una subversión similar en el reino, pero el peligro era inexistente. Es cierto que se levantaron motines pero estos eran más los habituales en busca de pan ocasionados por las malas cosechas y la crisis económica que una auténtica revolución. Pocos eran los afrancesados que observarían con auténtico interés lo que estaba sucediendo en París.

La conmoción acabaría sustituyendo a los capaces Floridablanca y Aranda por el astuto Godoy, a quien no se le conocía más experiencia que la que hubiera podido mostrar en la cama de la reina. en España, con el mandato de no dejar impune la ejecución de los primos Borbones del otro lado de los Pirineos. Francia marchó encantada a la guerra (1793-1795) ya que le había cogido el gusto a eso de ejecutar Borbones, pero, como hemos dicho antes, el pueblo español no deseaba una revolución como la que había acaecido en Francia. La guerra contra Francia desencadenaría un espontáneo esfuerzo, preludio de lo que estaba por venir y que no sabrían ver los franceses, cuando las gentes se alzaron para luchar por Dios, el Rey y la Patria. Pero a pesar de todo esto el ejército no estaba preparado para una guerra. La época de los tercios hacía mucho tiempo que se había marchado para no volver.

Los generales, elegidos por su linaje, no poseían ningún talento militar, se organizaban las campañas con ineptitud y desde Madrid Godoy tampoco era ningún genio táctico. Si España no se vio superada a los pocos días de campaña fue gracias al esfuerzo de los muchos catalanes y vascos que se alzarían para defender a su patria. Cuando los franceses entraron por el Pirineo oriental se crearon espontáneamente comités de defensa en Barcelona y en toda Cataluña para combatir al invasor y miles de campesinos catalanes corrieron a alistarse a las filas del ejército. Otro tanto pasaba al otro lado, en las provincias vascas y en Navarra. Todos luchando por España aunque España, para no defraudar, los dejaba desarmados, hambrientos y en la estacada.

En 1795 España firma la paz con Francia y a Godoy le llueven los honores en Madrid. Hasta Príncipe de la Paz sería nombrado, cuánta zalamería. Se debió venir muy arriba porque se arremangó, se convirtió en veleta e hizo lo último que se esperaría de un país absolutista: unirse a la Francia antiabsolutista contra Inglaterra y sus aliados. ¡Qué gran estratega! El Tratado de San Idelfonso (1796) suponía una auténtica capitulación de España ante Francia, la conversión del país en un satélite francés con el encargo de intentar satisfacer las crecientes exigencias de una Francia revolucionaria que nunca se saciaba. Toda una catástrofe.

BATALLA DE TRAFALGAR

Los ingleses, dueños de los mares, cortarían las comunicaciones con América y se lanzarían a pillar la mayor tajada del pastel. En la Península disputamos un pequeño rifirrafe con Portugal, la Guerra de las Naranjas y el almirante Nelson perdió un brazo cuando intentó invadir Tenerife. Pero lo malo estaba por venir. En la Batalla de Trafalgar (1806) nuestra flota se vio obligada a ponerse al servicio de la francesa para intentar despojar a Inglaterra de la soberanía naval y a pesar de contar con grandes oficiales de élite (Churruca, Gravina, Alcalá Galiano... hombres cultos e ilustrados, respetados por amigos y enemigos) nos tocó obedecer las órdenes del incompetente almirante gabacho Villeneuve. Allí, Nelson, aunque acabaría muriendo en el combate, se desquitaría bien de la pasada afrenta después de utilizar una táctica que hubiera resultado un desastre ante cualquier comandante experto. Pero conociendo al contrario y el estado de las flotas enemigas bien pudo permitirse el lujo de despreciarnos.

NELSON

En Trafalgar, en 1805, los ingleses terminarían por asentar su soberanía sin discusión en las aguas hasta la Segunda Guerra Mundial y nosotros nos enfrentaríamos al mayor desastre naval de toda nuestra historia. Nunca nos recuperaríamos de aquello. Nuestro poderío naval, que había sido hegemónico durante 2 siglos y respetable durante otro más, se hundía en las aguas de las costas andaluzas. Pero ahí no acabaría todo. Con el pretexto de invadir Portugal, aliado fiel de Inglaterra, los franceses comenzarían a introducir tropas en la Península y antes de que nadie se diese cuenta, los gabachos ya controlaban la mayoría de las posiciones estratégicas del país.

Muertos de miedo los reyes y Godoy tratarían de huir de Madrid, pero el Motín de Aranjuez, propiciado por el príncipe heredero, Fernando, provocaría que un aterrado Carlos IV

Así pues, por un tratado firmado y ratificado, he cedido a mi aliado y caro amigo el Emperador de los franceses todos mis derechos sobre España e Indias; habiendo pactado que la corona de las Españas e Indias ha de ser siempre independiente e íntegra, cual ha sido y estado bajo mi soberanía, y también que nuestra sagrada religión ha de ser no solamente la dominante en España, sino también la única que ha de observarse en todos los dominios de esta monarquía.

Abdicaciones de Bayona, Carlos IV

abdicase en su persona. Lejos estaba aquello de los planes de un corso que pronto daría mucho de que hablar por lo que, convocados padre e hijo en Bayona, sucedió uno de los acontecimientos más bochornosos, abyectos y vergonzosos de la historia de España y de la Corona. Allí, siguiendo los designios que Napoleón les dictaba, Fernando era convencido para abdicar en favor de su padre y más tarde se permitió que Carlos IV abdicase en Napoleón y este pudiera regalar la corona a su hermano, José Bonaparte.

El francés podía ser muy buen estratega, pero de psicología humana estaba un poco escaso. No había aprendido nada de la última guerra con España y despreciaba con firmeza al pueblo español. Todo parecía ir como la seda cuando de repente, como todos los grandes planes, se vino al traste por lo menos pensado. Cuando los invasores asaltaron el palacio real de Madrid para llevarse al infante Francisco de Paula a Francia un motín popular estalló por toda la ciudad. Era 2 de mayo de 1808 y el pueblo español y algunos destacamentos del ejército, se alzaban en heroica y desigual carga contra las tropas francesas. Goya retrataría magistralmente tiempo después aquellas escenas dejadas para el recuerdo: la carga de los mercenarios mamelucos contra la gente que abarrotaba la Puerta del Sol y los fusilamientos fruto de la represión de aquella misma noche. Pero una llama no puede apagarse tan fácilmente.

FUSILAMIENTOS DEL 3 DE MAYO

La Guerra de la Independencia ya había comenzado. Sin embargo, ajeno a todo esto, el médico español Francisco Javier Balmis, había realizado con éxito la primera expedición humanitaria global de la historia de la humanidad, llevando la vacuna de la viruela a todos los confines del Imperio en una gesta sufragada por la Corona. que necesitaría varios años para llevarse a cabo. Luces y sombras de un mundo que comenzaba a transformase cada vez a una velocidad más vertiginosa.

Capítulo 79

Guerra de Independencia

AGUSTINA DE ARAGÓN

Caído el poder central y con los grandes aristócratas y generales lavándose las manos, el pistoletazo de salida tenía que surgir desde esferas mucho más humildes. Así, desde la alcaldía de Móstoles se proclamaba, tras conocer los sucesos acaecidos en Madrid, el primer bando de independencia contra el invasor. La primera piedra ya estaba puesta. Por una vez, todos los españoles de nuestra entera piel de toro se pusieron de acuerdo. Las ciudades se levantaron en armas enarbolando fervorosas y patrióticas proclamas y miles de campesinos se vieron espoleados desde los púlpitos de una Iglesia que veía con auténtico terror las ideas revolucionarias que traían consigo los hombres de Napoleón.

Todos a la vez, pero no a una. Cada ciudad fue construyendo su propia junta para organizar la resistencia por sí misma ante el invasor, intentando diseñar la arenga más ardiente. Un ejemplo fue Murcia: "Sepa el mundo que los murcianos conocen sus deberes y obran según a ellos hasta derramar su sangre, por la Religión, por su Soberano y la de sus amados hermanos, todos los españoles".

Pero no todos los españoles se unirían al frenesí popular. La invasión francesa situó en una grave disyuntiva a un gran número de ilustrados admiradores de la cultura francesa que veían en la llegada de José I la oportunidad de regeneración que estaba esperando España para convertirse en un país moderno y que hasta ese momento habían entorpecido los Borbones. Conocidos como afrancesados, su destino sería amargo, pues rápido habrían de ser tachados de traidores y su futuro transcurriría entre la muerte y el exilio.

CARGA DE LOS MAMELUCOS

Así, por toda la Península, sin ningún tipo de orden, pero provocando un gran incendio, el paseo militar que preveía Napoleón poco a poco se fue transformando en un infierno. La derrota en la emboscada del Bruch (Barcelona), la resistencia sangrienta de Gerona, la heroica gesta de Zaragoza con Palafox y Agustina de Aragón a la cabeza, y, sobre todo, la grandiosa derrota de Bailén, donde por primera vez todo un ejército napoleónico caía derrotado en Europa constituyen claros ejemplos. Esta situación provocó un punto de inflexión en la historia, pues los ejércitos imperiales perdían su mácula de invencibilidad y tuvo como consecuencia la huida de Pepe Botella (los españoles se inventaron que José I era un aficionado a la bebida y resulta que era abstemio) ante la llegada a Madrid de los ejércitos españoles.

El corso se tuvo que tragar sus palabras y él mismo llegó con su Grande Armée (unos 250.000 hombres) para pacificar el asunto. El ejército imperial fue barriendo todas las posiciones españolas y arrinconó a los ejércitos inglés y portugués que ya comenzaban a presentar batalla no tanto por apoyar a los españoles como por frenar a los franceses. Poco a poco se fueron haciendo dueños de todo el paisaje y fue entonces cuando, de modo espontáneo, surgiría una nueva forma de hacer la guerra, tan española que los diccionarios de todas las lenguas del orbe asimilarían la palabra en castellano: guerrilla. Bandoleros, cuatreros, campesinos desesperados con la situación, soldados refugiados de los ejércitos vencidos, hombres que ya no soportaban las masacres, violaciones y saqueos de los franceses... todos ellos conformaban singulares grupos de decenas, cientos, o incluso miles de hombres, que se dedicaban a asaltar las pequeñas partidas francesas, eliminar sus líneas de suministros o cazar a sus oficiales para devolverles en propia piel el daño producido. Ojo por ojo.

GOYA

Y todo el mundo acabó ciego. Sobre todo el pueblo llano, que es el que siempre sufre las verdaderas consecuencias de todas las contiendas. Se saqueaba a voluntad, se mataba a placer, se profanaba con alegría, se incendiaba con alevosía y se violaba a mansalva. Solo hay que echar un pequeño vistazo al muestrario de atrocidades que Goya nos regaló en sus grabados "Los desastres de la guerra". Los franceses se ensañaron con la Península, pero no solo ellos. Los ingleses, siempre fieles a sí mismos, aunque buenos soldados y una necesaria ayuda, pero a los que su alma pirata les hacía comportarse como si estuvieran en territorio enemigo, siendo para algunas ciudades "rescatadas" peor el remedio que la enfermedad. Y tampoco los guerrilleros eran hermanitas de la caridad y no vayamos a pensar que los franceses eran únicamente los afectados con sus acciones, o que entre ellos no había cuatreros de los de toda la vida, bien dispuestos a sacar partido del caos que se había montado en todo el reino.

CORTES DE CÁDIZ

Poco a poco, con mucha sangre y pólvora, con muchas batallas perdidas y muchas pequeñas emboscadas, con un ejército francés superior pero incapaz de controlar ningún otro terreno más allá del que pisaban, con el somatén en Cataluña, con Espoz y Mina en Navarra, el

> **Que no quiere ser francesa,**
> **La Virgen del Pilar dice**
> **Que no quiere ser francesa,**
> **Que quiere ser Capitana**
> **De la tropa aragonesa.**
>
> ***Copla popular***

Pastor en Guipúzcoa, el Empecinado en Castilla, el cura Merino en Burgos, la Virgen del Pilar en Aragón y los esfuerzos de Wellington y la inestimable ayuda del ejército portugués, la guerra fue decantándose en contra de los intereses franceses. Atrás dejaban un país devastado por la guerra cuyas industrias y cultivos habían sido arrasados tanto por los enemigos como por los supuestos aliados. Si la Hacienda española nunca había dado datos positivos, ahora, tras tantos años de guerra, apenas se las veía para contar las monedas con el muñón que le quedaba.

Mucho se lamentaría Napoleón en su exilio de la "úlcera española" que le hizo perder hasta 200.000 hombres, muchos de ellos veteranos, que muy bien le hubieran valido para otras campañas. Llegó a decir: "Los españoles en masa se condujeron como un hombre de honor".
En la Batalla de Vitoria los gabachos eran finalmente rechazados allende los Pirineos, pero no se fueron solos. Acompañándolos fueron muchos de aquellos afrancesados que habían apoyado al gobierno francés.
Una larga serie de intelectuales, artistas y científicos marchaba de nuestro país al exilio abriendo un camino que muchos más habrían de transitar en los siglos sucesivos.

Por suerte no todos los ilustrados se pasaron al bando francés. En Cádiz, separada de la guerra gracias a su situación geográfica y a la escuadra británica, una serie de hombres de ideas liberales de toda España, tanto peninsular como americana, se habían reunido para proclamar una auténtica revolución. Lástima que su semejanza de ideas con la de los propios franceses acabaría condenándolos en el futuro.

Nacían, por primera vez y de forma inevitable, las dos Españas que ya siempre nos acompañarían.

Capítulo 80

Llegan los liberales

FERNANDO VII

Por un lado se situaban los progresistas del momento, los llamados liberales, partidarios de limitar el poder de la Iglesia, la nobleza y la monarquía y de promulgar constituciones nacionales. Por el otro los absolutistas, partidarios de que las viejas tradiciones, el trono y el altar mantuvieran el poder de siempre. Y en medio un pueblo analfabeto fácil de excitar y siempre dispuesto a unirse a una u otra causa para salir de su tranquila monotonía e irse a acuchillar al vecino con el que mantenía viejas rencillas.

JOSÉ BONAPARTE

Derrotados los ejércitos españoles y conquistada toda la Península, Cádiz se convertiría en el último baluarte nacional de resistencia contra el invasor y allí fueron a refugiarse muchas de las mejores cabezas que se habían mantenido en contra de los franceses. Liberales ilustrados, inspirados por las ideas de la Ilustración que llegaban desde Francia, iniciaron un proceso constituyente con representantes de todas las provincias de la Península y del otro lado del océano. El pequeño inconveniente que presentaba el ejército francés fue solventado con la elección de suplentes para todos aquellos que no consiguieron llegar hasta la ciudad.

En total 296 españoles de ambos hemisferios, 90 de ellos religiosos, 56 juristas, 49 funcionarios, 30 militares, 15 catedráticos, 14 nobles, 8 comerciantes y 20 que no consignaron profesión alguna. Resulta cuanto menos llamativa la cantidad de religiosos, pero es que dentro de la Iglesia, además de la parte reaccionaria, siempre ha habido curas liberales a puñados. Estos prohombres redactarían la Constitución más avanzada de su tiempo, que serviría de ejemplo y de objetivo para muchas otras y no solo dentro de nuestras fronteras. En ella se limitaban los poderes del rey, se instauraba un Parlamento sometido al sufragio universal, masculino eso sí, se abolían todos los privilegios de la Iglesia y la aristocracia, se eliminaba totalmente el Antiguo Régimen y se echaba el cerrojo a la Inquisición.

MARÍA CRISTINA DE BORBÓN (CUARTA ESPOSA)

De poco les iba a valer. Un texto demasiado ambicioso para la sociedad del tiempo en que les había tocado vivir y que surgiría ya con la oposición del grupo de diputados absolutistas del hemiciclo. Como más tarde señalaría Karl Marx, "España estaba dividida en dos partes. En la isla de León (Cádiz), ideas sin actos; en el resto de España, actos sin ideas".

Derrotado Napoleón, el deseado Fernando VII regresó a una España oficialmente liberal, pero sinceramente absolutista. Los liberales tal vez creían que Fernando aceptaría el nuevo orden, pero no conocían su personalidad. Por si fuera poco, si al rey le quedaba alguna duda debió de disiparse completamente cuando los propios ciudadanos en su camino a Madrid le alababan y gritaban "Muera la libertad y vivan las cadenas" a su paso. Y es que siempre el mayor problema de la democracia suele ser el pueblo.

El rey Fernando VII, apodado justamente el felón por la mayoría de los historiadores, se dedicaría durante los años siguientes a cazar y

MOTÍN DE ARANJUEZ QUE DESTRONÓ A CARLOS IV PARA ENTRONIZAR A FERNANDO

CONSTITUCIÓN DE 1812

dar muerte a todos aquellos que se habían dejado la sangre y la hacienda luchando en su nombre contra los franceses creyendo hacerlo por una causa justa. Las clases acomodadas y la Iglesia no tuvieron ningún problema en situar a la población contra un sector de la sociedad que hablaba demasiado parecido a los franceses que tanto les habían hecho padecer.

El primer gran reinado del siglo XIX español y el germen de todos los males que arrastraríamos durante las siguientes dos centurias. Bajo su mandato se perderían las colonias americanas, surgiría la tradición de pronunciamientos militares por parte de los liberales al estar imposibilitados para llegar al poder por otros medios, se perdió una oportunidad única

Era costumbre en los antiguos Persas pasar cinco días en anarquía después del fallecimiento de su Rey, a fin de que la experiencia de los asesinatos, robos y otras desgracias les obligase a ser más fieles a su sucesor.

Manifiesto de los Persas, diputados absolutistas

EL PUEBLO EN LA PLAZA DE SAN ANTONIO EL DÍA DE LA PROCLAMACIÓN DE LA CONSTITUCIÓN

de modernización de la sociedad y, tras su muerte, se desencadenaría el conflicto carlista que nos acabaría desangrando durante todo el siglo. Durante seis años el estado policial que impuso Fernando VII serviría para atajar de forma sangrienta todas las intentonas liberales pero, en 1820, una tropa destinada a embarcarse a América para combatir la rebelión se amotinó y marchó a Madrid dispuesta a proclamar nuevamente la Constitución al grito de "Viva la Pepa". Más allá de su comandante, el general Riego, pocos en la mesnada tenían tan férrea voluntad, como lo demuestra que en el camino hasta la capital buena parte del ejército desertara, desentendiéndose de cualquier conflicto.

GENERAL RAFAEL RIEGO

Sin embargo, el golpe acabaría triunfando y Fernando VII se veía obligado a acatar la Constitución. Pero no sería por mucho tiempo.

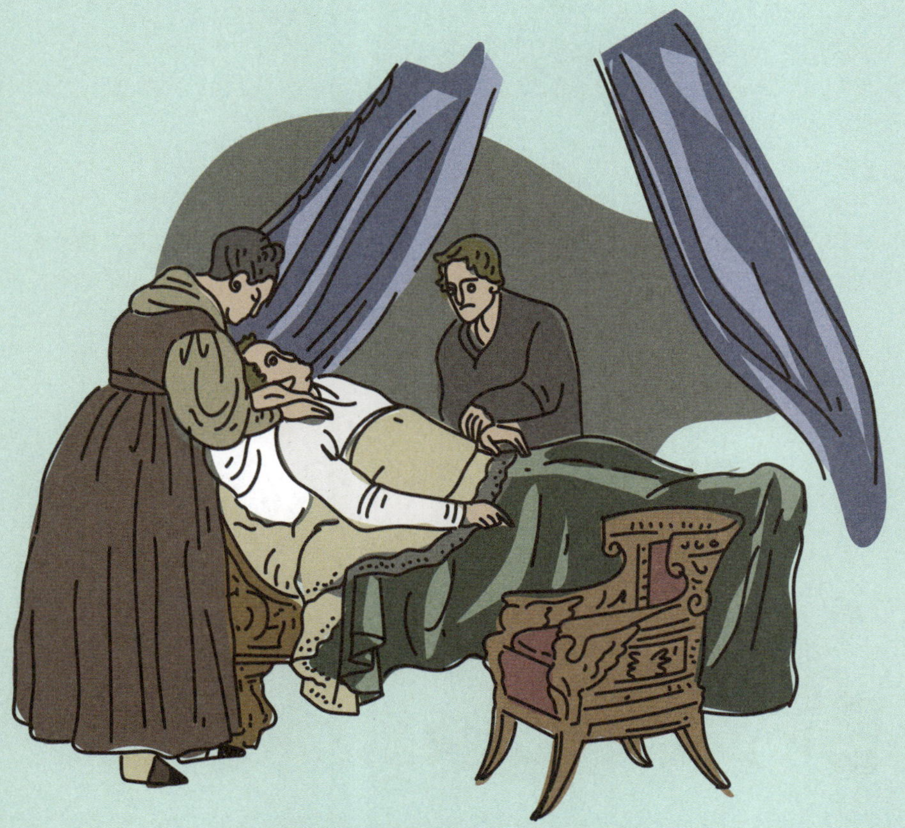

MUERTE DE FERNANDO VII

Capítulo 81

El último absolutista

Era 1820 y los liberales volvían al poder. Tiempos felices e ilusionantes donde el "¡Viva la Pepa!" se exclamaba por doquier y la sonatilla "Trágala, perro" se entonaba con alegría y jolgorio. Pero la alegría no duraría para siempre, si no este periodo no se llamaría "Trienio Liberal". Y es que el segundo intento de liberalizar a España fracasaría también. Tres años bastarían para que todo saltara por los aires.

FERNANDO VII FIRMANDO LA CONSTITUCIÓN EL 8 DE MARZO DE 1820

La incompetencia del gobierno de los liberales, sin ningún tipo de experiencia política, las malas artes del propio Fernando VII que, aunque se había dado prisa en jurar la Constitución para salvar su pellejo, no dudaría en conspirar y entrabar todo lo que pudo. Sumado al poder de la Iglesia, los viejos estamentos y la propia desunión de los liberales, divididos entre los moderados y los que querían hacer que todo saltara por los aires, acabó con este corto periodo de liberalismo. La tradicional impaciencia de la izquierda en nuestro país.

FERNANDO VII EL DESEADO

Los excesos de los liberales más exaltados ofendieron a todos y, sin fuerzas para mantener el gobierno, muchos de los que habían apoyado en un primer momento la revolución suspiraron aliviados cuando la reacción absolutista volvió a colocar a Fernando VII en el poder. La Santa Alianza, una coalición de naciones absolutistas que se encargaba de luchar contra las ideas masónicas y revolucionarias que iban surgiendo como setas en la vieja Europa, envió a un ejército francés, los conocidos como Cien mil Hijos de San Luis, a reponer el orden en la Península. Esta vez la Iglesia se cuidaría mucho de soliviantar a la población contra una invasión que sí le convenía por lo que, el mismo pueblo que menos de una década antes se había levantado en armas contra los gabachos, aplaudía ahora ese apacible paseo militar.

Con los liberales de vuelta al exilio llega la última etapa de Fernando VII, un periodo de 10 años que amanecería con un absolutismo ominoso y anochecería con un liberal esperanzador; todo a conveniencia

FUSILAMIENTO DE TORRIJOS Y SUS COMPAÑEROS

MARÍA ANTONIA DE NÁPOLES (PRIMERA ESPOSA)

del monarca. Rencoroso como era, nada más volver al poder se dedicaría a perseguir a sangre y fuego a todos los liberales del país sin que estos pudieran hacer nada más que algunos desembarcos suicidas que acabaron como el rosario de la aurora. En las playas de Málaga se quedarían Torrijos y los suyos.

Pero con el tiempo la realidad se acabaría imponiendo e incluso Fernando se daría cuenta de que si quería salvar algo de lo que quedaba del país debía buscar ministros más capaces y eficaces de los que disponía, por lo que finalmente acabaría apoyándose en otros con fama de ser afines a las corrientes liberales. Este pequeño cambio le ganó la enemistad del ala más conservadora del absolutismo que acabaría encuadrándose en torno al infante don Carlos, hermano del rey y próximo candidato al trono. Puede que ya vaya siendo hora de volver a acordarnos de la Pragmática Sanción dictada por Carlos IV y que tantas desgracias habría de conllevar a partir de ahora.

MARÍA ISABEL DE BRAGANZA (SEGUNDA ESPOSA)

Una ley de 1789 que fue rescatada de un cajón en 1830. La Pragmática eliminaba la ley sálica francesa que había impuesto Felipe V, el primer Borbón, y que impedía que las mujeres accedieran por cualquier medio a la Corona, y la sustituía por la antigua y española Ley de Partidas de Alfonso X, que sí lo permitía. Y es que Fernando VII, después de 20 años de intentos y 4 esposas, acababa de ser padre de una pequeña niña a la que pondrían por nombre Isabel.

REAL SITIO DE ARANJUEZ

> **Marchemos francamente, y yo el primero, por la senda constitucional.**
>
> ***Juramento a la Constitución, Fernando VII***

EMANCIPACIÓN DE HISPANOAMÉRICA (CAMPAÑA ADMIRABLE)

Los absolutistas, que ya comenzaban a recibir el nombre de carlistas en honor a su primer representante, como es normal no aceptaron la maniobra por amor y gloria al Antiguo Régimen, las tradiciones, la fe, España, y el poder, claro está. En el otro lado se encontraban los liberales, que veían en esta la oportunidad que habían estado esperando durante tanto tiempo. Fernando VII y su esposa, María Cristina, acabarían apoyándose en sus acérrimos enemigos con tal de que su hija consiguiera reinar. La política hace extraños compañeros de cama y el interés mueve montañas.

Los bandos ya estaban fijados y el último año fue de aúpa. Incluso le dio tiempo a Fernando de derogar y volver a imponer la Pragmática Sanción. Pero el destino estaba echado. Era 1833 y muere en la cama el último rey absoluto de España. Atrás deja una nación dividida, dispuesta una vez más y como de costumbre, a alzarse en armas contra la otra media y con un territorio que no es ni la ínfima parte de lo que heredara de sus padres.

Porque la Emancipación de Hispanoamérica es ya un hecho.

Capítulo 82

La emancipación

Todo tiene un principio y un final. Todo imperio que se expande por el mundo acabará cayendo algún día. España no sería la excepción. La extraordinaria gesta que se había iniciado a finales del siglo XV, tras el intrépido y afortunado viaje de Cristóbal Colón, duraba ya más de 3 siglos, conformando a su paso una comunidad hispana con lazos lingüísticos, culturales, religiosos y sociales que perduran hasta el día de hoy. Esto fue posible gracias a que la Monarquía Hispánica durante los siglos XVI y XVII había tratado a los territorios americanos como un apéndice más de los peninsulares, trasladando a ellos las instituciones y las formas de la propia España europea.

MODELO IMPERIAL ESPAÑOL

Sin embargo, a partir de 1700, con la llegada al trono de los Borbones, todo comenzaría a cambiar. Las reformas centralizadoras que, como ya hemos visto, emprendieron en España afectarían también de forma intensa a los territorios americanos. Los hasta entonces

CARLOS III

"relativamente" autónomos territorios de ultramar, adoptarían un modelo similar al colonial francés o inglés distanciándose cada vez más de las singularidades que habían hecho único al sistema virreinal español. Con la actitud paternalista propia del despotismo ilustrado, cada vez eran más las decisiones que requerían la aquiescencia de Madrid o las que tomaba directamente la propia corte.

El monopolio comercial, la creciente burocracia, los impuestos y las tasas coloniales comenzarían a generar un profundo descontento entre los criollos, la poderosa y acomodada clase pudiente americana, descendiente de los europeos que habían llegado a América durante los dos siglos anteriores. Eran alrededor de un 10% de la población que también veía coartada su entrada a los más importantes puestos de poder e intendencia, monopolizados por el escaso número de españoles peninsulares que se encontraban en América. Y claro, no hay nada que desaire más a un rico que no poder manejar las teclas del poder y no obtener los suculentos sobornos que obtendría de ello.

Los objetivos y razones ya estaban sobre la mesa, así que no quedaba nada más que buscar aquellas excusas que sonaran loables a la hora de esgrimirlas y esperar la oportunidad propicia. El germen ideológico comenzaría a gestarse a partir de 1767 con la expulsión de los jesuitas por parte de Carlos III. Un movimiento que significó para la Corona enemistarse con la élite intelectual criolla. Más tarde, el ejemplo de la Independencia de Estados Unidos y la Revolución francesa calarían en algunos sectores de la sociedad.

TERRITORIOS DEL IMPERIO ESPAÑOL EN AMÉRICA

A pesar de todo es cuestionable la influencia que ambos procesos tuvieron. De una parte, las influencias liberales de la Revolución apenas serían acogidas por la minoría intelectual de una clase que de por sí ya era minoritaria. De otra estaban las profundas diferencias del contexto estadounidense con el español.

Por poner algunos ejemplos, en las antiguas 13 colonias británicas apenas había indígenas, pues los ingleses se habían ocupado

CRIOLLOS, DESCENDIENTES DE ESPAÑOLES

de exterminarlos de forma bastante concienzuda, mientras que en Hispanoamérica eran la inmensa mayoría. Por otro lado, por el propio sistema colonial inglés, gran parte de los pobladores estadounidenses habían llegado al nuevo mundo huyendo de Inglaterra y la Corona por diferencias ideológicas, religiosas o comisión de actos delictivos, por lo que la lealtad hacia el trono nunca fue una de sus principales virtudes. Además, desde el principio, los colonos estadounidenses serían tratados como ciudadanos de segunda, mientras que en los territorios hispanos un español nacido en Lima o Buenos Aires tenía los mismos derechos que otro nacido en Cádiz o Cartagena. Por estas razones mientras en la independencia de Estados Unidos apenas habría un verdadero conflicto civil y las tropas inglesas encargadas de suprimir la rebelión serían originarias de las propias islas de la Gran Bretaña o mercenarios, en la Emancipación americana fueron los propios americanos los que se enrolarían a un lado u otro durante todo el conflicto. Su sangre era española, por lo que no podían remediar desatar por vez primera en América toda una verdadera guerra civil. Una lucha entre españoles, entre hermanos. De ahí su crudeza.

FRANCISCO DE MIRANDA

Una atroz guerra civil que pondría fin a un Imperio. Apenas había entre los contendientes españoles nacidos en la Península, no existían ejércitos peninsulares y casi nunca los habría en todo el conflicto. Serían mayoritariamente los sectores blancos, ricos criollos de ascendencia hispana los que se alzarían y, paradójicamente, serían los indígenas los que con mayor firmeza apoyarían la causa realista. Se suele decir que los indígenas hicieron la conquista y los españoles hicieron la independencia.

CAMPAÑA ADMIRABLE

Las colonias hispanoamericanas, habiendo resuelto en su mayor parte proclamar su independencia y asentar su libertad sobre bases inquebrantables, se dirigirán con confianza a la Gran Bretaña, invitándola a apoyarlas en una empresa tan justa como honorable (...) Inglaterra no vacilará en colaborar con la Independencia de las colonias de América Meridional, en momentos en que se encuentra empeñada violentamente en una guerra contra Francia.

Francisco de Miranda

TROPAS NAPOLEÓNICAS

En 1806, siempre con ayuda del inglés, comenzarían las primeras tentativas. Francisco de Miranda, un antiguo militar del ejército español peninsular, conspiraría con los británicos, con los que había entrado en contacto a través de la masonería para lanzar dos expediciones a Venezuela que fracasarían por el escaso apoyo popular. También fracasarían las dos tentativas inglesas de conquistar el Río de la Plata en 1806 y 1807. Sin embargo, a pesar de estos fracasos, pronto llegaría la oportunidad que muchos estaban esperando.

Tras la Batalla de Trafalgar en 1805 la pérfida Albión se hacía con el control absoluto de los mares y en 1808 España se hundía en el abismo con la entrada en la Península de las tropas napoleónicas y el consiguiente vacío de poder. Y es que el poder no soporta los vacíos.

EMANCIPACIÓN DE AMÉRICA:
ESCANEA ESTE CÓDIGO QR CON TU MÓVIL PARA ACCEDER AL VÍDEO EN YOUTUBE

Capítulo 83

Guerra civil

El poder peninsular había desaparecido en la España americana y la Corona se encontraba completamente desprestigiada tras los acontecimientos previos a la invasión napoleónica. Para suplir el vacío de poder surgen las juntas en buena parte de las grandes ciudades americanas a semejanza de lo que ocurría en la España europea. La junta central formada por representantes del resto de juntas ejerció el poder coordinando al resto de juntas. Hay que aclarar que todas las juntas se crean en nombre de la Corona y juran como rey a Fernando VII. El conflicto latente entre absolutistas y liberales, que tiene su eco al otro lado del Atlántico se va haciendo palpable cuando la Junta Central de Sevilla apoya *motu proprio* a las juntas americanas en detrimento de los legítimos virreyes, siempre sospechosos de posicionarse a favor del Antiguo Régimen.

Con la caída de Sevilla la imagen desde América es que la propia España había dejado de existir. En pocos años los movimientos criollos que dirigen las juntas comienzan a cuestionar la legitimidad de la Junta Central y a hablar de mayor autonomía, autogobierno e, incluso, de abierta independencia. En 1810 y 1813 fracasan las dos primeras tentativas en México. Pero no solo en Nueva España se hablaba de insurrección. Por toda América comenzaban a surgir las llamas del conflicto avivadas por los ingleses y por las logias masónicas que apoyaron la causa articulando una respuesta previamente acordada de antemano y que permitió levantar miles de rebeliones en un territorio que alcanzaba desde la actual California hasta la Patagonia argentina. Millones de kilómetros en los que la Monarquía apenas podría, en sus mejores momentos, movilizar a poco más de 40.000 soldados peninsulares.

GUERRA DE INDEPENDENCIA ESPAÑOLA

Poco a poco el fuego se extiende por todo el continente mientras las ciudades se decantaban por una u otra opción. Por un lado los realistas y por otro los independentistas. Guerrillas de uno y otro bando comenzaban a actuar saqueando y matando por doquier. Sin apenas españoles peninsulares, el ejército realista estaba formado en su gran mayoría, rondando el 90%, por tropas nativas americanas, muchos de ellos indígenas, mestizos y negros. Los independentistas, por su parte, contarían con el apoyo directo de los ingleses.

SIMÓN BOLÍVAR

Bolívar y más tarde Miranda desembarcarían en Caracas declarando la Independencia en 1811. Los realistas no se lo pondrían fácil y en un principio Bolívar sería derrotado y Miranda traicionado y entregado por Bolívar. Obligado a retirarse, se haría fuerte y con apoyo inglés alcanzaría finalmente su objetivo: la independencia real de Venezuela en 1821 tras la Batalla de Carabobo. En el sur, mientras tanto, Paraguay declara su independencia en 1813. Pronto le seguirían Argentina en 1816 y Chile en 1818. Los protagonistas de estos alzamientos serían José de San Martín y O'Higgins. También ellos, por supuesto, contarían con el inestimable apoyo británico, al que San Martín llega a ofrecerle territorios, concesiones comerciales e incluso la posibilidad de aupar a un príncipe inglés como rey constitucional de una futura Sudamérica unida a cambio de ayuda militar. Resulta que los padres de la patria fueron unos grandes conspiradores. O'Higgins, sin embargo, se negaría a tales concesiones.

INTENDENCIA DE ASUNCIÓN Y PARAGUAY

¿Qué hacían mientras tanto en la Península? Poco más

que sobrevivir. Aunque la guerra contra el invasor había sido ganada, la misma tierra se desangraba y el susto demográfico había sido tremendo. Alto había sido el precio de la libertad. Además, la llegada de Fernando VII al poder marcaría el comienzo de los pronunciamientos liberales y las divisiones internas, lo que no favorecía el envío de refuerzos a las tropas realistas de América. En 1815 se enviaría el mayor contingente de peninsulares de toda la contienda, unos 10.000 hombres a manos del general Pablo Morillo que apenas sirvieron para controlar la insurrección en algunas partes del territorio americano. Y ni eso hubiera sido posible sin la férrea ayuda de los propios realistas americanos.

INDEPENDENCIA DE CHILE

Pero todo podía ir a peor.

El segundo gran destacamento destinado a combatir en América, comandado por el general Riego, se subleva antes de partir hacia América y proclama el Trienio Liberal en España. El nuevo gobierno no solo se desentiende totalmente de la lucha, desde 1820 ya no llegarían refuerzos peninsulares, sino que por si fuera poco ordena a Murillo regresar a toda prisa a este lado del Atlántico. Normal que las deserciones aumentaran exponencialmente en unas gentes que, tras tantos años de guerras y sangre, veían como eran abandonados a su suerte. Por si fuera poco, cómo los males nunca vienen solos, estallaron las luchas entre absolutistas y liberales dentro de las filas realistas, a semejanza de lo que simultáneamente ocurría en la Península. La Constitución liberal era un duro golpe a las fuerzas más conservadoras americanas por lo que, en algunos lugares, un gran número de criollos cambiarían de bando. Esto incidió en mayor número en México donde el virrey de Nueva España se cambia de chaqueta y el general realista Agustín de Iturbide entra en la ciudad de México en 1821 proclamando la independencia de México 300 años después de su conquista por Hernán Cortés.

PABLO MORILLO

AGUSTÍN DE ITURBIDE

A partir de ese momento Perú era el último gran bastión de la Corona en Sudamérica, y allí fueron el resto de ejércitos independentistas comandados por Bolívar y Sucre para acabar con la situación. En 1824 la Batalla de Ayacucho certificaba el fin de España en la América continental quedando como últimos territorios las islas de Cuba y Puerto Rico. A pesar de todo, las guerrillas realistas seguirían operando en contra de los nuevos gobiernos establecidos hasta 1832 y España no reconocería las independencias hasta 1836, muerto ya Fernando VII.

> **Hemos ganado la Independencia a costa de perder todo lo demás.**
>
> ***Simón Bolívar***

El sueño de Bolívar de la Gran Colombia se destruiría casi poco tiempo después de comenzar. Nunca hubo unidad, pues los genes eran los que eran y los intereses ingleses claros. Perdida España se perdían también los lazos, la unidad del mundo hispánico, y comenzaba una fase de guerras, conflictos y batallas que marcarían por siempre la historia de la región. Se acabarían los tiempos en que el poderoso real de a ocho se acuñaba en las minas americanas marcando la economía del mundo. Se acabarían los tiempos de prosperidad para muchos y se mantendrían los suplicios para los mismos, incluso se agravarían.

BATALLA DE AYACUCHO

Se cierra de forma amarga una gran etapa y comienza un tiempo en que América pasó de significar España a transformarse en Estados Unidos en el imaginario colectivo. El fin de la unidad hispánica. Todo por la búsqueda de una libertad y una justicia de unos pueblos que, en muchos casos, aún no la han encontrado. Pero bueno, al menos ya no pueden seguir echando la culpa a los españoles de sus males, llevan 200 años gobernándose a sí mismos. Además cuando dejaron de ser españoles, las ciudades españolas eran infinitamente más ricas y más importantes que sus homólogas estadounidenes. Por lo tanto no vale eso de que "ojalá nos hubiesen conquistado los ingleses". La pobreza de Latinoamérica no es culpa de España, pero siempre es más fácil buscar un chivo expiatorio. Además en la frase hay una trampa ya que la conquisita la realizaron sus antepasados. Es más, si los ingleses hubiesen conquistado esos territorios simplemente no existiría población indígena y tampoco mestiza.

Capítulo 84

El real de a ocho

REAL DE A OCHO CON EL ESCUDO DE LOS REYES CATÓLICOS

Denarios, dinares, dracmas, maravedíes, sestercios, doblones, florines, ducados, talentos, escudos, rupias, rublos... a lo largo del tiempo las potencias han usado su economía como una herramienta más a la hora de alcanzar la supremacía en el siempre cambiante tablero del juego del poder. Algunas veces destinadas a sufragar sus inmensos ejércitos, otras dedicadas a sobornos y compra de voluntades y, muchas, a imponer un nuevo escenario favorable al gobierno de la nación, las monedas, desde su invención, han sido pieza fundamental de nuestra sociedad y objeto ferviente de

OCHO REALES DE CARLOS III. POTOSÍ, 1768

deseo. España no podía quedarse atrás, y entró por la puerta grande.

OCHO REALES DE CARLOS IV DE 1797

Y es que el real de a ocho, acuñado por el Imperio español a partir de 1497, fue la primera moneda común de referencia en el comercio mundial, posición semejante a la que a día de hoy ostenta el dólar estadounidense o, en menor medida, el euro. El real de a ocho servía de referencia para la acuñación de monedas en otros países, de eje comercial para la mayor parte del mundo descubierto y de indiscutible divisa a la hora de financiar la expansión mundial del occidente europeo. Tal fue su importancia que algunas monedas actuales, como el dólar, canadiense y estadounidense, o el yuan chino, así como la mayor parte de las monedas de Hispanoamérica y filipinas están basadas en él.

Aunque en un principio las cecas imperiales monopolizaron su elaboración, tanto en la Península como en América, pronto sucesivas artimañas hicieron posible que nuevas plantas de producción la acuñaran en lugares tan remotos como China, Sudán, Ceilán o Zanzíbar, convirtiéndola en la moneda de curso legal más importante y permitiendo que nuestra cara y nuestra cruz, nuestras columnas de Hércules y nuestros reyes, se extendieran por todo el globo.

OCHO REALES DE FERNANDO VII DE 1821

El real era una moneda de plata, la base argenta de nuestro sistema monetario. La plata fue fundamental para el Imperio español y la Corona le debe más a hombres desconocidos como Bartolomé de Medina, que dilucidó una manera de extraer la plata de forma mucho más sencilla y efectiva, que a miles de ejércitos

BARTOLOMÉ DE MEDINA

y grandes generales. De todas formas, el real primigenio aparece ya con Pedro I el Cruel y todos sus sucesores, hasta la unificación del reino con los Reyes Católicos, emplearon la misma ley de plata (proporción). Esta fue una de las razones de su estabilidad y fuerza, pues la sociedad mercantilista del momento valoraba el dinero por la pureza y cantidad del elemento en que se basara. Y la pureza y abundancia de plata en el real de a ocho (hasta un 93%) era inigualable para cualquier otro reino de la época.

ESTATUA DE PEDRO I EL CRUEL

La otra razón era la abundancia de monedas en todo el mundo. Ingleses y holandeses, con su pillaje y contrabando, ayudaron a los españoles a la hora de permitir que las monedas circulasen por todos los lugares donde ponían pie y su creación era extraordinaria, pues, por ejemplo, las cecas de México producían un mayor número de monedas en un mes que Europa en todo un año. Esto provocó que Estados Unidos, tras independizarse, utilizase el real como su primera moneda de curso legal.

La moneda era conocida como el Spanish Dólar y circuló en Estados Unidos hasta 1857 porque hasta esa época el país no poseyó la suficiente moneda propia como para retirar el dinero español de la circulación. Con mucho esfuerzo, pues la población tenía más seguridad en el viejo real que en el nuevo dólar, se fue acabando con el real de a ocho,

Madres, yo al oro me humillo,
Él es mi amante y mi amado,
Pues de puro enamorado
Anda continuo amarillo.
Que pues doblón sencillo
Hace todo cuanto quiero
Poderoso caballero
Es Don Dinero.

Francisco de Quevedo

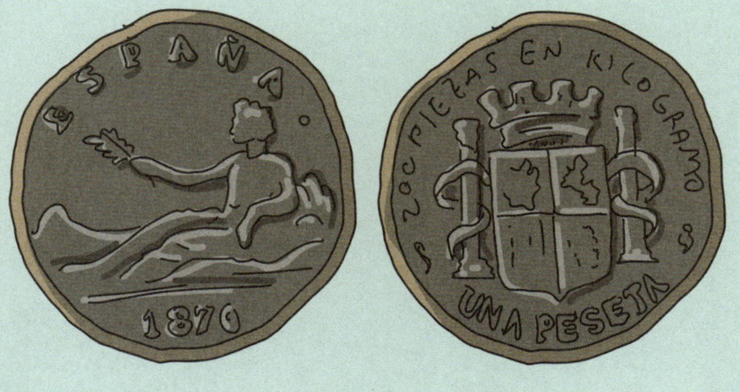

UNA PESETA DE 1870

aunque en zonas rurales persistiría hasta 1870. De hecho, se dice que el famoso símbolo del dólar proviene de la "S" de spanish (español). También de la banda de Plus Ultra siendo los dos palitos las columnas de Hércules. Una buena forma de ganar legitimidad. Y es que en la Bolsa de Nueva York las acciones se valoraban en octavos de dólar hasta 1997.

En España el real certificó su defunción en 1868 con la aprobación de una nueva moneda, de denominación de origen catalán, que daría mucho que hablar: la peseta. Atrás quedaban los recuerdos de los tiempos en que España, además de controlar un inmenso imperio, dictaba las normas del comercio y las finanzas y mercados internacionales.

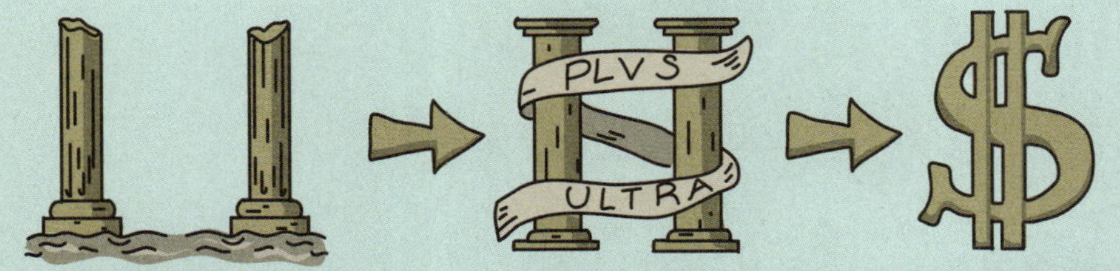

COLUMNAS DE HÉRCULES — "PLUS ULTRA" — SÍMBOLO DEL DÓLAR

DE LAS COLUMNAS DE HÉRCULES AL DÓLAR

Capítulo 85

Carlistadas

Los carlistas se sublevaron por todo el país. Primero en forma de guerrillas, habían cogido práctica tras las guerras napoleónicas, y más tarde al mando de generales que fueron aglutinando las diversas partidas. A su causa se unieron los sectores campesinos de las zonas de Navarra, el País Vasco, Aragón y Cataluña, azuzados por la Iglesia antiliberal y los estamentos más reaccionarios que veían con el liberalismo peligrar sus medievales privilegios. En el otro lado, encuadrados en torno a María Cristina, reina regente por la minoría de edad de Isabel II, se encontraban la incipiente burguesía liberal y aquellos que buscaban modernizar el país a semejanza de nuestros vecinos europeos.

GENERAL ZUMALACÁRREGUI

Como es lógico, Europa no desaprovechó la oportunidad de intervenir en la contienda, con Rusia, Prusia y Austria apoyando a los carlistas y Portugal, Inglaterra y Francia al bando isabelino.

FRANCISCO MARTÍNEZ DE LA ROSA

Campo contra ciudad, fueros contra centralismo, absolutistas contra liberales, tradición contra modernidad... se avecinaba una sangría entre las dos Españas que en el fondo seguía siendo la misma de siempre, la de toda la vida, la de la represalia, la delación, la envidia y el ajuste de cuentas. Y no faltarían actos de crueldad en cada uno de los bandos como en todas nuestras contiendas fratricidas.

PRIMERAS GUERRAS CARLISTAS

El primer gobierno liberal corrió a cargo de Martínez de la Rosa, tan moderado que de liberal solo tenía el nombre. Esto enfadó a los más radicales, que reaccionaron con motines y levantamientos. Fue particularmente penosa la jornada de 1834 en Madrid, cuando una epidemia de cólera asoló la capital y corrió el rumor de que unos frailes habían envenenado las aguas.

El anticlericalismo y las revueltas consiguieron que se aprobase el texto Constitucional de 1837, toda una devaluación del antiguo de 1812 y que, como era lógico, no satisfizo a nadie. Pero el mayor triunfo de los más progresistas fue colocar en la jefatura del gobierno a uno de los suyos, a Mendizábal, quien dirigiría su famosa desamortización destinada a vender 1/3 de las tierras del país que permanecían en "manos muertas" al estar en posesión de la Iglesia. Con dicho movimiento se pretendía no solo aumentar las arcas del Estado al sacarlas a subasta, sino crear una nueva burguesía media que aportara riqueza sacando partido a esas tierras. Al menos en teoría.

JUAN ÁLVAREZ MENDIZÁBAL

Aquí yace media España, murió de la otra media.

El día de difuntos de 1836, Mariano José de Larra

GENERAL ESPARTERO

Aunque el Estado sí que obtuvo buena parte del dinero perseguido, la desamortización no produjo un aumento de la producción agraria y, gracias a las corruptelas de los gobiernos municipales encargados de venderlas, fue a parar a manos de los grandes terratenientes en detrimento de los pequeños campesinos que, junto con la posterior Desamortización de Madoz que afectaría a los bienes comunales, se vieron despojados de las tierras que venían cultivando desde hacía siglos, quedando relegados como jornaleros asalariados a la más absoluta miseria.

Además, la Desamortización supuso un duro golpe para el patrimonio histórico, pues muchos cuadros y libros custodiados durante siglos por la Iglesia fueron vendidos y muchas iglesias y monasterios de alto interés artístico se verían arruinados por la falta de mantenimiento durante el inexorable paso del tiempo.

EL ABRAZO DE VERGARA

Mientras tanto, los carlistas, con su lema de "Dios, patria y rey", no habían dejado de batallar y, aunque dominaban amplias franjas de territorio, habían fracasado a la hora de tomar las ciudades. El mayor de sus generales, Zumalacárregui, murió asediando Bilbao y el propio don Carlos fue detenido en su intento de hacerse con Madrid. La contienda parecía ya, tras 6 años de luchas y 300.000 muertos, decantarse del lado de los liberales, por lo que los acontecimientos se precipitarían cuando el general carlista Maroto rindió el ejército del norte, pactando la paz con el general liberal Espartero en el famoso abrazo de Vergara. Una solución que finalizaba la guerra en ese momento, pero que impediría acabar de raíz con el problema, pues se permitiría a muchos de los carlistas volver a sus antiguas posiciones anteriores al alzamiento, enquistando el conflicto.

Los generales, encumbrados al estrellato por las continuas refriegas, le cogieron el gusto a eso del mando y a la política, por lo que Espartero, regente tras echar a patadas a la reina doña Cristina, se convertiría tan solo en el primer espadón de los que estaban destinados a regir la política y la sociedad española del siglo XIX. Una época convulsa, donde los cambios en el poder se dictaban más con la fuerza de las armas que de la razón y las palabras.

Capítulo 86

La de los tristes destinos

No duró mucho Espartero. Sus maneras autoritarias, fruto de su experiencia en el ejército, las conspiraciones de los moderados y la polémica librecambista que situó a los proteccionistas (sobre todo el poderoso sector textil catalán) en su contra, le colocaron en una situación de desventaja. El bombardeo de Barcelona para acallar la insurrección obrera le generó el descrédito de la nación y cuando se propuso hacer lo mismo en Sevilla los moderados al mando de Narváez lo echaron del poder.

Un espadón sucedía a otro. La tónica del reinado y de un siglo donde no cabría tiempo para el aburrimiento. Si hasta ahora España había visto, con sus diferentes matices, una única forma de gobierno encuadrada en la figura absoluta del monarca, ahora no se conseguía encontrar una que durase más de una década entre reyes absolutos, invasores ilustrados, liberales exaltados, regentes tiránicos, amantes reales, presidentes de república y caciques pucheriles.

Ahora le tocaba el turno a los moderados en eso de gobernar el país. Bien escorados a la derecha presentaban ya los atributos que usualmente han solido acompañar a los partidos que han cojeado por ese lado en España: más organizados, condenadamente disciplinados, más capaces en eso de administrar y más reacios a la hora de dar libertad. Pero haciendo bueno el dicho de que "un pueblo puede subsistir sin libertad, pero no sin pan", se mantendrían en el poder durante 10 años.

BOMBARDEO DESDE EL CASTILLO DE MONTJUIC EN BARCELONA

RAMÓN MARÍA NARVÁEZ

Diferentes gobiernos moderados se fueron sucediendo durante esta década mientras la población, hastiada de tantos conflictos y ahogada con toda la sangre derramada, agradecía el momento de tranquilidad. La economía creció, se atendieron programas de obras públicas, las ciudades derribaron sus antiquísimas murallas para planificar ensanches, la población aumentó, se construyó el ferrocarril (Mataró-Barcelona sería la primera línea), el textil catalán, la metalurgia malagueña, más tarde la bilbaína, despuntaron y nacía el proletariado urbano mientras que el campesinado quedaba abandonado por la política librecambista y era víctima de las sucesivas desamortizaciones que le habían arrebatado sus tradicionales colchones sociales. El descontento y la agitación bullían en el interior mientras las corruptas élites políticas pactaban entre ellas la mejor manera de alcanzar la mayor porción del pastel del poder.

Con los moderados también se impondría una nueva moda que dictaba que con el cambio de gobierno también venía un cambio en las reglas del juego. Eso de los consensos y cesiones a la hora de promulgar constituciones no estaba muy bien visto. Así, como la Constitución de 1837 a los moderados les parecía demasiado progresista se prestaron a reformarla un poquito. La cosa es que se les fue la mano y entre que sacaban unos artículos, eliminaban algunas disposiciones, arrancaban unas páginas y borraban letras, quitaron tanto que al final les quedaría una nueva Constitución, la de 1845, que prácticamente les aseguraba su permanencia en el poder.

Pero como quien a hierro mata a hierro muere, en 1854 todos los progresistas, junto con algunos moderados airados porque se habían quedado fuera del reparto, se conjuraron y detrás del general O'Donnell dieron un golpe que pasaría a la posteridad con el nombre de "la Vicalvarada". Allí se leería un documento de repulsa al gobierno y justificación del pronunciamiento llamado "El Manifiesto de Manzanares", escrito por un joven político de nombre Antonio Cánovas del Castillo. Mejor acordarse de su nombre.

Dos años se mantendrían los progresistas hasta su implosión, momento que aprovecharían los moderados para regresar al poder. Pequeño lapso de tiempo que ni les permitiría terminar de promulgar su propia Constitución.

LÍNEA MADRID-BARCELONA

Habiendo fracasado tanto moderados como progresistas era hora de probar algo nuevo. Nacía la Unión Liberal, un partido centrista entre los conservadores de un lado y los izquierdistas del otro. Un centro sin muchos principios, que aunaba, pero sin profundizar, libertad y orden, y que era atacado por ambos lados. Al frente se encontraba O'Donnell, un tipo de armas tomar e ideas simples que conseguiría conformar el gobierno liberal más duradero hasta la Transición, de 1858 a 1863. Poco margen para el aburrimiento.

Pero estos últimos años el régimen eran ya una grotesca caricatura de lo que había sido. La degradación política y moral de la monarquía y los políticos; la especulación, las quiebras y estafas por el poder financiero, el control de los ayuntamientos por parte de los corruptos caciques y la inexistente libertad de prensa iba creando un potente caldo de cultivo que amenazaba poco a poco con estallar.

O' DONNELL A CABALLO EN LA BATALLA DE TETUÁN

Con diez cañones por banda,
Viento en popa a toda vela,
No corta el mar, sino vuela
Un velero bergantín;
Bajel pirata que llaman
Por su bravura el "Temido"
En todo el mar conocido
Del uno al otro confín.

La canción del pirata, José de Espronceda

JUAN PRIM

Para desviar la atención el gobierno se lanzó a revitalizar la política exterior. Se colonizó la Guinea Ecuatorial, se libraron batallas en el Pacífico e Italia, se apoyó a los franceses en su expedición a México, se llegó hasta la Conchinchina y comenzaría la primera de las guerras que habríamos de tener contra Marruecos. Contiendas en las que poco pintábamos, poco ganábamos y muchos murieron para nada, todos ellos pobres desgraciados. A la guerra iban los pobres pues el sistema de reclutamiento militar permitía librarse a aquellos que pudieran desembolsar el dinero suficiente para impedirlo.

Y a pesar de que la prensa afín alababa las hazañas del prestigioso general Prim, catalán de pura cepa, y el trágico heroísmo de nuestra escuadra en Chile enviada a una guerra absurda, el patriotismo no servía para tapar todo el hedor que desprendía el cadáver andante en que se había convertido el régimen. A la gente ya cada vez le daba más igual que los cañones de bronce arrebatados al enemigo se transformaran en los leones que a día de hoy flanquean las puertas del Congreso ni que nuestros almirantes clamasen aquello de "¡No nos retiraremos, más vale honra sin barcos que barcos sin honra!".

Ni siquiera la recién creada policía militar, la Guardia Civil, podía poner orden en aquella olla a presión. El régimen se hundía e incluso sus más acérrimos defensores comenzaron a darse cuenta de que si querían seguir manteniéndose a flote todo tenía que cambiar para que nada cambiase. Por primera vez se escuchaban con fuerza los ecos de la revolución.

Capítulo 87

Revolución

ISABEL II

Moderados, progresistas, demócratas, republicanos... hasta un vecino que pasaba por ahí. Todos se pusieron de acuerdo por primera vez en una cosa: nadie quería a Isabel II. Así que, juntos, tras firmar el pacto de Ostende y muertos los viejos espadones del régimen, O'Donnell y Narváez, los ejércitos al mando de los generales Prim y Serrano y del almirante Topete se alzaban en todo el país en lo que se conocería como Gloriosa Revolución (1868). "¡Abajo los Borbones! ¡Viva España con honra!" gritaba el enfervorecido pueblo.

Tras la huida de la reina por San Sebastián el vacío de poder fue ocupado rápidamente por una multitud de juntas de signo anarquista que brotaron por doquier y se encargaron de desmembrar el país en una multitud de taifas, llamadas cantones. Un premonitorio augurio de lo que estaba por venir. Pero nada que un poco de brutal represión no pudiera arreglar.

El Gobierno Provisional, presidido por el general Serrano, se repartiría entre progresistas y unionistas mientras que la convocatoria a Cortes Constituyentes de 1869 se haría, por primera vez en la historia de nuestro país, mediante sufragio universal masculino. Llegaba la democracia. Votaría el 70% del censo y el Parlamento quedaría dividido entre progresistas (159), unionistas (69), republicanos federales (69), demócratas (29), carlistas (18), isabelinos (14) y republicanos unitarios (2). Juntos elaborarían la nueva Constitución de 1869 que mantendría, a pesar de todo, la monarquía como forma de gobierno en tanto la inmensa mayoría de los diputados pertenecían a partidos monárquicos.

Era pues momento de encontrar un nuevo rey, un problema de envergadura que traería cola tanto a nivel exterior como interior. A nivel exterior la elección real supuso el detonante, en forma de telegrama de Ems, de la Guerra Franco-Prusiana entre la Francia de Napoleón III y la Alemania de Otto von Bismarck. Cualquier motivo era bueno en aquel momento para reafirmar la supremacía de Europa a uno u otro lado del Rin. A los europeos siempre les ha gustado eso de opinar qué cabeza ha de liderar España. Ya se vio en el capítulo 72 con la Guerra de Sucesión. A nivel interior, cada candidato elegido por un partido era firmemente vetado por el resto hasta que, prácticamente por descarte, solo quedó la candidatura italiana de la casa de Saboya impulsada por Prim. En menos de dos siglos se había pasado de que media Europa luchase por el trono español a dicha situación.

AMADEO I DE SABOYA

A pesar de todo, el 16 de noviembre de 1870 las Cortes proclamaban a Amadeo de Saboya como nuevo rey de España bajo la nomenclatura de Amadeo I. A su favor votaron 191 diputados, en su contra 60 votarían por la república, 27 por el duque

ATENTADO CONTRA AMADEO I DE SABOYA

de Montpensier y 8 por el general Espartero (sí, aún sigue por aquí dando guerra). Sin embargo la nueva monarquía no empezaría con muy buen pie.

MANUEL RUIZ ZORRILLA

Nada más pisar Cartagena el nuevo rey, moría en un atentado en Madrid Prim, su principal, y casi único, valedor. Era el primer jefe de gobierno en ser asesinado algo que como veremos en próximos capítulos será una constante. Y en estas se encontró Amadeo a su entrada en Madrid: con el Partido Progresista, su principal apoyo, dividido por la pugna de sucesión de Prim entre un tal Sagasta y Ruiz Zorrilla, con la mayoría de monárquicos considerándolo un usurpador, unos en favor de Isabel y su hijo Alfonso y otros por el candidato carlista. Los republicanos no iban a aceptar un rey así por las bravas, ni los católicos que no soportaban a una dinastía que había reducido al papado a la basílica de San Pedro del Vaticano, la aristocracia y los oligarcas que se reían de él y el pueblo, en general, al que no le cayó en gracia el "Macarroni I".

REVUELTAS EN CUBA

Por si fuera poco, en Cuba se estaba armando la de Dios con una sublevación de tintes independentistas de aúpa y a los carlistas les daría por comenzar una nueva cruzada que les haría fuertes por las zonas catalanas, navarras, vascas, aragonesas y valencianas, dominando el campo aunque, como siempre, imposibilitados de adueñarse de las ciudades.

Superado por todo este despiporre, Amadeo hizo lo mejor: abdicó y tomó las de Villa Diego. Al día siguiente, el 11 de febrero de 1873, por 258 votos a favor y 38 en contra, se proclama la I República española. Con unas Cortes absolutamente monárquicas proclamando la república comenzaría este paradójico periodo. Emilio Castelar lo explicaría perfectamente con estas palabras: "Señores, con Fernando VII murió la monarquía tradicional; con la fuga de Isabel II, la monarquía parlamentaria; con la renuncia de Amadeo de Saboya, la monarquía democrática; nadie ha acabado con ella, ha muerto por sí misma; nadie trae la República, la traen todas las circunstancias, la trae una conjuración de la sociedad, de la naturaleza y de la Historia. Señores, saludémosla como el sol que se levanta por su propia fuerza en el cielo de nuestra Patria". Otra vez el descarte, lo único que quedaba.

> **Si fueran extranjeros los enemigos de España, entonces al frente de estos soldados (...) sería el primero en combatirlos; pero todos los que con la espada, con la pluma, con la palabra agravan y perpetúan los males de la Nación son españoles, todos invocan el dulce nombre de la Patria.**
>
> ***Documento de abdicación, Amadeo I***

PRIMERA REPÚBLICA ESPAÑOLA

Once meses iba a durar el experimento, ni el año conquistó. Y también en este caso todos se pusieron de acuerdo: fue un año de total enajenación nacional. A los carlistas y lo de Cuba se le sumó la división de los propios republicanos. Unos querían la República unitaria y los otros federal, pero antes de ponerse de acuerdo, promulgar la nueva Constitución y meter algo de orden, la gente de todos lados comenzó a tomar la justicia por su mano, a sublevarse y a declararse en cantones independientes que aparecían como setas desde que Cartagena prendiese la mecha de la demencia.

Once meses en los que se sucederían cuatro presidentes con sus respectivos gobiernos y en donde nos miraban con tanta alucinación desde el extranjero que solo reconocería a la nueva república Estados Unidos, que todavía no pinchaba ni cortaba nada, y Suiza.

Y ahí estaba Cartagena, a la izquierda de la izquierda, el cantón más insurrecto, el más belicoso y testarudo, símbolo inequívoco del trastorno colectivo de esta etapa.

Capítulo 88

Cartagena, cantón independiente

Sin perder el tiempo, el mismo 11 de febrero en que la autoproclamada Asamblea Nacional declaraba la República por aplastante mayoría, elegía al primer presidente de este malogrado régimen. Estanislao Figueras era encumbrado así con una misión clara: restablecer el orden entre las propias filas de los republicanos pues, los federales más exaltados, conocidos como "intransigentes", no estaban dispuestos a esperar a la nueva Constitución y se dispusieron a proclamar la Revolución por su cuenta, balcanizándose en miles de juntas revolucionarias por todo el país. Como si no hubiera ya demasiados problemas entre carlistas y cubanos.

ESTANISLAO FIGUERAS

No aguantaría mucho el presidente. En mayo se celebrarían elecciones a Cortes Constituyentes en donde el Partido Republicano Federal obtendría una victoria aplastante (normal, solo se presentaron ellos y votó menos del 30% del censo), sin embargo, los mismos federalistas estaban divididos en 3 cabezas. Los "moderados", que eran los más numerosos, liderados por Emilio Castelar y Nicolás Salmerón, que defendían que la nueva República debía dar cabida a todas las opciones liberales; los "intransigentes", el segundo grupo más importante, que optaban por convertir las Cortes en un poder único revolucionario para construir la República Federal, de abajo arriba; y en medio los "centristas", liderados por Pi y Margall, que coincidían con los intransigentes en lo de la República Federal pero diferían en su aplicación: primero Constitución y después ya cantones y estados.

Temiendo por su vida ante el advenimiento de un golpe de Estado de los intransigentes (no nos olvidemos que seguimos en el siglo XIX, hay que respetar las tradiciones), Figueras presenta su dimisión y coge el primer tren con destino a Francia. Sabia decisión.

Pi y Margall es elegido entonces para sustituirle en un intento de calmar a los elementos más izquierdistas del partido federal. Una mala decisión, pues su nombramiento insufló mayor energía a los enemigos de la República y, como era de esperar, el gesto y las buenas intenciones del federalista no calmaron ni un ápice a los extremistas.

LAS CORTES

En la madrugada del 12 de julio, en Cartagena, la Revolución Cantonal preconizada por los intransigentes daba comienzo. A las pocas horas la bandera roja, en realidad una turca que se encontraron por ahí, ondeaba en el fuerte de la ciudad anunciado su desafío al Estado. Pero no se quedaron ahí. Como buenos cartageneros se dispusieron a extender la palabra y pronto se enviaron partidas terrestres o buques armados a las ciudades de alrededor para anunciar la buena nueva bajo el son de los cañones.

EMILIO CASTELAR

La política del diálogo de Pi y Margall había fallado estrepitosamente. Como es de esperar cuando los interlocutores son fanáticos o extremistas. La rebelión cantonal se extendía como el fuego por Andalucía (Sevilla, Granada, Loja, Bailen, Andújar, Tarifa, Algeciras...), y el Levante (Cartagena, Murcia, Jumilla, Orihuela, Alicante...), llegando incluso a zonas tan distantes como Salamanca, Toledo, Extremadura o Ávila. Sumando esto al conflicto carlista, nos da una suma de 32 provincias alzadas en armas contra el gobierno de Madrid.

Fracasado el anterior, llega ahora a escena el moderado Nicolás Salmerón, que comenzó a aplicar la mano dura. Nombró al general Manuel

Pavía (sospechoso monárquico) al frente del ejército de represión de Andalucía y promulgó un decreto por el que se declaraban piratas todos los barcos de la Armada que servían bajo bandera cantonal, lo que permitió acabar con la total libertad con la que contaban en el Mediterráneo ante la estupefacción de propios y extraños.

FRANCISCO PI Y MARGALL

Si el *leitmotiv* de Pi y Margall había sido "diálogo con todos", el de Salmerón se podía resumir en "imperio de la ley", lo que le permitiría comenzar a atajar el problema carlista y someter a todos los cantones excepto el de Cartagena, que seguía resistiendo valerosa, numantina y absurdamente a los invasores, como una pequeña aldea gala rodeada de romanos... pero sin poción alguna que les pudiera salvar.

Sin embargo, el 6 de septiembre, para no tener que firmar las sentencias de muerte que la ley le requería, Salmerón dimite y sube al estrado el último presidente de esa casa de locos. Emilio Castelar, nada más aupado en el poder, obtiene las facultades extraordinarias necesarias que le permitirían mandar suspendiendo Cortes, por lo que se paraliza la aprobación del texto constitucional federal.

Y aquí viene la última de las paradojas de esta efímera República. Si fueron las Cortes monárquicas las que proclamarían la República, serían las republicanas las que la suicidarían. Cuando Castelar se presentó para pedir la confianza de las Cortes, el 2 de enero de 1874, todos sabían que si no era elegido, un golpe de Estado de las fuerzas conservadoras comenzaría a desmantelar el chiringuito. Y aun así votarían en contra. Y para allá fue el general Pavía para disolver las Cortes.

Y para cerrar el círculo, de Borbón a Borbón, con Serrano en medio, y tiro porque me toca. El general Serrano volvía a asumir los plenos poderes para terminar de acabar con todos los problemas. El 12 de ese mismo mes, sin posibilidad de ayuda o supervivencia, el último cantón, Cartagena, se rinde tras haber recibido un auténtico diluvio de fuego. Tampoco durarían mucho más las fuerzas carlistas.

En esas estábamos cuando en Sagunto, auspiciado por un viejo conocido, Antonio Cánovas del Castillo, un pronunciamiento militar vuelve a proclamar la Monarquía en la figura de Alfonso XII de Borbón, el hijo de Isabel II. Tantos jaleos y enredos para acabar en el mismo sitio. Llega la Restauración.

He partido, pues, siempre, y partiré, de que el primer deber de todos los ciudadanos españoles es el deber para el Estado, dejando sus deberes hacia la totalidad de la humanidad, para el ideal, dejándolo para el porvenir, más soñado que cierto de algunos pensadores. En el entretanto, de la propia manera que considero que el individuo se debe al Estado y no a la humanidad, considero que el Estado se debe al individuo.

Antonio Cánovas del Castillo

DISOLUCIÓN DE LAS CORTES

Capítulo 89

Restauración borbónica

El mismo pueblo que se había desgañitado casi una década antes a gritar contra la madre recibía con igual desenfreno y alborozado al hijo al grito de "¡Viva el rey!". No nos extrañemos, ya hemos visto cómo había sido el siglo. Hastiados de tantos cambios políticos, realizados hasta el último de ellos mediante revoluciones, insurrecciones y pronunciamientos, la gente lo único que deseaba era un poquito de estabilidad y normalidad. Antonio Cánovas del Castillo, el político más sagaz, inteligente y competente de la España de la época (o de todas las épocas), supo tomarle el pulso a la situación, por lo que no tardó en sentar las bases del nuevo régimen que el pueblo demandaba: la Restauración borbónica.

ANTONIO CÁNOVAS DEL CASTILLO

Ayudó bastante el nuevo rey que hizo su entrada triunfal en Madrid en el año 1875. Joven, bajito, delgado, moreno, de buen ver, patillas a la moda. Volvía loco a las mujeres que le vitoreaban. Una de ellas en un ataque de sinceridad muy español le gritó: "Te aplaudimos con el mismo entusiasmo que echamos a la puta de tu madre". Campechano a lo Borbón (le gustaba arrejuntarse con el vulgo en los garitos y en los tablaos). Para colmo se enamoró y se casó por razones del corazón con su prima hermana María de las Mercedes de Orleans y Borbón. Y eso de casarse como los plebeyos le ensalzó a ojos del pueblo. Y por si fuera poco, para dar la puntilla perfecta a tan hermosa historia de amor, Alfonso XII enviudaría a los pocos meses, poniendo a España entera del lado de tan desafortunado monarca que atravesaba una terrible fase de duelo. No se puede negar que nuestro país siempre ha disfrutado mucho con la crónica rosa.

Pero como la monarquía se basa en la continuidad, el rey tenía que dar principitos, por lo que le trajeron a una alemana, María Cristina de Austria, conocida popularmente como "Doña Virtudes", a la que le daría el tiempo justo de embarazar antes de que Alfonso muriese en 1885 a los 27 añitos. Por suerte para todos, pues aún estaba en el aire el demonio carlista, la reina daría a luz un niño, el futuro Alfonso XIII. Pero mientras alcanzaba la mayoría, la regencia le correspondería a María Cristina y el gobierno a Cánovas y Sagasta.

ALFONSO XII

Cánovas desarrollaría el sistema que recibiría el nombre de turnismo mediante el cual el Gobierno iría pasando cada cierto tiempo de conservadores (Cánovas) a liberales (Sagasta) sin necesidad de bruscos bandazos, lo que les permitiría volver a recluir a los generales en los cuarteles. Se acabaron los tiempos de los sables. Ahora había un sistema parlamentario, había elecciones, había políticos, pero no había democracia. Ni casi nadie la pedía. Una ficción democrática basada en el control del voto en las pequeñas circunscripciones por parte de los caciques que daban unos resultados predeterminados de antemano.

Primero llegaban unos y ponían a los suyos. Después llegaban los otros y hacían lo propio. Eso beneficiaba la corrupción, claro está, pero también daba una estabilidad nunca antes vista. Desde 1833 hasta 1900 España contó con 88 presidentes en 67 años. Y nos reímos ahora del parlamentarismo italiano. Con las Constituciones pasaría un tanto de lo mismo. A la de 1812, el estatuto de 1834, la de 1837, 1845, 1856, 1869, el proyecto de 1873, se le sumaba ahora la de 1876, que estaba destinada a consagrar el nuevo régimen de la Restauración. Irónico que hubiera tantas constituciones para que al final no le acabaran por hacer caso a ninguna.

Pero estos son tiempos de humor, como cuando Sagasta impulsó el sufragio universal masculino mientras se continuaba con el caciquismo o Cánovas, cuando era preguntado por la definición de español durante la redacción de la Constitución, respondía con guasa: "Son españoles los que no pueden ser otra cosa...".

Pero bajo las capas de estabilidad larvas venenosas comenzaban a escavar bajo el régimen mientras la España oficial empezaba a

CARICATURA DE CÁNOVAS Y SAGASTA

¿Dónde vas Alfonso XII?
¿Dónde vas triste de ti?
Voy en busca de Mercedes
Que ayer tarde no la vi,
Que ayer tarde no la vi.

Cancionero popular, anónimo

ASESINATO DE CÁNOVAS DEL CASTILLO

separarse de la España real. El trono de Alfonso, y los butacones de gobierno de Cánovas y Segasta, estaban calentados con carbón asturiano y, sobre todo, forjados con hierro vasco y forrados en paño catalán. Los negocios en las Vascongadas iban viento en popa y las élites catalanas, forradas por la pasta del tráfico de esclavos en Cuba y las mordidas del 3%, o lo que fuera que cobrasen entonces, aseguradas. Los conservadores recordaban con nostalgia las intituciones propias del principado de Cataluña y sus fueros. El carlismo de alguna manera mutó en nacionalismo. Las Bases de Manresa de 1892 se suelen considerar como el «acta de nacimiento del catalanismo político». Empezaba a aflorar en Cataluña y el País Vasco un sentimiento de superioridad respecto al resto de mortales del reino. Pero de eso hablaremos con más detalle en el capítulo 91 que es cuando toca.

El progreso económico, las fábricas y los talleres, traían consigo, de una vez en España, el nacimiento de una creciente clase obrera donde se expandirían dos tendencias de izquierdas: el socialismo y el anarquismo. Ya la misma Asociación Internacional de Trabajadores había contado con españoles entre sus filas. Los primeros, los socialistas, defendían el cambio por medios pacíficos y democráticos, los segundos, los anarquistas, acabarían convirtiéndose en sinónimo de terroristas por su gusto de utilizar la reivindicación armada yde protagonizar sangrientos episodios que llenarían las portadas de los periódicos durante el último cuarto de siglo y el primero del siguiente.

Sin embargo, todo tenía aún solución y las cosas marchaban generosamente bien. Pero algo tenía que ocurrir y así, en poco más de 10 años, todo se vino abajo. En Marruecos estallaba en 1890 una sublevación, en 1897 el brillante Cánovas era asesinado por un anarquista italiano, Michele Angiolillo, quien fue inmediatamente detenido, juzgado y ejecutado.

Pero sin lugar a dudas, la mayor calamidad vendría desde Ultramar y sería auspiciada por el nuevo y poderoso Imperio que comenzaba a surgir al otro lado del océano, los Estados Unidos de América.
Es 1898 y se acerca el desastre.

Capítulo 90

El desastre del 98

CARLOS MANUEL DE CÉSPEDES

Del esplendoroso imperio colonial transoceánico de antaño, España -entrados en la segunda mitad del siglo XIX- ya solo conservaba algunas islas pequeñitas e insignificantes del océano Pacífico, más Filipinas, Cuba y Puerto Rico. Cuba era muy apreciada por los españoles y durante la emancipación hispanoamericana de comienzos del siglo XIX había permanecido fiel a la Corona.

GENERAL MARTÍNEZ CAMPOS

Con el destronamiento de Isabel II un grupo de independentistas cubanos, a río revuelto, aprovechó su ocasión. Con el famoso grito de "Viva Cuba Libre" estalló una revuelta en la localidad de Yara en 1868 guiada por Carlos Manuel de Céspedes. La mecha había prendido y la situación tardó años en reconducirse. Finalmente gracias al espíritu conciliador del general Martínez Campos en 1878 muchos insurgentes aceptaron la paz en el cuartel español de San Agustín de Zanjón.

En 1895 los independentistas volvieron a la carga capitaneados por José Martí. José Martí fue un poeta e intelectual que se puso al servicio de la causa independentista fundando el Partido Revolucionario Cubano y cuyos *Versos sencillos* servirían de letra años más tarde a la popular canción Guantanamera:

Yo soy un hombre sincero
De donde crece la palma.
Y antes de morirme quiero
Echar mis versos del alma...

JOSÉ MARTÍ

Los cubanos bajo su liderazgo volvieron a gritar el "Viva Cuba Libre" esta vez en Baire. El brote del 95 fue mucho más organizado.
Los insurgentes se levantaron simultáneamente en más de 35 localidades.

El gobierno de Cánovas envió de nuevo al artífice de la paz de Zanjón, al general Martínez Campos, para sofocar las revueltas. Esta vez Martínez Campos se encontró con un fuego que era ya incontrolable. Meses después, completamente desmoralizado por su incapacidad a la hora de resolver el conflicto, el general dimite y regresa a España. Le sustituirá Valeriano Weyler y Nicolau. Su gestión fue desastrosa. El gobierno de Sagasta que toma la alternativa tras el asesinato de Cánovas, destituye fulminantemente a Weyler y dicta un decreto de autonomía para Cuba y Puerto Rico. También consigue llegar a un acuerdo con los rebeldes filipinos, que también se habían levantado en armas contra la metrópoli.

La cosa parecía haberse arreglado y es entonces cuando la joven nación estadounidense se une a la partida. El presidente McKinley ofrece comprar Cuba y Puerto Rico por una generosa cantidad. No era la primera vez. Otros presidentes ya lo habían intentado antes. La reina regente María Cristina y el gobierno han de enfrentarse a una gran disyuntiva. Tenían la certeza de que los españoles jamás encajarían la

GRITO DE BAIRE

DESASTRE DEL MAINE

venta que verían como una enorme traición. La pujante burguesía catalana tenía importantes negocios en las islas. Nunca lo permitirían. La otra opción, la elegida, fue rechazar la oferta e ir a una más que probable guerra perdida de antemano.

El gobierno yanqui, en una evidente maniobra intimidatoria, envía un acorazado de segunda clase, el *Maine*, a La Habana en enero de 1898, con la excusa de asegurar los intereses de los residentes estadounidenses en la isla.

En febrero *El Maine* estalla por los aires por una explosión en la sala de máquinas. Mueren 256 personas. Sin embargo, los oficiales se encuentran en tierra disfrutando de un baile de cortesía organizado por las autoridades españolas. Sin esperar el resultado de una investigación, la prensa sensacionalista del todopoderoso magnate de la prensa William

BATALLA DE CAVITE

Seré paciente y cumpliré con mi obligación, pero con la amargura de saber que mi sacrificio es en vano...

Pascual Cervera y Topete

Randolph Hearst se apresura a publicar un día después el siguiente titular: «El barco de guerra *Maine* partido por la mitad por un artefacto infernal secreto del enemigo». Los yanquis ya tenían su *casus belli*.

La guerra empezó en abril. La flota estadounidense del Pacífico que fondeaba en Hong Kong se dirigió a Filipinas enfrentándose a la escuadra española en la Batalla de Cavite. Las fuerzas estaban equilibradas, pero los buques americanos eran más modernos, estaban mejor blindados y tenían mayor potencia de fuego. España sufriría una derrota humillante. El segundo acto de la derrota sería en el Atlántico. El almirante Cervera hubo de enfrentarse de nuevo en desigual combate a una escuadra americana muy superior. El resultado fue el mismo.

La guerra había terminado y en París se firmó un tratado de paz. Se perdían las últimas posesiones de ultramar: Cuba, Puerto Rico y la isla de Guam. Filipinas fue entregada a Estados Unidos por 20 millones de dólares. Al año siguiente las islas Carolinas y las Marianas fueron vendidas a Alemania por 25 millones de pesetas. Aun así España todavía conservaba sus posesiones africanas. Perdida Filipinas algunos héroes siguieron resitiendo como auténticos jabatos. Eran los héroes de Baler.

TRATADO DE PARÍS

EL DESASTRE DEL 98

ESCANEA ESTE CÓDIGO QR CON TU MÓVIL PARA ACCEDER AL VÍDEO EN YOUTUBE

Capítulo 91

Brotan los nacionalismos

Al perder las últimas colonias de ultramar, los negocios y los pingües beneficios que reportaran aquellas tierras se van al traste. La burguesía catalana que tenía grandes negocios en Cuba (tabaco, azúcar, ron y, también, el tráfico de negros) hace responsable a Madrid de la pérdida.

Pero es injusto cargar toda la culpa sobre Madrid. Conviene resaltar que los empresarios de la industria catalana se habían opuesto en 1893 a los proyectos descentralizadores de Antonio Maura. Siempre fueron reacios al libre comercio de la isla, generando un descontento que precedió a la catástrofe. También conviene recordar ese episodio en el que la Diputación de Barcelona movilizó a miles de voluntarios que fueron a luchar a Cuba para defender a la nación, a la española, claro está; con el típico gorro catalán (la barretina) y luciendo con orgullo la bandera rojigualda.

ENRIC PRAT DE LA RIBA

Pero sin los negocios de ultramar, amigo, la cosa cambia. Las tensiones autonomistas cobran fuerza. Cataluña, la región más industrializada de España había perdido un caramelo muy lucrativo y claro, había que buscar un chivo expiatorio. Además los planteamientos secesionistas cubanos, por contagio, acabarían propagándose en la Península. Muchos catalanes, sin embargo, se quedaron en Cuba. Surgirán también en la isla, pero esto sería años más tarde, asociaciones y grupos que abogaban de forma directa por la independencia de Cataluña. No es de extrañar que el inventor de la bandera estelada se inspirase en la bandera cubana. Pero esto, como hemos dicho sería tiempo después. Antes del desastre del 98, el nacionalismo catalán se reducía a un grupo muy pequeño que principalmente reivindicaba la lengua catalana. Nadie hacía mucho caso a estos románticos reunidos en torno a Enric Prat de la Riba que contaban con una publicación como expresión de sus ideas: el diario La Renaixença. Después de la pérdida de Cuba todo se precipitó. El movimiento nacionalista catalán de Prat de la Riba cobra fuerza. Sus aspiraciones pasan a ser políticas y en 1901 la Lliga Regionalista, un partido nacionalista conservador, obtiene sus primeros escaños en el Congreso de los diputados siendo la principal formación política en Cataluña. De la Riba expuso su doctrina política en su libro *La nacionalitat catalana* (1906), donde definió la nacionalidad catalana como el derecho a la lengua catalana y la legislación civil propia, que da a la comunidad de habitantes dentro del territorio catalán una conciencia de su personalidad.

SABINO ARANA

Ahora vayamos a las Vascongadas. Sabino Arana y su hermano Luis son considerados los padres creadores del nacionalismo vasco. Procedían de una familia católica adinerada de inclinación carlista. Pero antes pruebe a comparar un mapa de España donde triunfó el carlismo con el mapa donde brotan los nacionalismos. No, no es una feliz coincidencia. Al extinguirse el carlismo, los vascos descontentos encontraron refugio en el nacionalismo periférico emergente. También

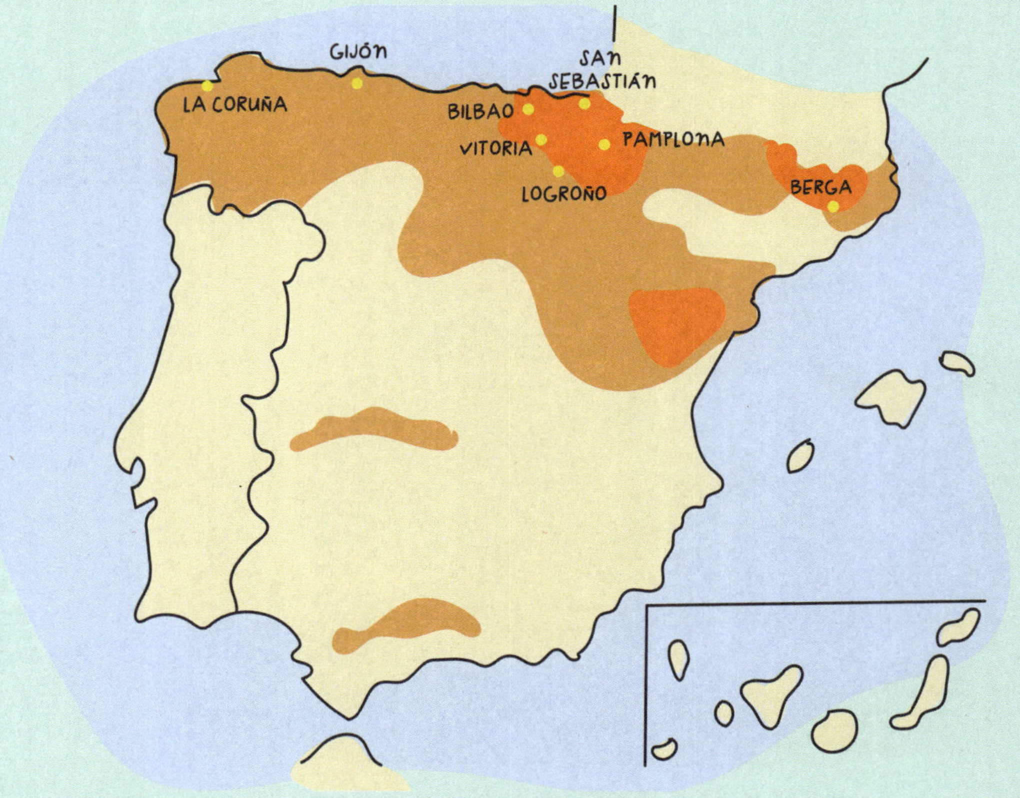

ZONAS DONDE TRIUNFÓ EL CARLISMO

BANDERA ESTELADA
Y BANDERA DE CUBA

anhelaban recuperar los derechos y privilegios, "los fueros", que fueron derogados tras las guerras carlistas («Paz y fueros»), aunque en su momento los vascos estuviesen más preocupados por el anticlericalismo que por los fueros («¡Salvemos la Religión aunque perezcan los Fueros!»). Prosigamos. Sabino Arana se puede decir sin ambages que despreciaba a los españoles. Se inventó la nación vasca y se inventó un arsenal

BANDERA IKURRIÑA INSPIRADA
EN LA BANDERA DE LA UNION JACK

de símbolos como ariete para romper la convivencia y penetrar en la herida de una España decadente. También se inventó el neologismo para denominar a la patria de los vascos (Euzkadi), una bandera (la ikurriña), un partido político (el PNV) y toda una colección de mitos y raíces identitarias para dar soporte, cohesión y un armazón ideológico al pueblo vasco, un pueblo que indudablemente pertenecía a una raza superior a la española. Entiéndase la ironía. Ya en 1894 Sabino pretendía "ahogar en un baño de sangre a españoles y liberales" prohibiendo por supuesto el uso del español.

El regionalismo gallego fue diferente al catalán y al vasco y sobre todo menos ruidoso, pero también criticó el centralismo de Madrid y trató de preservar ciertas peculiaridades culturales y lingüísticas, con un corte más romántico y bucólico. Rosalía de Castro fue un exponente del liberalismo progresista y del Rexurdimento gallego. La corriente

Los castellanos son un pueblo en el que el carácter semítico es predominante; la sangre árabe y africana que las frecuentes invasiones de los pueblos del sur le han inoculado se revela en su manera de ser, de pensar, de sentir, y en todas las manifestaciones de su vida pública y privada.

Prat de la Riba

El aseo del vizcaíno es proverbial (...); el español apenas se lava una vez en su vida y se muda una vez al año (...). Oíd hablar a un vizcaíno, y escucharéis la más eufórica, moral y culta de las lenguas; oídle a un español, y si solo le oís rebuznar, podéis estar satisfechos, pues el asno no profiere voces indecentes ni blasfemias.

Sabino Arana

conservadora, tradicionalista y fuertemente católica tuvo en Alfredo Brañas su principal teorizador. Sin embargo, el nacionalismo gallego propiamente dicho germina con aspiraciones políticas en una asamblea celebrada por As Irmandades da Fala (Hermandades del Habla) en el año 1918, en la que se manifiesta:
"Teniendo Galicia todas las características esenciales de nacionalidad, nosotros nos nombramos, de hoy para siempre, nacionalistas gallegos, ya que la palabra regionalismo no recoge todas las aspiraciones ni encierra toda la intensidad de nuestros problemas".

BURGUESÍA CATALANA

Capítulo 92

La Generación del 98 y generaciones venideras

Un largo proceso de decadencia culminaba con el Desastre del 98. España ya no era un Imperio. Surge entonces un grupo de escritores que eclosiona con el cambio del nuevo siglo. Escritores, ensayistas, poetas, intelectuales... Todos se vieron enormemente afectados por la crisis que se había desencadenado en España.

VALLE-INCLÁN

El término Generación del 98 fue acuñado por Azorín. Pertenecieron a esta rebelde generación Miguel de Unamuno, Ángel Ganivet, Valle-Inclán, Jacinto Benavente, Carlos Arniches, Vicente Blasco Ibáñez, Joaquín Álvarez Quintero, Ramiro de Maeztu, Pío Baroja, Manuel Machado y su hermano Antonio. Y Azorín por supuesto. Aunque la cuestión es espinosa, pues algunos autores cuestionaron la existencia real de esta generación, lo cierto es que el interés por los viejos pueblos, el paisaje y el paisanaje de una Castilla atrasada, la cuestión genuina española, la superación de la literatura grandilocuente del XIX, las grandes preguntas existenciales, la reivindicación y puesta en valor de artistas como El Greco fueron algunas de las preocupaciones de esta generación de literatos españoles. Su patria les inspiraba estéticamente, pero deseaban cambiarla.

MAX ESTRELLA, PROTAGONISTA DE "LUCES DE BOHEMIA"

Todo empieza con el Grupo de los Tres, un trío que se articuló en torno a la revista *Juventud* formado por Pío Baroja, José Martínez Ruiz (todavía no usaba el seudónimo de Azorín) y Ramiro de Maeztu. Esta unión se dio a conocer a través de un manifiesto publicado en diciembre de 1901. Con un fuerte pesimismo respecto a España y su futuro El grupo pretendía la transformación del país para asemejarse más a los países europeos de su entorno.

GENERACIÓN DEL 98

Los autores de esta generación mantuvieron, al menos al principio, una estrecha amistad sedimentada en largas tertulias en cafés como el Café de Madrid, La Cervecería Inglesa o el Café de Fornos. Estos encuentros también acabaron en acaloradas refriegas dialécticas con la escisión de algunos tertulianos. Los noventayochistas se opusieron a la España de la Restauración, imbuidos en las ideas de Joaquín Costa, el principal exponente del movimiento intelectual conocido como regeneracionismo. La Restauración y el sistema canovista había demostrado evidentes signos de debilidad, que se agravaron con las derrotas coloniales.

En poesía el nicaragüense Rubén Darío, "el príncipe de las letras castellanas", ejerció un indiscutible liderazgo e influjo sobre los poetas de su generación (noventayochistas incluidos), encarnando un movimiento que se conocerá como modernismo, con un refinamiento cosmopolita y aristocrático en las formas en contraposición a la rudeza descarnada de los del 98.

MIGUEL DE UNAMUNO

El intelectual vasco, Miguel de Unamuno es una de las personalidades más peculiares de este grupo. En él podemos ver ese patriotismo doliente tan característico de su generación. A Unamuno le dolía España. No obstante, su visión de España se va transformando a lo largo de su obra. Su anhelo inicial preconizado por Ortega de "europeizar España" acaba mudando en el de "españolizar Europa". Unamuno buscó denodadamente el alma de su país desde el único instrumento a su alcance, que es la lengua española, la lengua de Don Quijote.

RAMIRO DE MAETZU

Ramiro de Maeztu plasmó su idea de la España Imperial en su "Defensa de la Hispanidad", rescatando, en horas bajas, el gran legado moral y espiritual de una nación, la española, con un pasado glorioso a reivindicar; y la necesidad de un proyecto nacional para recuperar ese papel.

ANTONIO MACHADO

El poeta Antonio Machado fue una de las figuras más sobresalientes de su generación con una calidad literaria incuestionable. El paisaje, la crítica social, el tiempo, la soledad, la muerte y Dios, son temas fundamentales en su obra.

"Eximio escritor y extravagante ciudadano": así definió el general Primo de Rivera a Ramón María del Valle-Inclán, que en realidad se llamaba Ramón Valle Peña. Su figura era inconfundible. Es el autor que más se aleja de los de su generación, siempre exhibiendo una actitud iconoclasta alejada del resto. Su estilo fue madurando con la edad. La consolidación de su estética se da en 1920 con la publicación de *Luces de Bohemia* donde inaugura un nuevo género teatral, el «esperpento».

> **Castilla miserable, ayer dominadora,**
> **envuelta en sus andrajos, desprecia cuanto ignora.**
>
> *Antonio Machado*

GENERACIÓN DEL 27

Al igual que Benito Pérez Galdós y Clarín influyeron notablemente en los autores del 98, estos a su vez dejaron una fuerte impronta en generaciones venideras. Es comúnmente aceptado que entre generación y generación existe un lapso de tiempo aproximado de unos 25 años -si bien, según algunos autores la distancia temporal suele reducirse en las generaciones actuales por la irrupción tecnológica- por lo tanto el relevo generacional llegaría con la generación que se articula en torno a 1927, a la que pertenecieron Federico García Lorca, Pedro Salinas, Luis Cernuda, Rafael Alberti, Jorge Guillén, Vicente Aleixandre, Miguel Hernández... Pero no debemos de dejar de lado a una generación igual de brillante y a menudo olvidada, la que está a caballo entre las dos generaciones: La generación del 14; surgida del ámbito universitario: José Ortega y Gasset, Manuel Azaña, Salvador de Madariaga, Américo Castro, Juan Ramón Jiménez, Gregorio Marañón, Ramón Gómez de la Serna, Eugenio d'Ors...

Capítulo 93

El sistema hace aguas

Cuando la reina María Cristina, esposa de Alfonso XII dio a luz a un varón el 17 de mayo de 1886, este fue reconocido de inmediato como rey. Se trataba de Alfonso XIII y era el tercer hijo del matrimonio, el único varón. No llegó a conocer a su padre, pues había muerto un año antes. Asumió el poder efectivo a los dieciséis años de edad, el 17 de mayo de 1902.

ALFONSO XIII

El 31 de mayo de 1906, el joven rey se casó con la princesita británica Victoria Eugenia de Battenberg. Victoria Eugenia era sobrina del rey Eduardo VII y nieta de la reina Victoria I del Reino Unido. El rey y la reina regresaban radiantes y llenos de dicha al Palacio Real, después de su ceremonia nupcial en los Jerónimos, y es entonces cuando el matrimonio real sufrió el primer susto de su reinado. El primero de muchos, un atentado con bomba perpetrado por el anarquista Mateo Morral. Un suceso trágico donde hubo muertos, pero milagrosamente los jóvenes monarcas salieron ilesos. Los anarquistas convencidos de que el sistema estaba podrido y que había que dinamitarlo, empezaban a hacer de las suyas. Seguiremos hablando de ellos más adelante.

PORTADA DEL PERIÓDICO ABC TRAS EL ATENTADO DE ALFONSO XIII

ANTONIO MAURA

De tragedia en tragedia saltamos a 1909 cuando se produce la llamada "Semana Trágica de Barcelona". Gobierna en España el partido conservador, con un líder brillante al frente: Antonio Maura. Maura acometió reformas importantes. Fue el creador del Instituto Nacional de Previsión (lo que acabaría siendo la Seguridad Social), contribuyendo a mejorar el clima social de los españoles mediante instrumentos de protección y asistencia sanitaria, además de la aplicación de pensiones de invalidez y retiro. Sin embargo, Maura se metió en un jardín que le llevaría a su tumba, su tumba política, pues los anarquistas aunque ya lo habían intentado, no consiguieron cargárselo. Como buen patriota, el político estaba decidido a recuperar el prestigio internacional de España, gravemente menoscabado tras el desastre del 98. Sus vecinos europeos ya disfrutaban del pastel colonial africano y Maura, por supuesto, quería parte de ese pastel. Ya contaba España con dos plazas importantes: Ceuta y Melilla. ¿Por qué no ir a por el norte de Marruecos, a la zona del Rif?

EDUARDO DATO

Pues así se hizo. Se mandaron tropas desde Melilla, que fueron sorprendidas por los rifeños en varias emboscadas, como la del Barranco del Lobo donde murieron 153 españoles. Maura no se amilanó y fueron llamados a filas los reservistas de Madrid y Barcelona. Los reservistas que acudieron a África eran tipos de clase humilde (los jóvenes de clase pudiente se libraban con un pago en metálico), de mediana edad, padres de familia que ya habían cumplido con el servicio militar. Cuando empezaron a llegar los cadáveres y las noticias, una ola de indignación se apoderó de Barcelona. Violencia, caos, incendios, muertes... El gobierno reprimió a la muchedumbre agitada y buscó a un culpable. La culpa recayó sobre el anarquista Ferrer Guardia que fue preceptivamente fusilado sin unas pruebas concluyentes . Surgió el famoso grito: "¡Maura no!". La reacción de la izquierda nacional, y también de la internacional fue tal, que Alfonso XIII no le respaldó y dejó caer a Maura.

PABLO IGLESIAS POSSE

En 1910 el PSOE entró en el Parlamento español con su primer diputado de la historia, cuyo sillón ocupó Pablo Iglesias Posse. No querían volver a ver a Maura presidiendo el Consejo de Ministros ni en pintura y así se lo llegaron a advertir: "Hemos llegado a considerar que antes de que su señoría suba al poder, debemos llegar al atentado personal", advertía Pablo Iglesias a Maura en 1910.

Llegaría de nuevo el partido liberal al poder y no crean que con este gobierno más progresista y conciliador llegaba la estabilidad. En 1912 mientras el presidente Canalejas observaba el escaparate de una librería de la madrileña Puerta del Sol, el anarquista Manuel Pardiñas y le dio matarile.

GUERRA DEL RIF

Oyendo hablar a un hombre, fácil es acertar dónde vio la luz del sol; si os alaba Inglaterra, será inglés, si os habla mal de Prusia, es un francés, y si habla mal de España, es español.

Joaquín Bartrina

En 1914 comienza la Gran Guerra (Primera Guerra Mundial) donde España por designio regio permaneció neutral. El rey de esposa inglesa y madre alemana supo convencer a liberales y conservadores de que era lo más beneficioso para el país. En 1917 estalló en Rusia la revolución liderada por Lenin que tuvo un gran eco internacional. En España estallan las huelgas, sobre todo en Cataluña, y el pistolerismo anarquista seguía haciendo de las suyas. Alfonso XIII intentó aliviar la crispación con la formación de un gobierno de coalición en el que participasen conservadores, liberales y catalanistas. La creación de un gobierno nacional por un redivivo Maura fue insuficiente para reconducir la situación.

En 1920 la Guerra del Rif se recrudeció cuando las guerrillas de Abd el-Krim desgastaron al ejército español. 8 años antes Marruecos había cedido su soberanía a Francia y los franceses habían negociado con los españoles que el norte sería español dividiendo la zona en sendos protectorados francés y español. Las tribus del Rif no aceptaban la soberanía del sultán marroquí y tampoco iban a aceptar la soberanía francesa ni la española. En 1921 las tropas rifeñas de Abd-el Krim humillaron a las españolas en el Desastre de Annual donde perecieron más de 10.000 soldados españoles. Meses antes el conservador Eduardo Dato que presidía una vez más el Consejo de Ministros, mientras se dirigía a su domicilio en coche oficial, fue víctima de un atentado cerca de la Puerta de Alcalá. Sus verdugos de nuevo eran anarquistas.

La situación política estaba muy deteriorada. Y ya saben, el caos siempre suele precipitar golpes de Estado...

Capítulo 94

La Dictadura de Miguel Primo de Rivera

Durante la República romana, un dictador era un magistrado al que se le confería poder omnímodo durante un plazo determinado para hacer frente a una emergencia de carácter excepcional. Y como España atravesaba una situación desesperada y caótica, pensó el militar Miguel Primo de Rivera que era la hora de dar un golpe de timón y hacerse con el control del galeón.

En 1923, siendo Primo de Rivera capitán general de Cataluña declara el estado de guerra y saca a los militares a la calle. El golpe triunfaría en cuestión de días y encima sin violencia. Además contó con el beneplácito del rey Alfonso XIII y de igual forma se encontró con que gran parte de la sociedad lo respaldó. Un directorio militar disolvió las Cortes, suspendió la Constitución de 1876 y quedó al frente del país. En un principio gozó del apoyo no solo de la derecha, sino también de los nacionalistas catalanes conservadores y de los socialistas. Primo de Rivera era un hombre práctico que no tenía muy buena opinión del sistema democrático. Despreciaba la burocracia, y se veía a sí mismo

DESEMBARCO DE ALHUCEMAS

como ese "cirujano de hierro" cuyo destino era el de curar los males de España como había anticipado proféticamente Joaquín Costa. Venía a liberar España de los profesionales de la política, pero su régimen debía de ser transitorio, y en el momento en el que España retornase a la normalidad y se hubiesen resuelto los problemas que habían propiciado su advenimiento, él ya no sería necesario. Esa provisionalidad fue criticada años más tarde por Franco, que a diferencia de Primo de Rivera, no cejaría en su mandato hasta que la parca vino a visitarle.

Primo de Rivera quiso acabar de una vez por todas con el problema africano, que ya se había cobrado demasiadas vidas. Visitó la zona, y trató de poner orden en el protectorado reestructurando y fortaleciendo las líneas defensivas. Las cabilas rifeñas al verse incapaces de rebasar las nuevas líneas defensivas se lanzaron contra las de Francia. Se vio la necesidad de elaborar una estrategia combinada con los franceses, en concreto con el nuevo mariscal Philippe Pétain, el héroe de Verdún, que no tuvo más remedio que entenderse con Primo de Rivera. Mientras los franceses atacaban a los rifeños desde su zona, una columna española desembarcaría en Alhucemas. El plan era muy arriesgado. Todo el mundo tenía en mente la experiencia negativa ocurrida en Galípoli durante la Gran Guerra, cuando los aliados fracasaron estrepitosamente al intentar hacerse con las playas, hecho que atormentaría a Churchill durante toda su vida. Sin embargo, el desembarco fue todo un éxito. El general estadounidense Dwight Eisenhower, años más tarde, cuando preparaba el Desembarco de Normandía (1944) estudió a fondo la táctica empleada por los españoles en Alhucemas. Al año siguiente Abd el-Krim se rendía ante los franceses y sería deportado a una isla cerca de Madagascar. En 1927 la Guerra de África había terminado definitivamente.

Eran años de bonanza, como parte de un periodo expansivo dentro de la coyuntura económica internacional, los felices años veinte en los que Primo de Rivera aprovechó para realizar en España reformas de calado y emprender grandes obras de ingeniería, de equipamientos e infraestructuras: pantanos, puertos, ferrocarriles, redes de carreteras, nuevas escuelas... Creó empresas públicas como CAMPSA, Telefónica, Confederaciones hidrográficas...

MIGUEL PRIMO DE RIVERA

España carecía de todas las cualidades necesarias para tener una auténtica sociedad civil democrática (...) En realidad, la sucesión de acontecimientos registrada entre 1923 y 1931 fue extremadamente destructiva. Con todo, hay que tener en cuenta que la democracia fracasó en toda Europa central, meridional y oriental, salvo en Suiza y Checoslovaquia.

Stanley G. Payne

Pero no todo le salió a pedir de boca. Primo de Rivera no supo nunca ganarse a los intelectuales, que ejercían gran influencia a través de sus obras y artículos de prensa. El dictador trató de reprimirles en numerosas ocasiones, incluso llegó a confinar a Miguel de Unamuno -látigo incansable del régimen- en la lejana isla de Fuerteventura. También reprimió con dureza a los anarcosindicalistas de la CNT (Confederación Nacional del Trabajo), aunque la UGT socialista sí supo gozar del favor del régimen. Otro de los errores fue tratar de crear un partido único -Unión patriótica- que no cuajó como sí lo hizo en la Italia de Mussolinni. La peseta que estaba fuerte invirtió la tendencia alcista sufriendo una devaluación a finales de los años 20, hecho que se juntó con la caída de la bolsa de Nueva York del año 29 que afectó al mundo entero.

El balance de las políticas sociales del dictador fue positivo (seguro de maternidad, subsidio de familias numerosas, comités paritarios, ley del descanso dominical...), pero el gasto público aumentó, con las consecuentes subidas de impuestos que no fueron del agrado de la camarilla de Alfonso XIII. El rey con su habitual torpeza se dejó envenenar por estos y dejó a Primo de Rivera tirado como una colilla teniéndose que exiliar en París, donde moriría al mes siguiente. Lo que no imaginaba el Borbón es que también quedaba sentenciada la corona que él ostentaba. Pero eso será en el siguiente capítulo.

El monarca asignó el gobierno al general Dámaso Berenguer, dando paso a un periodo conocido como la «Dictablanda», con el que se pretendía volver gradualmente a la "normalidad" previa a 1923.

DÁMASO BERENGUER

Capítulo 95

La Segunda República

En 1931 se convocaron elecciones municipales. Fueron elegidos más concejales monárquicos que republicanos. El caso es que la coalición de partidos republicanos moderados y de izquierda obtuvo mayoría en las grandes ciudades, por lo que el rey Alfonso XIII viendo las manifestaciones pro republicanas tras los comicios, decide hacer las maletas y huir del país. En Madrid el comité revolucionario proclama la República, lo que se conocerá como Segunda República, ya que como hemos visto páginas atrás, España había tenido otra fallida aventura republicana muchos años antes. La monarquía renunció a sí misma, por lo tanto la Segunda República adquiría de esta forma visos de legitimidad.

LA SEGUNDA REPÚBLICA

Niceto Alcalá-Zamora asume la presidencia del gobierno provisional, que tenía como misión elaborar una nueva constitución republicana. La redacción del texto no fue de su agrado, ya que respiraba un corte fuertemente anticlerical, y él que era católico propugnaba una secularización más moderada encontrándose con una fuerte oposición. Una ola anticlerical se desató en buena parte de España. Los disturbios empezaron en Madrid y la algarada se propagó rápidamente, con violentas revueltas en otras ciudades. Muchos conventos y edificios religiosos ardieron. Se profanaron lugares de culto y cementerios. Hubo muchos heridos, incluso muertos. La relación de la Iglesia con la República no haría más que empeorar a lo largo de los años. Tras la proclamación de la República los nacionalistas catalanes intentaron infructuosamente proclamar la República Catalana. El gobierno provisional tuvo que intervenir apresuradamente y para calmar las aspiraciones independentistas de los catalanistas se les prometió un Estatuto de Autonomía.

LA CONSTITUCIÓN DE 1931

La Constitución se aprobó en diciembre. Azaña y otros muchos políticos se propusieron sentar las bases de una democracia moderna, laica y abierta. Era una Constitución muy avanzada en algunos aspectos ya que, por ejemplo, planteaba el sufragio universal. La mujer podría votar por primera vez y aquí fue muy importante la labor de una gran mujer: Clara Campoamor. Sin embargo, Alcalá-Zamora ya había dimitido antes de que se aprobase la nueva carta magna al no estar de acuerdo con el trato que la Constitución daba a la cuestión religiosa. Temiendo

PROCLAMACIÓN DE LA SEGUNDA REPÚBLICA

REFORMA AGRARIA

que Alcalá-Zamora emprendiera una campaña revisionista y de desprestigio contra la República, los socialistas y los azañistas convinieron en ofrecerle la presidencia de la República, cargo que ocuparía durante años con gobiernos de distinto signo.

Por otra parte comenzaba la etapa de Manuel Azaña como presidente del Consejo de Ministros, con el cometido de acelerar la modernización del país. A esta etapa de dos años, del 31 al 33, se la conoció como el primer bienio, bienio progresista o bienio reformista. Pese a los esfuerzos de Primo de Rivera, el país llevaba muchos años de atraso social y económico con respecto a otros países de su entorno. Urgía una reforma total en la España rural, la gran reforma agraria, un proyecto muy ambicioso que se vendió como la gran medida del gobierno de Azaña. La ley contemplaba la expropiación de todas las tierras de la Iglesia católica y también las de los Grandes de España. Sin embargo, la situación económica empeoró, muchos obreros no supieron hacer frente a los nuevos decretos agrarios. Todo esto contribuyó a la radicalización. En palabras de Diego Martínez Barrio, que

CASAS VIEJAS

España ha dejado de ser católica.

Manuel Azaña

MANUEL AZAÑA

apoyó la reforma agraria: «acrecentó el número de los enemigos [de la República] sin sumar partidarios». Incluso antes de su aprobación definitiva se produjo un fallido golpe de Estado llevado a cabo por el general Sanjurjo que fracasó al no contar con demasiados apoyos.

La Sanjurjada benefició al gobierno que logró sacar adelante la Ley de la Reforma Agraria y el Estatuto de autonomía de Cataluña que les permitía a los catalanes tener un gobierno y un parlamento propios, y ejercer determinadas competencias.

Otra de las grandes reformas de Azaña fue la de la enseñanza. Casi la mitad de la población no sabía ni leer ni escribir. El Ministerio de Instrucción Pública aumentó considerablemente el presupuesto en materia de educación y creó miles de escuelas para revertir la situación. La educación laica de la Institución Libre de Enseñanza fundada tiempo atrás por Francisco Giner de los Ríos inspiró el programa educativo y las directrices generales a seguir.

El suceso más negro con el que tuvo que lidiar Azaña fue el de Casas Viejas, un episodio que tuvo lugar entre el 10 y el 12 de enero de 1933 en una pequeña localidad gaditana. Los sucesos de Casas Viejas hicieron vibrar hasta los cimientos la estabilidad del gobierno republicano-socialista de Manuel Azaña, convirtiéndose en un grave problema político para él, que tuvo que aguantar el acoso tanto desde la izquierda como desde la derecha.
¿Pero qué ocurrió en esta localidad? Pues que los anarquistas se apoderaron del pueblo proclamando el comunismo libertario. El desenlace fue que 12 hombres fueron fusilados por la Guardia de Asalto que había recibido órdenes del ejecutivo presidido por Azaña de proceder de aquella manera. El gobierno eludió responsabilidades y aunque se sometió a una moción de confianza y la ganó, quedaría ya muy tocado. Estos hechos precipitaron su caída.

NICETO ALCALÁ-ZAMORA

Capítulo 96

Negro como el carbón

SUFRAGIO FEMENINO

En el 33 volvió a haber elecciones, las primeras en las que la mujer votaba, y esta vez ganó una coalición de derechas (CEDA) que encabezó José María Gil-Robles, seguida del Partido Radical Repúblicano, que pese a lo de "radical" era un partido de centro dirigido por Alejandro Lerroux. Tras las elecciones Manuel Azaña trató de mantenerse en el poder a toda costa aduciendo que las elecciones habían sido fraudulentas y que había que repetir el proceso electoral. Niceto Alcalá-Zamora no accedió a estas presiones antidemocráticas, sin embargo, mandó a Lerroux formar gobierno, pese a que la CEDA era el partido con mayor representación en las Cortes. Es reseñable el batacazo que se pegó un PSOE cada vez más bolchevizado que pasó de 116 escaños en el 31 a 58 escaños en el 36.

ALEJANDRO LERROUX

Este segundo bienio es conocido como el bienio conservador. Fue un periodo de gran inestabilidad. La derecha estaba dispuesta a desmantelar las reformas de los dos años precedentes. Buena parte de la clase obrera seguía descontenta por la ineficacia de las reformas del gobierno anterior y por no sentirse representada por el nuevo gobierno. Por otra parte creció el miedo de que Gil-Robles intentase desmantelar la República pese a que el líder de la derecha estaba dispuesto siempre a respetar cuidadosamente la ley vigente y los cambios pasaban por una reforma de la Constitución para establecer un régimen corporativista católico.

En el 34 la CEDA, como no podía ser de otra manera, quiso figurar en el gobierno, ya que para algo había sido la fuerza más votada. Entraron 3 ministros y la respuesta de los socialistas fue hacer un llamamiento a la huelga general, secundada en casi todas las ciudades de España, pero con un foco especialmente virulento, Asturias, donde se produjo un golpe de Estado encubierto. La Revolución de Octubre de 1934 en Asturias estuvo alentada por importantes dirigentes del PSOE como Largo Caballero e Indalecio Prieto. A río revuelto Companys, de paso, proclamó de nuevo el Estado Catalán dentro de la República Federal Española, pero el líder catalán no consiguió sus objetivos y acabó en la cárcel. Mientras tanto, la gran revuelta de Asturias fue sofocada por el gobierno que contó con un joven general para coordinar las operaciones. Se llamaba Francisco. De primer apellido: Franco. La insurrección de Asturias reafirmó en la derecha, y especialmente en los monárquicos, la convicción de que si el Estado había conseguido sofocar la revuelta, no había sido por la eficacia de las instituciones republicanas, sino por la determinación de las Fuerzas Armadas de actuar rápida y contundentemente. La derecha perdió la fe en la legalidad por lo que empezó a pensar en defender sus intereses por otros medios.
La insurrección de la izquierda era un claro preludio de la guerra. Es por ello que hay algunos autores que sitúan el inicio de la Guerra Civil en el 34. En palabras de Indalecio Prieto: "La revolución solo había servido para hacer más profundo el abismo político que dividía a España".

La represión fue dura. Treinta mil personas fueron encarceladas bajo la acusación de haber participado en el movimiento revolucionario más grande que se recuerda en la historia de España. Se hicieron muchos prisioneros. Hubo juicios y sentencias de muerte, aunque también por rebajar la tensión muchas penas fueron conmutadas.

En la derecha no paraba de crecer un temor a que en un próximo intento acabara triunfando una «revolución bolchevique».
Por otra parte la izquierda alentó un temor ante la inminente llegada del

PRISIONEROS EN ASTURIAS

fascismo a España pese a que la CEDA se había distanciado del fascismo en varias ocasiones. Aun así la ambigüedad era más que evidente. Los camisas verdes de Acción Popular (la organización juvenil de la CEDA) empleaban un saludo que imitaba el saludo fascista y las concentraciones de masas que organizaron en Covadonga o en El Escorial rindiendo culto a la nación imperial no eran de corte estrictamente fascista, pero desde luego lo parecían, y debían de provocar cierto temor en la izquierda. La Falange, sin embargo, sí se había identificado con Mussolini pero solo contaba con un diputado, era pues, un grupo muy minoritario.

Si de la República han de estar ausentes las derechas, cuando mandan las izquierdas, y luego, cuando son las derechas las que gobiernan, las izquierdas han de enloquecer y lanzarse a la revolución, no habrá, no ha habido todavía, verdadera democracia en España. Como tantas otras cosas, la democracia aquí no es más que un nombre de raíces clásicas y de contenido extranjero.

Agustín Calvet y Pascual "Gaziel"

Un episodio que resultó decisivo para destruir mediáticamente a la derecha fue el escándalo del estraperlo. El estraperlo fue el nombre que se dio a una ruleta que intentaron instalar en el Casino de San Sebastián: Strauss, Perlowitz y Lowann (de ahí su nombre). La ruleta permitía mediante un mecanismo hacer que ganara la Banca. Fue autorizado en España gracias entre otros a un sobrino de Lerroux, previo pago y un porcentaje de las ganancias. La policía descubrió que la ruleta era fraudulenta y que permitía hacer amaños y por ello precintaron el casino de San Sebastián. Al no haber hecho negocio Strauss exigió una indemnización a Lerroux. Este se negó por lo que Strauss denunció el asunto a Alcalá-Zamora, saliendo definitivamente a la luz pública en octubre de 1935. La palabra estraperlo quedó para siempre como sinónimo de chanchullo, de negocio turbio. Este caso de corrupción, junto con el que estalló poco después (el escándalo Nombela), supuso el derrumbe del Partido Radical. Gil-Robles decidió dejar de ser la muleta de Lerroux, incluso se postuló como jefe de Gobierno, pero Alcalá-Zamora siempre se resistió a que ocupara el poder alguien que no había manifestado su fidelidad a la República. Finalmente se disolvieron las Cortes y se convocaron elecciones en un ambiente muy polarizado. La brecha en España entre revolucionarios y contrarrevolucionarios no paraba de agrandarse. Ya se oían los tambores de la guerra.

COMPANYS EN LA CÁRCEL

COMPANYS PROCLAMA EL ESTADO CATALÁN

ESTRAPERLO

Capítulo 97

Tambores de guerra

JOSÉ ANTONIO PRIMO DE RIVERA

En febrero de 1936 se celebraron elecciones generales, las últimas, de la Segunda República Española. Las izquierdas para ganar se unieron en lo que se llamó el "Frente Popular", una coalición de socialistas, comunistas y anarquistas. La cosa estuvo muy empatada, pero la coalición frentepopulista acabó obteniendo la victoria, no exenta de sospechas de fraude. Las posiciones se habían radicalizado mucho.

La izquierda no supo contenerse y los desórdenes se sucedieron de nuevo: manifestaciones, huelgas, quemas de conventos e iglesias... Además los políticos de izquierdas ya exigían, sin ambages, la dictadura del proletariado. El Partido Comunista español, que años antes era insignificante, crecía como la espuma.

AZAÑA VOTA AL FRENTE POPULAR

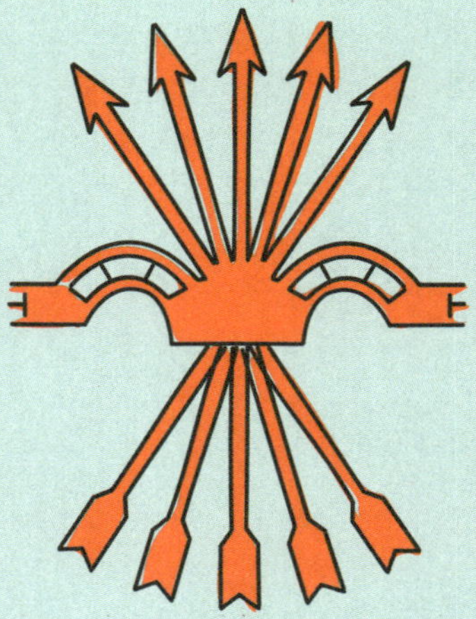

SÍMBOLO DE LA FALANGE

Por otro lado el hijo de Miguel Primo de Rivera, José Antonio, había creado un movimiento de inspiración fascista: La Falange. El fascismo triunfaba en Italia y en Alemania y caló en España. La Falange, fusionada con las Juntas de Ofensiva Nacional-Sindicalista no había tenido un buen resultado en los comicios del 36, y se había quedado sin representación. Sin embargo, ahora los jóvenes de derechas se empezaban a alistar en sus filas y el partido crecía y crecía.

LARGO CABALLERO

El caos se apoderó de España. Reyertas callejeras entre comunistas y falangistas. Cada día había muertes de uno y otro lado. El gobierno no supo poner orden. El moderado presidente de la República Niceto Alcalá-Zamora fue destituido y Manuel Azaña acabaría ocupando el cargo. Casares Quiroga aceptaría la presidencia del gobierno.

El PSOE estaba cada vez más dividido. Para Indalecio Prieto era prioritaria la defensa de la República, sin embargo, la facción más radical representada por Largo Caballero, apodado el "Lenin español", se inclinaba porque los obreros se apoderaran del poder político al margen de la legalidad, para iniciar las transformaciones sociales. Largo Caballero abogaba por una revolución social que habría de conseguirse por la violencia.

Mientras, un alzamiento militar contra el Frente Popular se estaba gestando en la sombra. Cuatro años antes ya había fracasado un pronunciamiento militar, la llamada Sanjurjada. No obstante, en 1936, la sublevación contaría con el general Mola como "director", con Sanjurjo, exiliado en Portugal, otra vez al frente. Esta vez habrían de coordinarse mejor las cosas.

JOSÉ DEL CASTILLO

Solo hacía falta un detonante. Y ese detonante llegó. El 12 de julio de 1936 unos falangistas mataron al teniente de la guardia de asalto republicana José del Castillo, militante socialista. El cuerpo policial buscaba venganza y trató de detener a algún falangista. Como no lo encontraron fueron a buscar a Gil-Robles, pero este se encontraba de veraneo en Biarritz. Fue entonces cuando pasando por la calle Velázquez, alguien propuso ir a por José Calvo Sotelo

INDALECIO PRIETO

que vivía ahí. Le detuvieron de madrugada y le metieron en una camioneta. Ahí un escolta de Indalecio Prieto le disparó en la nuca.

José Calvo Sotelo era una gran figura de la derecha, diputado, y destacado líder de la oposición. Su asesinato causó gran conmoción y fue lo que hizo que Francisco Franco, hasta entonces indeciso, decidiera sumarse al golpe de Estado dirigido por Mola.

La Guerra Civil española estalla cuando el ejército de África se subleva contra el gobierno del Frente Popular el 17 de julio de 1936, poniéndose a las órdenes del general Franco. El día 18 varias guarniciones de la Península se suman a la sublevación. El general Franco, que se hallaba en Las Palmas en aquellos momentos, fue despertado a las 4 de la madrugada. Le comunicaron que se habían sublevado con éxito las guarniciones de Ceuta, Melilla y Tetuán. Por la mañana, ya del día 18, Franco embarca a su mujer y a su hija en un trasatlántico con destino a Francia, y él, a las dos de la tarde sube al *Dragon Rapide*, un avión que le llevará a la zona española del Protectorado de Marruecos.

ASESINATO DE CALVO SOTELO

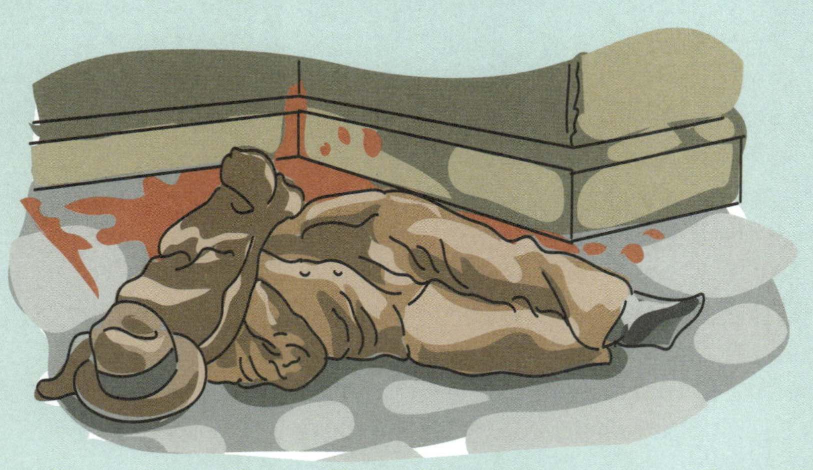

CALVO SOTELO MUERTO

Tenemos que recorrer un periodo de transición hasta el socialismo integral, y ese periodo es la dictadura del proletariado, hacia la cual vamos.

Francisco Largo Caballero

LA VOZ

ESPAÑA VOTA POR LAS IZQUIERDAS

EL FRENTE POPULAR TENDRÁ MAYORÍA ABSOLUTA EN LA PRÓXIMA CÁMARA

PERIÓDICO LA VOZ

La rebelión militar que había estallado con éxito en Marruecos, alcanza la Península al día siguiente. De los 24 generales de división con mando en fuerza solo se sublevaron cuatro, pero los sublevados contaban con el Ejército de África que era el más experimentado. Los golpistas tenían planeado ocupar las ciudades importantes en un par de días como mucho, pero no fue así. La intervención de las fuerzas de seguridad, las tropas leales y los civiles armados por el gobierno, frustraron parcialmente el golpe. El alzamiento no triunfa ni en la capital, Madrid, ni en Barcelona. La guerra se enquistaría durante tres largos años.

Capítulo 98

La Guerra Civil Española

FRANCISCO FRANCO

La Guerra Civil Española fue una guerra fratricida entre hermanos. Una guerra que todavía sigue trayendo cola a día de hoy. Dos Españas enfrentadas. Buenos y malos, héroes, villanos, víctimas, verdugos, hubo de todo, y en ambos bandos. La Península quedó dividida en dos zonas: la republicana y la llamada nacional.

¿Cómo actuaron los países vecinos? Lo cierto es que ninguna democracia movió un dedo para ayudar a la República. De hecho, Inglaterra y Francia promovieron un acuerdo de "No intervención" al que se sumaron muchos países. Este acuerdo fue una farsa y algunos países se lo saltaron a la torera. España se convirtió en campo de batalla de las fuerzas totalitarias antagónicas en Europa, el nazismo y el fascismo contra el comunismo. También se convirtió en laboratorio de experimentación de nueva armas y métodos de guerra. Las potencias nazi y fascista suministraron tanques y aviones a los sublevados, además de una fuerza de infantería voluntaria italiana, mientras que los ingleses y americanos les facilitaron el combustible. La Unión Soviética apoyó con firmeza a los republicanos, con entrega de material bélico y víveres a cambio del oro del Banco de España, el famoso "oro de Moscú", con el que Stalin se cobró la ayuda.

Para luchar contra el ejército sublevado, el gobierno republicano, presidido desde el 19 de julio por Giral, pues Casares Quiroga había dimitido, armó en los compases iniciales de la guerra a los civiles, lo que daría lugar a las famosas milicias. Milicianos indisciplinados y valerosos iban a convertir la famosa "lucha de clases" en una "guerra de clases". Los milicianos desatan el terror en retaguardia, fijando su ira especialmente en la Iglesia católica, dando muerte a más de 8.000 religiosos. No es de extrañar que el Papa bendijera al bando nacional. La guerra cobró para los nacionales un cariz de "cruzada" contra los enemigos de la religión, término utilizado por los obispos españoles, lo que supuso el espaldarazo de la Iglesia al bando de Franco. Pero, las tropelías también se dieron en la retaguardia nacional. Las órdenes del general Mola eran claras, usar "tanta violencia como sea menester".

FRENTE REPUBLICANO

De pronto los que antes habían sido adversarios políticos se convierten en enemigos de la noche a la mañana. Es curioso porque en esta guerra el número de muertes en la retaguardia es semejante a las producidas en el frente. Muchas de estas muertes no eran más que venganzas personales.

Tras la decisiva operación de cruce del estrecho por las tropas del Ejército de África, y habiendo ya controlado gran parte de Andalucía y Extremadura, los generales del bando nacional vieron la necesidad de tener un mando único. A finales de septiembre del 36 una reunión de altos mandos de la facción sublevada decide nombrar a Franco como generalísimo de todos los ejércitos y jefe del nuevo Estado erigido en la zona sublevada. Franco se resistió hasta el último momento a ser el elegido. Mientras, en Madrid, el gobierno de Giral se había derrumbado y el socialista radical Largo Caballero fue designado presidente del gobierno republicano.

CARTEL

El gran objetivo de los sublevados es tomar la capital. La gran ofensiva de Madrid es planificada como un movimiento convergente de las tropas de Mola por el norte y las de Franco por el sur. Si cae Madrid los nacionales tienen ganada la guerra. Pero los defensores de la República no se lo ponen fácil. Se inicia la batalla de Madrid. Los republicanos, además del material bélico soviético, cuentan con unidades militares compuestas por voluntarios extranjeros de más de cincuenta países: las llamadas Brigadas Internacionales. El gobierno republicano presidido por Largo Caballero tomó la precaución de abandonar Madrid e instalarse en Valencia. La primera fase termina en febrero y marzo de 1937, con las Batallas del Jarama y de Guadalajara. En esta última son derrotados humillantemente los voluntarios italianos enviados por Mussolini, en la que es difundida propagandísticamente como la primera derrota del fascismo en el campo de batalla. Los años 37 y 38 constituyen el largo tramo central de la guerra, que partiendo de un equilibrio de fuerzas se va a ir resolviendo en favor de los sublevados. A principios de 1937, los nacionales avanzan y conquistan Málaga.

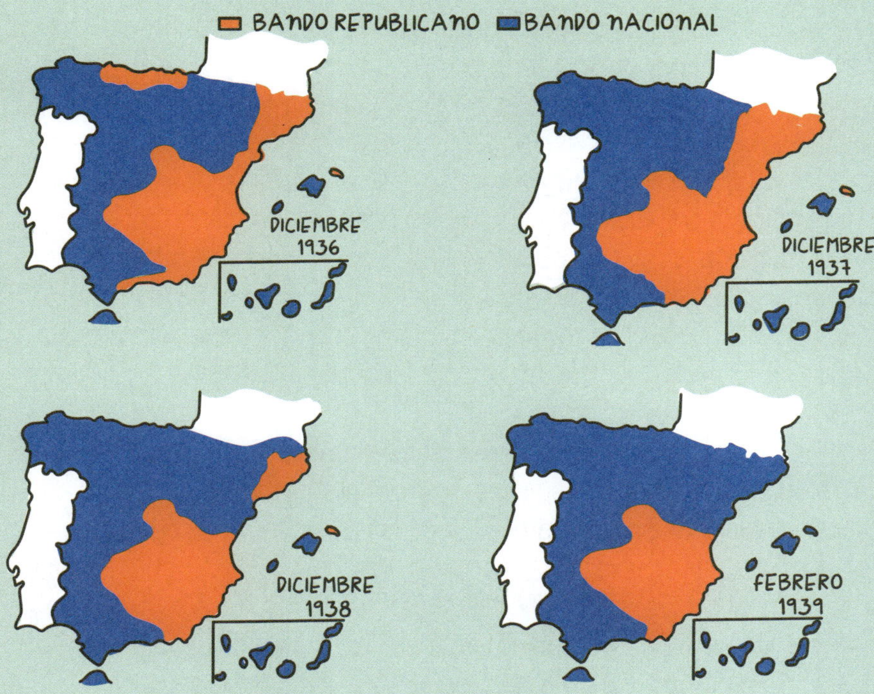

DESARROLLO DE LA GUERRA CIVIL EN ESPAÑA

El norte (Vizcaya, Santander, Asturias...) era de gran interés estratégico al ser una región industrial. Franco, habiendo renunciado a la toma de Madrid, inicia la ofensiva del norte y acabará ocupando la cornisa cantábrica. Mundialmente conocido será el episodio en el que los bombarderos alemanes de la Alemania nazi, la conocida como legión Cóndor, atacaron la ciudad de Guernica. Pablo Picasso dedicó a Guernica un cuadro que se expuso en París, tratando de mostrar los horrores de la guerra e intentar atraer la simpatía del público hacia la causa republicana. En mayo de 1937, después de graves enfrentamientos armados en Barcelona entre anarquistas y comunistas, Largo Caballero dimite como jefe del gobierno. Las diferencias en el bando republicano se dirimen entre quienes anteponen la revolución a la guerra, como son los anarquistas, y quienes buscan el triunfo militar por encima de todo, como los comunistas. El presidente de la República Manuel Azaña nombra a Juan Negrín presidente del gobierno. Negrín reforzó sus poderes e impulsó una nueva y gran ofensiva.

"NO PASARÁN"

Para aligerar la presión sobre el norte, en el verano de 1937 abre los frentes de Brunete y Belchite. A finales del 37, el gobierno republicano se traslada de Valencia a Barcelona e inician la campaña de Teruel a fin de evitar el ataque definitivo de los franquistas sobre Madrid. Fracasan. Tras la pérdida de Teruel por las tropas republicanas en febrero de 1938, los ejércitos de Franco lanzaron una ofensiva en Aragón que arrasó las defensas republicanas. Los nacionales penetran en Cataluña y toman Lérida, donde encuentran una fuerte resistencia republicana. En abril llegaron a las playas de Vinaroz separando el territorio republicano que quedaba dividido en dos áreas principales: la de Cataluña y la de Madrid.

> **Venceréis, pero no convenceréis.**
>
> *Miguel de Unamuno*

BATALLA DEL EBRO

La tercera fase de la guerra culmina con la descomposición política de la República por sus propias divisiones internas. Los republicanos tras un gran éxito inicial son vencidos en la Batalla del Ebro, una de las más sangrientas de toda la guerra, una batalla que preparaba el camino para la caída de Cataluña. El gobierno de Negrín intentó resistir todo lo posible a fin de vincular la guerra española a una más que probable Guerra Mundial. Con la presión que ejercía la aviación nacional, y caída Tarragona, la resistencia republicana se hunde. El general Yagüe entra en Barcelona, entonces sede del gobierno, en enero de 1939 sin apenas resistencia. Miles de republicanos, militares y civiles, se exilian en Francia. El 27 de febrero el gobierno de Franco es reconocido por Francia e Inglaterra, lo que provoca la dimisión de Manuel Azaña como presidente de la República. El 28 de marzo fue ocupada Madrid. El 1 de abril de 1939 Franco firma el último parte de guerra. La terrible Guerra Civil española había finalizado.

BRIGADAS INTERNACIONALES

FRENTE SUBLEVADO

LA GUERRA CIVIL ESPAÑOLA

ESCANEA ESTE CÓDIGO QR CON TU MÓVIL PARA ACCEDER AL VÍDEO EN YOUTUBE

Capítulo 99

Franquismo

El ejército rojo había sido vencido. ¿Llegaba con esto la paz? No para todos. La represión de Franco contra los adversarios del nuevo régimen fue dura. Muchos huyeron al extranjero, a Francia o a Hispanoamérica. Otros acabaron en campos de concentración o en la cárcel. Los tribunales militares que juzgaron a los criminales de guerra fueron implacables. Hubo muchas sentencias de muerte y fusilamientos. Ese clima de terror duraría casi diez años, concretamente hasta 1945, año en el que terminó la Segunda Guerra Mundial y cesaron los juicios sumarísimos.

Hasta 1945 el régimen franquista tuvo una fuerte impronta fascista y la propaganda nacional se encargaba de que así lo pareciese. España era amiga de la Alemania de Hitler y de la Italia de Mussolini, que intentaron por todos los medios que España se metiese en la Segunda Guerra Mundial. Pese a prestar apoyo logístico, y pese a la División Azul que luchó codo con codo con los alemanes frente al comunismo, nunca consiguieron una declaración formal del caudillo gallego. Siempre se anduvo con evasivas hasta hacer perder la paciencia a Hitler en más de una ocasión. Y menos mal que no nos metió en ese jardín, porque era lo último que necesitaba España tras nuestra terrible Guerra Civil.

Se trató de mantener el orden de esa Nueva España, con un partido único: Falange Española Tradicionalista y de las Juntas de Ofensiva Nacional Sindicalista (FET y de las JONS), con su camisa azul, con su boina roja (reminiscencia carlista), con el yugo, las flechas, con la cruz nacional católica y por encima de todo un militar, Francisco Franco Bahamonde que había rescatado a España del comunismo y había recibido el designio divino de tutelar la nación. Pero los años de la posguerra fueron muy duros. Se pasó hambre. Mucha. España estaba hecha añicos, sin reservas de oro (se las habían llevado los rojos), pasábamos por una depresión económica con una fuerte inflación. Durante estos primeros años el gobierno del caudillo fraccionó los artículos de primera necesidad con cartillas de racionamiento, practicó una política intervencionista de autarquía y aislamiento.

DESFILE DE LA VICTORIA

Tras la Segunda Guerra Mundial y viendo que habían fracasado el nazismo y el fascismo, Franco quiso darle otro aire al régimen. Empezaba la guerra fría y las relaciones diplomáticas con los nuevos enemigos de Stalin se normalizaron. Eso de compartir odios hacía las cosas más fáciles. Así que llegaron los primeros créditos desde Estados Unidos y en 1955 España entraba en la ONU. Así funcionan las carambolas geopolíticas.

España se sacó dos ases de la manga para revertir la situación económica y encima gratis: el sol y la playa. De pronto empezaron a llegar turistas de todas las partes de

Europa que descubrieron el encanto de nuestras costas. Poco a poco el nivel de vida fue mejorando y se fue creando una clase media, algo que es muy importante para un país pujante. Consecuencia de todo ello fue un fuerte proceso de industrialización que colocó a España entre los diez primeros países industriales del mundo.

Pero no debemos olvidar que aunque España se empezó a recuperar, vivíamos en una dictadura, con la falta de libertades que eso conlleva. Se fue labrando un espíritu de protesta, en la clandestinidad y en las calles. Además en los años 60 surgió la banda terrorista ETA, cuyo objetivo principal es la independencia del País Vasco. La banda criminal ha escrito algunas de las páginas más

> **De repente, la España atrasada y puritana, la España oficial de peineta, faralaes y porompompero entraba en contacto con Europa por la vía de los turistas, quedando deslumbrada, cuando no escandalizada, ante la libertad de sus costumbres y formas de vida, tan distintas de las de la sacristía franquista.**
>
> *Fernando García de Cortázar*

VALLE DE LOS CAÍDOS

negras de la historia de España, una de ellas fue el atentado del almirante Carrero Blanco, mano derecha de Franco y a quien había designado presidente de gobierno en 1973, para desligar la presidencia de gobierno de la jefatura del Estado.

Porque Franco veía que se acercaban sus últimos días y quiso dejarlo todo bien atado. En 1969 había designado a don Juan Carlos de Borbón como príncipe de España y sucesor a título de rey en la Jefatura del Estado. De nuevo llegaban los Borbones a España.

Tras una larga agonía, en la madrugada del 20 de noviembre de 1975 se produjo el fallecimiento del dictador.

LA PRENSA EN EL DÍA DE LA MUERTE DE FRANCO

Capítulo 100

Transición y libertad

JUAN CARLOS I
EN EL DÍA DE SU PROCLAMACIÓN EN 1975

JUAN CARLOS I

La Transición española se inicia el día en que Carlos Arias Navarro anunciaba a todos los españoles que Franco había muerto. El caudillo expiraba en su cama y en el poder. Todos los que habían deseado durante años la caída del régimen afanosamente tendrían que esperar. Franco siempre se supo adaptar muy bien a todos los momentos en los que le tocó vivir y eso creó cierta desazón en sus detractores. Pero al fin y al cabo el dictador ya no estaba y eso fue motivo de júbilo para una gran mayoría esperanzada que deseaba tiempos mejores. Palabras como "autonomía", "elecciones" y sobre todo la palabra "libertad" cobraron mucha fuerza.

Tras la muerte de Franco, el mismo 22 de noviembre de 1975 Juan Carlos I fue proclamado por las Cortes rey de España con un discurso que invitaba al optimismo. El presidente Arias Navarro presentó su dimisión y dejó paso a alguien más joven y más guapo, a un perfecto desconocido: se llamaba Adolfo Suárez y venía de desempeñar algunos cargos públicos durante la dictadura. Pero Suárez era un reformista y se propuso llevar a cabo la democratización del país y el consiguiente desmontaje de las estructuras franquistas.

GOLPE DE ESTADO DE 1981

ADOLFO SUÁREZ

En 1976 se aprobó una Ley de la Reforma Política que significaba el final del anterior sistema y en junio de 1977 volvió a haber tras muchos años unas elecciones democráticas para elegir un nuevo parlamento, y a las que se presentaron todos los partidos que quisieron, incluido el partido comunista. España por derecho propio entraba de nuevo en el círculo de las naciones democráticas gracias a la generosidad de unos y de otros. Los españoles esta vez supieron estar a la altura. Las nuevas Cortes aprobaron una nueva Constitución sometida a un referéndum popular y que fue aprobada con un 87,78% de los votos. Es curioso que en Cataluña la Constitución tuvo más apoyo que en Madrid. ¡Lo que han cambiado las cosas!

Se aprobaron los Estatutos de Autonomía. Los primeros fueron el catalán y el vasco en 1979, por la vía rápida, luego Galicia y Andalucía, Asturias y Cantabria en 1981 y luego todos los demás, hasta 17 comunidades autónomas, una división que ha sido una inagotable fuente de problemas que a día de hoy seguimos arrastrando y agrandando.

En 1981 llegó el primer contratiempo de la joven democracia, un golpe de Estado protagonizado por un grupo de militares con Antonio Tejero a la cabeza que irrumpieron en el Congreso de los Diputados. Era un 23 de febrero. Incluso el general Milans del Bosch sacó los tanques a la calle en Valencia. Finalmente la sangre no llegó al río y todo quedó en un buen susto.

Nuestro país fue tirando para delante, España ingresó en la OTAN en 1982 (de la mano del PSOE que cuando militaba en la oposición se opuso diametralmente), en la Comunidad Económica Europea en 1986 (que se integraría en lo que es la Unión Europea), en 1992 organizamos la Expo en Sevilla y los Juegos Olímpicos en Barcelona. Y tras gobiernos de uno y otro signo, así es como poco a poco, fuimos afrontando el cambio de milenio sobre el cual España sigue escribiendo su HISTORIA, así, con mayúsculas.

BARCELONA '92

Españoles... Franco ha muerto.

Carlos Arias Navarro

SEVILLA, 1992

BIBLIOGRAFÍA

ARVERAS ALONSO, Daniel, *Conquistadores olvidados: personajes y hechos de la epopeya de las Indias,* SND Editores, Madrid, 2018.

BARLETTA VILLARÁN, Roberto, *Breve Historia de Simón Bolívar,* Ediciones Nowtilus, Madrid, 2011.

–, *Breve Historia de Francisco Pizarro,* Ediciones Nowtilus, Madrid, 2008.

BARREDA ALDÁMIZ-ECHEVARRÍA, Carlos, Nova Imago Mundi. *La imagen del mundo después de la primera navegación alrededor del globo,* Autor-Editor, s.l., Madrid, 2002.

BASALLO, Alfonso, *El reportaje de la historia. Del antiguo Egipto a nuestros días,* La Esfera de los Libros, Madrid, 2004.

BENDRISS YASSINE, Ernest, *Breve Historia del Islam,* Ediciones Nowtilus, Madrid, 2013.

BUENO, Gustavo, *España Frente a Europa,* Alba Editorial, Barcelona, 1999.

BUSTOS, Jorge, *Vidas cipotudas. Momentos estelares del empecinamiento español,* La Esfera de los Libros, Madrid, 2018.

CABAÑAS, José Miguel, *Breve Historia de Felipe II,* Ediciones Nowtilus, Madrid, 2017.

CANAL, Jordi, ARÓSTEGUI, Julio y CALLEJA, Eduardo G., *Las guerras carlistas. Hechos, hombres e ideas,* La Esfera de los Libros, Madrid, 2011..

CANALES, Carlos, *Breve Historia de la Guerra de la Independencia,* Ediciones Nowtilus, Madrid, 2006.

— y DEL REY, Miguel, *El oro de América,* Editorial Edaf, Madrid, 2016.

–, *Breve Historia de la Guerra del 98,* Ediciones Nowtilus, Madrid, 2010.

CARDELÚS, Borja, *La civilización hispánica. El encuentro de dos mundos,* Editorial Edaf, Madrid, 2018.

CEBRIÁN ZÚÑIGA, Juan Antonio, *La aventura de los Conquistadores,* La Esfera de los Libros, Madrid, 2007.

–, *La cruzada del Sur,* La Esfera de los Libros, Madrid, 2003.

–, *Pasajes de la Historia,* Ediciones Corona Borealis, Madrid, 2001.

CERVERA MORENO, César, *Superhéroes del imperio. Mito y realidad de los hombres que forjaron España,* La Esfera de los Libros, Madrid, 2018.

–, *Los Austrias. El imperio de los chiflados,* La Esfera de los Libros, Madrid, 2016.

CERVERA OBREGÓN, Marco Antonio, *Breve Historia de los aztecas,* Ediciones Nowtilus, Madrid, 2008.

CLEMENTE, Josep Carlos, *Breve Historia de las Guerras Carlistas,* Ediciones Nowtilus, Barcelona, 2011.

COLLADO HINAREJOS, Benjamín, *Guerreros de Iberia. La guerra antigua en la Península Ibérica,* La Esfera de los Libros, Madrid, 2018.

CORRAL, Pedro, *Esto no estaba en mi libro de la Guerra Civil,* Editorial Almuzara, Córdoba, 2019.

DE FRUTOS DÁVALOS, Alberto, *Breve Historia de la Literatura española,* Ediciones Nowtilus, Madrid, 2016.

DE LA CIERVA, Ricardo, *Historia de España para jóvenes.* Editorial Fénix, 2006.

DÍAZ VILLANUEVA, Fernando, *Nosotros, los españoles. De los fenicios a la guerra de Cuba: 3000 años no es nada,* Áltera, Barcelona, 2008.

DOMÍNGUEZ ORTIZ, Antonio, *España, tres milenios de historia,* Marcial Pons, Madrid, 2007.

ELLIOTT, John H., *El conde-duque de Olivares,* Austral, Madrid, 2014.

–, *España, Europa y el mundo de ultramar* (1500-1800), Taurus, Madrid, 2010.

–, *España y su mundo (1500-1700),* Taurus, Madrid, 2007.

ESLAVA GALÁN, Juan, *Historia de España contada para escépticos,* Planeta, Barcelona, 2017.

–, *Una historia de la Guerra Civil que no va a gustar a nadie,* Booket, Barcelona, 2017.

–, *Historia del mundo contada para escépticos,* Planeta, Barcelona, 2012.

–, *La vida y la época de los Reyes Católicos,* Planeta, Barcelona, 1996.

ESPARZA, José Javier, *Tercios: Historia ilustrada de la legendaria infantería española,* La Esfera de los Libros, Madrid, 2017.

–, *La cruzada del océano,* La Esfera de los Libros, Madrid, 2015.

–, *La gran aventura del reino de Asturias: así empezó la Reconquista,* La Esfera de los Libros, Madrid, 2009.

–, *España épica: la gesta española II,* Áltera, Barcelona, 2008.

–, *La gesta española,* Altera, Barcelona, 2007.

FERNÁNDEZ ÁLVAREZ, Manuel, *Pequeña historia de España,* Espasa, Barcelona, 2017.

FERNÁNDEZ CLEMENTE, Eloy (dir.), *Historia de Aragón,* La Esfera de los Libros, Madrid, 2008.

FERRER-DALMAU, Augusto, *Bocetos para la Historia,* Espasa, Barcelona, 2018.

FERRER VALERO, Sandra, *Breve Historia de Isabel la Católica,* Ediciones Nowtilus, Madrid, 2017.

FISAS, Carlos, *Historias de reyes y reinas,* Planeta, Barcelona, 1998.

GARCÍA DE CORTÁZAR, Fernando, *Historia de España para dummies,* Planeta, Barcelona, 2017.

–, *Historia ilustrada de España. De la antigüedad al siglo XVIII,* Medialive, Barcelona, 2009.

–, *Historia ilustrada de España. De mayo de 1808 al siglo XXI,* Medialive, Barcelona, 2009.

— y GONZÁLEZ VESGA, J. Manuel, *Breve historia de España,* Alianza Editorial, Madrid, 2017.

GARCÍA DEL JUNCO, Francisco, *Eso no estaba en mi libro de Historia de España,* Almuzara, Córdoba, 2016.

GARCÍA GONZÁLEZ, JUAN JOSÉ (dir.), *Historia de Castilla. De Atapuerca a Fuensaldaña,* La Esfera de los Libros, Madrid, 2008.

GARCÍA LOUAPRE, Pilar, *Historia de España contada a los niños y a sus padres,* Alderabán, Cuenca, 2013.

GONZÁLEZ OCHOA, José María, *Breve Historia de los Conquistadores,* Ediciones Nowtilus, Madrid, 2010.

GOODWIN, Robert, *España. Centro del mundo,* La Esfera de los Libros, Madrid, 2016.

GRANADOS, Juan, *Breve Historia de los Borbones españoles,* Ediciones Nowtilus, Madrid, 2010.

INSUA, Pedro, *1492: España contra sus fantasmas,* Ariel, Barcelona, 2018.

JIMÉNEZ LOSANTOS, Federico, *Los nuestros: cien vidas en la historia de España,* Planeta, Barcelona, 1999.

KAMEN, Henry, *Brevísima historia de España,* Austral, Barcelona, 2015.

–, *Fernando el Católico, 1451-1516,* La Esfera de los Libros, Madrid, 2015.

–, *La Inquisición española,* Crítica, Barcelona, 2013.

–, *El Gran Duque de Alba: soldado de la España imperial,* La Esfera de los libros, Madrid, 2005.

–, *Felipe de España,* Siglo XXI, Madrid, 1997.

LAÍNZ, Jesús, *El privilegio catalán. 300 años de negocio de la burguesía catalana,* Encuentro, Madrid, 2017.

LUMMIS, Charles Fletcher, *The Spanish pioneers,* A. C. McClurg & Co., Chicago, 1893.

LYNCH, John, *Historia de España: España moderna, crisis y recuperación,* Crítica, Barcelona, 2005.

MAEZTU, Ramiro de, *Defensa de la hispanidad,* Almuzarza, Córdoba, 2017

MALTBY, William, *El gran duque de Alba,* Atalanta, Barcelona, 2007.

MENÉNDEZ PELAYO, Marcelino, *Historia de España,* Ciudadela Libros, Madrid, 2007.

MORAGAS, Jerónimo de, *De Carlos I al Emperador a Carlos II el Hechizado: Historia humana de una dinastía,* Juventud, Barcelona, 1970.

NEGRETE, Javier, *La conquista romana de Hispania,* La Esfera de los Libros, Madrid, 2018.

PALLÁN, Carlos, *Breve Historia de los Mayas,* Ediciones Nowtilus, Madrid, 2011.

PAYNE, Stanley G., *En defensa de España desmontando mitos y leyendas negras,* Espasa, Barcelona, 2017.

–, *España. Una historia única,* Booket, Madrid, 2008.

PÉREZ, Joseph, *Carlos V,* Ediciones Temas de Hoy, Barcelona, 2015.

PÉREZ REVERTE, Arturo, *Una historia de España,* Alfaguara, Barcelona, 2019.

PRESTON, Paul, *La Guerra Civil Española,* Debate, Barcelona, 2016.

RIBOT, Luis, *Carlos II: El rey y su entorno cortesano,* Centro de Estudios Europa Hispánica, Madrid, 2009.

ROCA BAREA, María Elvira, *Imperiofobia y Leyenda Negra. Roma, Rusia, Estados Unidos y el Imperio español,* Ediciones Siruela, Madrid, 2016.

RODRÍGUEZ GONZÁLEZ, Agustín R., *Señores del mar. Los grandes y olvidados capitanes de la Real Armada,* La Esfera de los Libros, Madrid, 2018.

RODRÍGUEZ HERNÁNDEZ, Antonio José, *Breve Historia de los Tercios de Flandes,* Ediciones Nowtilus, Madrid, 2015.

RUBIO, María José, *Reinas de España. Las Austrias,* La Esfera de los Libros, Madrid, 2015.

–, *Reinas de España. Siglos XVIII-XIX,* La Esfera de los Libros, Madrid, 2012.

SAN JUAN, Víctor, *Breve Historia de la Armada Invencible,* Ediciones Nowtilus, Madrid, 2017.

SÁNCHEZ-ALBORNOZ, Claudio, *España, un enigma histórico,* Edhasa, Barcelona, 1991.

SANTAMARTA DEL POZO, Javier, *Siempre tuvimos héroes,* Editorial Edaf, Madrid, 2017.

SANZ SERRANO, Rosa, *Historia de los Godos,* La Esfera de los Libros, Madrid, 2009.

SCHWANITZ, Dietrich, *La cultura. Todo lo que hay que saber,* Taurus, Barcelona, 2016.

SUÁREZ FERNÁNDEZ, Luis, *Historia de España antigua y media,* Rialp, Madrid, 1976.

TEMOCHE CORTEZ, Patricia, *Breve Historia de los Incas,* Ediciones Nowtilus, Madrid, 2008.

TARANILLA, Carlos Javier, *Breve Historia del arte,* Ediciones Nowtilus, Madrid, 2014.

VALDEÓN BARUQUE, Julio, *La España medieval,* Editorial Actas, Madrid, 2003.

VÉLEZ, Iván, *La conquista de México. Una nueva España,* La Esfera de los Libros, Madrid, 2019.

–, *El mito de Cortés. De héroe universal a icono de la leyenda negra,* Encuentro, Madrid, 2016.

VICTORIA, Pablo, *El día que España derrotó a Inglaterra,* Edaf, Madrid, 2014.

WAYNE POWELL, Philip, *Árbol de Odio,* José Porrúa Turanzas, Madrid, 1972.

ZORITA BAYÓN, Miguel, *Breve Historia del Siglo de Oro,* Ediciones Nowtilus, Madrid, 2010.

PODCAST

Histocast, dirigido por Gregorio Urquia

La Biblioteca Perdida dirigido por Bikendi Goiko-Uria, Mikel Carramiñana, Sergio Alejo, Javier Senderos y Pello Larrinaga

La ContraCrónica dirigido por Fernando Díaz Villanueva

La Escóbula de la Brújula, dirigido por Jesús Callejo

Memorias de un Tambor dirigido por José Carlos Gracia.

ACADEMIA PLAY!

Este libro se terminó de
imprimir en octubre de 2019